D1858332

Über dieses Buch

Immer noch herrscht ein Lyrik-Verständnis vor, das Liebe, Natur und Innerlichkeit eher assoziiert als gesellschaftliche Wirklichkeit und verändernden Zugriff. Diese Anthologie mit Texten aus fünf Jahrhunderten will da bei einer Korrektur mithelfen. Sie vereint Verse, die Politisches nicht nur zum Thema haben, sondern auch der politischen Wirkung wegen geschrieben worden sind. So wird mittels Literatur Geschichte dokumentiert. Von den Flugblättern der Bauernkriege bis zu den Protestsongs gegen Atomrüstung und Radikalenerlaß – stets wurden Ungerechtigkeit und Willkür der Mächtigen mit der scharfen Waffe der poetischen Sprache bekämpft. Es versteht sich, daß bei einer derart funktional bestimmten Lyrik die überlieferten ästhetischen Maßstäbe nicht greifen. Deshalb stehen hier auch Texte bekannter Autoren, wie Andreas Gryphius, Ferdinand Freiligrath, Bertolt Brecht, Wolf Biermann, Hans Magnus Enzensberger und Erich Fried – um nur einige zu nennen –, neben Werken weniger bekannter und anonymer Dichter. Die Anthologie wendet sich an alle, die an Lyrik und/oder Geschichte interessiert sind.
In seinem Vorwort erläutert der Herausgeber die bewußt subjektive Auswahl dieses Bandes, in dem man Beispiele reaktionärer, militaristischer und nationalsozialistischer Dichtung vergeblich suchen wird.

Der Herausgeber

Thomas Rothschild, Dr. phil., geboren 1942 in Glasgow/Schottland, aufgewachsen in Wien, seit 1968 in Stuttgart, Publizist und Literaturwissenschaftler an der Universität Stuttgart. Den Lesern der Frankfurter Rundschau ist er außerdem als Musikkritiker bekannt. Im Fischer Taschenbuch Verlag veröffentlichte er den Band »Liedermacher. 23 Porträts« (Bd. 2959).

Von großen und von kleinen Zeiten

Politische Lyrik von den Bauernkriegen bis zur Gegenwart

Herausgegeben von
Thomas Rothschild

Fischer
Taschenbuch
Verlag

Originalausgabe
Fischer Taschenbuch Verlag
Oktober 1981
Umschlagentwurf: Jan Buchholz/Reni Hinsch
Umschlagabbildung: Otto Dix

Fischer Taschenbuch Verlag GmbH, Frankfurt am Main
Copyright © Fischer Taschenbuch Verlag GmbH, Frankfurt am Main 1981
Satz: Philipp Hümmer, Waldbüttelbrunn
Druck und Bindung: Hanseatische Druckanstalt GmbH, Hamburg
Printed in Germany
1480 ISBN 3-596-25124-9

Inhalt

Vorwort 15

ANONYM: Ein schones lied, wie es in ganzem Teutschland mit den bauren ergangen ist 21
ANONYM: Ein newes lied, gemacht von der baurschaft im Frankenland, auch von irem losen schießen und von irem blinden stürmen 29
ANONYM: *Und wölt ir hören ein neu gedicht* 35
ANONYM: Ein lied, gemacht, wie es im Osterland ergangen ist 37
WENCEL SCHERFFER VON SCHERFFENSTEIN: Teutschland .. 41
ANONYM: Von dem jetzigen Übelstand in der Welt, als von Krieg, Theurung und allerlei Krankheiten 41
ANDREAS GRYPHIUS: Thränen des vaterlandes, anno 1636 44
ANONYM: Klag- und Betlied 45
ANONYM: Langerhoffte Friedenstaube des darnach schmachtenden deutschen Vatterlandes 47
GEORG RUDOLF WECKHERLIN: An den Hofe 48
CHRISTIAN FELIX WEISSE: Der Zweifel 49
CHRISTIAN FELIX WEISSE: Der Soldat 50
MATTHIAS CLAUDIUS: Kriegslied 51
GOTTLIEB KONRAD PFEFFEL: Der Esel 52
LUDWIG CHRISTOPH HEINRICH HÖLTY: Der alte Landmann an seinen Sohn 53
CHRISTIAN FRIEDRICH DANIEL SCHUBART: Der Bettelsoldat 55
CHRISTIAN FRIEDRICH DANIEL SCHUBART: Deutscher Freiheitsgeist 56
FRIEDRICH GOTTLIEB KLOPSTOCK: Sie, und nicht wir 57
FRIEDRICH GOTTLIEB KLOPSTOCK: Der Erobrungskrieg ... 58
GOTTFRIED AUGUST BÜRGER: *Für Wen, du gutes deutsches Volk* 59
GOTTFRIED AUGUST BÜRGER: Entsagung der Politik 59
JOHANN GOTTFRIED SEUME: An das deutsche Volk im Jahre 1810 60

ADELBERT VON CHAMISSO: Die goldene Zeit 62
ADELBERT VON CHAMISSO: Nachtwächterlied 64
ADELBERT VON CHAMISSO: Der Invalid im Irrenhaus 65
KARL IMMERMANN: Dithyrambus 66
NIKOLAUS LENAU: Am Grabe eines Ministers 68
ANONYM: *In dem Kerker saßen* 69
LUDWIG UHLAND: Wanderung 70
AUGUST HEINRICH HOFFMANN VON FALLERSLEBEN: Wie ist doch die Zeitung interessant! 72
FRANZ FREIHERR VON DINGELSTEDT: Frage und Antwort 73
FRANZ FREIHERR VON DINGELSTEDT: Drei neue Stücklein mit alten Weisen 75
AUGUST HEINRICH HOFFMANN VON FALLERSLEBEN: Das Lied vom deutschen Philister 77
FRIEDRICH VON SALLET: Aechtes Deutschthum 78
FRIEDRICH VON SALLET: Lumpengericht 80
FRIEDRICH VON SALLET: Geschichtliche Entwicklung 81
GEORG HERWEGH: Wiegenlied 82
HEINRICH HEINE: Nachtgedanken 83
HEINRICH HEINE: Zur Beruhigung 84
EDUARD VON BAUERNFELD: Heines »Neue Gedichte« 85
FRANZ FREIHERR VON GAUDY: Das freie Land 87
AUGUST HEINRICH HOFFMANN VON FALLERSLEBEN: Kriech Du und der Teufel 88
HEINRICH HEINE: Die schlesischen Weber 89
ANONYM: O, wenn doch keine Maschine nicht wär' 89
ANONYM: *Keiner war wohl je so frech* 91
GEORG WEERTH: Das Hungerlied 92
FERDINAND FREILIGRATH: Requiescat! 92
RUDOLF GOTTSCHALL: Der heil'ge Bund 94
RUDOLF GOTTSCHALL: Den Veteranen 96
RUDOLF GOTTSCHALL: Dem König Schach 97
KARL ECK: Waldfrevel 98
LUDWIG PFAU: Herr Biedermeier 99
LUDWIG PFAU: Die deutschen Bettler 101
HEINRICH BAUER: Aufruf! 102
LUDWIG PFAU: Das hat ein König gethan 103
FERDINAND FREILIGRATH: Trotz alledem! 105
GEORG WEERTH: Heute morgen fuhr ich nach Düsseldorf 106

GEORG HERWEGH: Das Reden nimmt kein End' 108
ANONYM: *Was zieht dort zur Brigittenau* 110
LUDWIG PFAU: Lied vom Robert Blum 111
AUGUST HEINRICH HOFFMANN VON FALLERLEBEN: Zum oktroyierenden 5. Dezember 1848 112
RUDOLF GOTTSCHALL: Metternich's Triumph 113
LUDWIG PFAU: Das Lied von der deutschen Treue 115
LUDWIG PFAU: Lied vom Gottesgnadenfritz 117
FERDINAND FREILIGRATH: Die Revolution 118
HEINRICH HEINE: Michel nach dem März 120
FRIEDRICH HORNFECK: Bonzen- und Junkertum 121
HEINRICH HEINE: Die Wahl-Esel 122
GEORG HERWEGH: Was macht Deutschland? 124
GEORG HERWEGH: Bundeslied für den Allgemeinen deutschen Arbeiterverein 125
JAKOB AUDORF: Lied der deutschen Arbeiter 126
FRIEDERIKE KEMPNER: Der alte Invalid' 128
GEORG HERWEGH: Der schlimmste Feind 129
GEORG HERWEGH: Den Siegestrunknen 131
ANONYM: Mayerling 132
KARL KAISER: »Einerseits und Anderseits« 133
DETLEV VON LILIENCRON: Siegesfest 134
ARNO HOLZ: Das Volk an die Fürsten 134
ARNO HOLZ: Noch eins! 135
ARNO HOLZ: Tagtäglich 136
ANONYM: Bismarck ist tot! 137
ANONYM: Christentum und Staatsraison 139
FRANK WEDEKIND: Im Heiligen Land 141
ADOLF LEPP: Lied der Liberalen 142
LUDWIG THOMA: Ostelbischer Adel 143
ANONYM: Lied der Grubenprotzen 144
ERICH MÜHSAM: Ein »Volks«-Fest 146
ERICH MÜHSAM: Der Revoluzzer 147
CHRISTIAN MORGENSTERN: Steine statt Brot 148
FRANK WEDEKIND: Ein politisch Lied 148
JOHANNES R. BECHER: Deutschland 152
FRANK WEDEKIND: Diplomaten 153
HUGO BALL: Totentanz 1916 156
FRIEDRICH WOLF: Wie oft noch? 157
ERICH MÜHSAM: Soldatenlied 157
WALTER HASENCLEVER: Die Mörder sitzen in der Oper 158

KARL KRAUS: Lied des Alldeutschen 160
BERTOLT BRECHT: Legende vom toten Soldaten 165
KURT TUCHOLSKY: Krieg dem Kriege 168
ANONYM: *Wem ham' se de Krone jeklaut?* 170
WERNER MÖLLER: Die deutsche Revolution 170
KURT TUCHOLSKY: Zwei Erschlagene 172
KURT TUCHOLSKY: Preußische Presse 173
KURT TUCHOLSKY: Die Objektiven 175
KURT TUCHOLSKY: Sozialdemokratischer Parteitag 176
KURT TUCHOLSKY: Der selige Noske 177
KURT TUCHOLSKY: Drei Minuten Gehör! 178
KURT TUCHOLSKY: An einen Bonzen 180
JOACHIM RINGELNATZ: Angstgebet in Wohnungsnot 181
ERICH WEINERT: Sozialdemokratisches Mailiedchen 181
ERICH WEINERT: Die große Zeit 182
ERICH MÜHSAM: Appell 184
JOHANNES R. BECHER: Die Wahlschlacht 185
JOHANNES R. BECHER: An diese Zeit 188
JOHANNES R. BECHER: An Hindenburg 190
KURT TUCHOLSKY: 400 000 Invaliden und 1 Gesunder ... 191
ERICH WEINERT: Denkt daran 193
JOHANNES R. BECHER: Euch erschüttert nur – 194
ERICH KÄSTNER: Knigge für Unbemittelte 196
MAX KOLPE: Die alte Burschenherrlichkeit 197
ERICH WEINERT: Die Himmelsmarxisten 198
WALTER MEHRING: Oratorium von Krieg, Frieden und Inflation 199
DAVID WEBER: Stempellied 201
ERICH KÄSTNER: Sergeant Waurich 203
ERICH KÄSTNER: Zitat aus großer Zeit 204
WILLI KARSCH: Proletarische Selbstkritik 205
KURT TUCHOLSKY: Bürgerliche Wohltätigkeit 207
KURT TUCHOLSKY: Die freie Wirtschaft 208
KURT TUCHOLSKY: Das dritte Reich 209
ERICH KÄSTNER: Die andre Möglichkeit 211
ERICH KÄSTNER: Ansprache an Millionäre 212
ERICH KÄSTNER: Große Zeiten 213
ERICH KÄSTNER: Brief an den Weihnachtsmann 214
WALTER MEHRING: Verrat militärischer Geheimnisse 215
JOHANNES R. BECHER: Ballade von Karl Schmidt aus der grauen Stadt, der am Weihnachtsabend die Stadt der Reichen besuchen ging 217

ERICH WEINERT: Korps in Wichs ... 219
ERICH WEINERT: Gesang der Edellatscher ... 220
ERICH WEINERT: Was sagt ihr zu § 218? ... 221
BERTOLT BRECHT: Lied vom Flicken und vom Rock ... 223
BERTOLT BRECHT: Drei Paragraphen der Weimarer Verfassung ... 224
BERTOLT BRECHT: Das Lied vom SA-Mann ... 227
BERTOLT BRECHT: Das Lied vom Klassenfeind ... 228
ERICH WEINERT: Der große Flicklappen ... 232
FRITZ GUMBEL: Kampf dem Hunger ... 234
JURA SOYFER: Kommentar zur Weimarer Verfassung ... 234
ERICH KÄSTNER: Das Führerproblem, genetisch betrachtet ... 236
WALTER MEHRING: Frühlingsheil: 1932 ... 237
WALTER MEHRING: Das Wahlresultat ... 238
JURA SOYFER: Wahlen im dritten Reich ... 241
JURA SOYFER: Rassische Liebesballade ... 242
WIELAND HERZFELDE: Pro patria ... 243
BERTOLT BRECHT: Gegen die Objektiven ... 244
BERTOLT BRECHT: Die Ballade vom Wasserrad ... 245
BERTOLT BRECHT: In finsteren Zeiten ... 246
BERTOLT BRECHT: Der Zweifler ... 247
BERTOLT BRECHT: Über die Gewalt ... 248
BERTOLT BRECHT: *Der Anstreicher spricht von kommenden großen Zeiten* ... 248
BERTOLT BRECHT: *Auf der Mauer stand mit Kreide* ... 248
BERTOLT BRECHT: Deutsches Lied ... 248
BERTOLT BRECHT: Ballade von der »Judenhure« Marie Sanders ... 249
BERTOLT BRECHT: Gleichnis des Buddha vom brennenden Haus ... 250
BERTOLT BRECHT: An den Schwankenden ... 251
ERICH ARENDT: Das Beispiel ... 252
HANS DRACH: Mein Vater wird gesucht ... 253
JURA SOYFER: Das Dachaulied ... 254
WOLF BIERMANN: Ein deutscher Kommunist ... 255
BERTOLT BRECHT: *Es ist Nacht* ... 256
BERTOLT BRECHT: Die Literatur wird durchforscht werden ... 256
BERTOLT BRECHT: An die deutschen Soldaten im Osten ... 257
BERTHOLD VIERTEL: Ode an Deutschland ... 261

ERICH WEINERT: Genauso hat es damals angefangen! 262
ALFRED ANDERSCH: An die Deutschen 264
FRIEDRICH WOLF: Auch du 264
GÜNTER EICH: *Wacht auf, denn eure Träume sind schlecht!* 265
PAUL CELAN: Todesfuge 266
WIELAND HERZFELDE: An die Kleinmütigen 268
BERTOLT BRECHT: Die Lösung 269
HANS MAGNUS ENZENSBERGER: bildzeitung 269
HANS MAGNUS ENZENSBERGER: verteidigung der wölfe gegen die lämmer 270
KARL MICKEL: Die Friedensfeier 271
RAINER KIRSCH: Meinen Freunden, den alten Genossen .. 273
WOLF BIERMANN: Gegen diese Angst 273
ERICH FRIED: Die Zeit der Steine 274
GERD SEMMER: Ich vermisse Nationalgefühl 275
DIETER SÜVERKRÜP: Kleine Anfragen 276
HANNES STÜTZ: Ein Bomben ist gefallen 276
ERICH FRIED: Die Händler 277
HILDE DOMIN: Beklemmung 278
HELGA M. NOVAK: vom Deutschen und der Polizei 279
VOLKER BRAUN: Anspruch 279
WOLF BIERMANN: Frühzeit 280
WOLF BIERMANN: Frage und Antwort und Frage 281
WOLF BIERMANN: Ermutigung 281
WOLF BIERMANN: Vier sehr verschiedene Versuche, mit den alten Genossen neu zu reden 282
ERICH FRIED: Taktfrage 284
ERICH FRIED: Schwächer 284
DIETER SÜVERKRÜP: Kirschen auf Sahne 285
DIETER SÜVERKRÜP: Lagerlied 287
FRANZ JOSEF DEGENHARDT: 2. Juni 1967 288
GÜNTER BRUNO FUCHS: Polizisten-Steckbriefe 289
ROLF HAUFS: An einen Militär 290
HANS MAGNUS ENZENSBERGER: Lied von denen auf die alles zutrifft und die alles schon wissen 291
NICOLAS BORN: Berliner Para-Phrasen 293
HANNS DIETER HÜSCH: Das rote Chanson 294
HANNS DIETER HÜSCH: Marsch der Minderheit 295
ARNFRID ASTEL: Hölderlin 297
WOLF BIERMANN: Noch 297
FRANZ JOSEF DEGENHARDT: Im Innern des Landes 298

FRANZ JOSEF DEGENHARDT: Verteidigung eines Sozialdemokraten vor dem Fabriktor 299
FRANZ JOSEF DEGENHARDT: Die Ballade von den Weißmachern und was mit ihnen geschehen muß 301
FRANZ JOSEF DEGENHARDT: Daß das bloß solche Geschichten bleiben 302
VOLKER VON TÖRNE: Lied vom Terroristen Karl Heinz Pawla 303
REINER KUNZE: Erster Brief der Tamara A. 305
ROLF SCHWENDTER: Abendgebet eines Kindes, das Wilhelm Reich gelesen hat 305
ERICH FRIED: Nach der Korrektur 306
ERICH FRIED: Tiermarkt/Ankauf 306
HANS MAGNUS ENZENSBERGER: Der Papier-Truthahn 307
ARNFRID ASTEL: Telefonüberwachung 308
VOLKER VON TÖRNE: Endlösung 308
VOLKER VON TÖRNE: Am gleichen Strang 309
KURT BARTSCH: Mut 309
KURT BARTSCH: Sozialistischer Biedermeier 309
JOHANNES SCHENK: Für die Genossen im Knast 310
RICHARD LIMPERT: Chancengleichheit 312
FLOH DE COLOGNE: Der Löwenthaler 313
VOLKS-MUSIK: Unternehmersong 314
VOLKER VON TÖRNE: Fragen eines chilenischen Genossen 316
MARGARETE HANNSMANN: Ausländische Arbeitnehmer 317
VOLKER BRAUN: Revolutionslied 318
VOLKER BRAUN: Die Haltung einer Arbeiterin 319
WALTER MOSSMANN: Sieben Fragen eines Schülers und sieben freiheitlich-demokratisch-grundordentliche Antworten 320
WALTER MOSSMANN: Der KKW-NEIN-RAG 322
WALTER MOSSMANN: Normal oder Radikal 324
WALTER MOSSMANN: Ballade von der unverhofften Last 325
F. C. DELIUS: Selbstporträt auf dem Stuttgarter Schloßplatz 328
VOLKER VON TÖRNE: Brief an meine Freunde 332
VOLKER VON TÖRNE: Geschichte 333
MICHAEL BAUER: Kommunischte 333

MICHAEL BAUER: Moi aldi mutter 334
ARMIN KERKER: Im Mittelpunkt der Mensch 334
PETER-PAUL ZAHL: im namen des volkes 335
PETER-PAUL ZAHL: an die freunde 336
HELGA M. NOVAK: Lied von der Haussuchung 337
SIEGFRIED HEINRICHS: Nach der Haussuchung 338
KONSTANTIN WECKER: Waidmanns Heil 339
DIETER E. ZIMMER: Was denn 340
DIETER E. ZIMMER: Nur Mut 341
KONSTANTIN WECKER: Totgeboren, aber nicht verloren 341
KONSTANTIN WECKER: Hexeneinmaleins 343
LUDWIG FELS: Herr Bürgermeister 345
HARRY OBERLÄNDER: frankfurt, die stadt 346
ERICH FRIED: Die Anfrage 347
ERICH FRIED: Zur Kenntlichkeit 348
WOLF BIERMANN: Deutsches Miserere (Das Bloch-Lied) 349
WOLF BIERMANN: Hanseatische Idylle 352
ALFRED ANDERSCH: Artikel 3 (3) 353
JÜRGEN FUCHS: 26. 9. 78 357
YAAK KARSUNKE: zitat & zusatz 358
KLAUS KONJETZKY: Aufzuhebende Widersprüche 358
PETER RÜHMKORF: Bleib erschütterbar und widersteh 360
MANFRED BOSCH: Artikel 2, GG 361
MANFRED BOSCH: *Über 70% des Volksvermögens* 361
HANS MAGNUS ENZENSBERGER: Unregierbarkeit 361
MANFRED JENDRYSCHIK: Im neueren Haus: Es spricht der Arbeiter K. 363
ROLF NIEDERHAUSER: Gedanken zur Revolution 363
ROLF NIEDERHAUSER: Zu den notwendigen Übeln 364

Autoren- und Quellenverzeichnis 365

In dieser großen Zeit
die ich noch gekannt habe, wie sie so klein war; ...

KARL KRAUS, Die Fackel Nr. 404, 5. Dezember 1914

Vorwort

Diese Anthologie verfolgt zwei Absichten. Sie soll lesbar sein: erstens als Beschreibung deutscher Geschichte, wie sie sich der subjektiven Wahrnehmung von Autoren darstellte; zweitens als Dokumentation einer literarischen Gattung, der politischen Lyrik, wie sie sich im Laufe von fünf Jahrhunderten veränderte. Gleich hier sind Einschränkungen nötig.

Erstens: Es war mir nicht an einer lückenlosen Abdeckung deutscher Geschichte durch Beispiele der politischen Dichtung gelegen. Die Auswahl ist einseitig. Sie folgt nicht nur meinem subjektiven Geschmack (und der Leser ist aufgefordert, diesem kritisch sein eigenes Urteil entgegenzuhalten), sondern auch einer prinzipiellen Entscheidung. Ich habe ausnahmslos auf die Aufnahme reaktionärer, militaristischer und nationalistischer Dichtung verzichtet. Das gliedert die gesamte nationalsozialistische und völkische Dichtung aus, so interessant sie als Dokument für eine kritische Analyse sein mag und so sehr sie in ihrer Wirkung geschichtsmächtig gewesen sein mag.

Dieser prinzipiellen Entscheidung, deren Begründung einfach darin liegt, daß ich nicht zur Verbreitung von Werken beitragen möchte, die ich ablehne, fiel auch die Lyrik der sogenannten Befreiungskriege zum Opfer. Die politische Einschätzung dieser Epoche durch Historiker ist höchst ambivalent. Selbst in der DDR, wo die positive Beurteilung dieser Zeit und ihrer Dichtung überwiegt, kommt man nicht umhin, bei ihrer Beschreibung in einen antiquiert patriarchalischen Ton zu verfallen: »Ähnlich wirkte der männliche Ernst in den vaterländischen Gedichten Arndts« (Befreiungskriege. Erläuterungen zur deutschen Literatur, Berlin 1973, S. 34). Gewiß läßt sich vieles historisch relativieren. Für den heutigen Leser jedoch dominieren in der Lyrik der Befreiungskriege die militaristischen und nationalistischen Töne, die wir aus unserer Gegenwart heraus nicht losgelöst wahrnehmen können von der Bedeutung, die sie, unter veränderten geschichtlichen Bedingungen, mehr als ein

Jahrhundert später erhielten, sowie der antifranzösische Affekt, der nicht selten zugleich ein antirevolutionärer war. Der Stellenwert dieser Dichtung zur Zeit ihrer Entstehung wäre nur durch ausführliche Kommentare zu vermitteln. Diese Anthologie will aber nicht Literatur mittels Geschichte erhellen, sondern umgekehrt: Geschichte mittels Literatur.

Von dem hier deklarierten Auswahlprinzip scheinen die Bauernkriegs-Chroniken abzuweichen, deren anonyme Autoren in einzelnen Strophen – sei es taktisch, sei es opportunistisch, sei es aus Überzeugung – Treue und Unterwürfigkeit gegenüber Fürst und Gott preisen. Doch was sie berichten, spricht eine eigene Sprache. Es liefert ein politisches Zeugnis von revolutionären Aufständen und blutigen Kämpfen, deren Opfer zu Tausenden doch die Bauern waren, und verweist die Beteuerungen und Huldigungen ins Reich der konventionellen rhetorischen Floskel. Es sind wohl diese Verbeugungen vor den Mächtigen und Siegern, die gerade solche literarischen Dokumente überleben ließen.

Auch die subjektive Darstellung der ersten Türkenbelagerung Wiens von 1529 bedürfte einer Relativierung. Es entspricht der Parteilichkeit mitteleuropäischer Geschichtsschreibung, daß die expansionistischen Bestrebungen des türkischen Imperiums dämonisiert wurden, während man die ungleich intoleranteren, grausameren und blutigeren Christianisierungsmaßnahmen gegenüber andersgläubigen Völkern idealisiert hat. (Die 15. Strophe des Liedes vermittelt eine Ahnung: »wer das kreuz nicht an betten thut, / den wirt er laßen umb bryngen«. Immerhin gibt es Völker, deren eigenständige Kulturen fünf Jahrhunderte Türkenherrschaft überlebten. Fünfhundert Jahren Christentum hat keine Kultur widerstanden.) Doch diese einseitige Sicht zu korrigieren sprengte den Rahmen einer Sammlung von deutscher politischer Lyrik.

Zweitens: Der Begriff Lyrik hat im Deutschen einen Unterton des Subjektiven, Verinnerlichten erworben, der die Texte dieses Buchs verfehlt. Als Alternative bot sich der Begriff Dichtung an. Er ist jedoch zur Bezeichnung dessen, was in diesem Band versammelt ist, zu weit. Es handelt sich ausschließlich um Beispiele der kleinen Form. Der Begriff Gedicht wiederum ist zu eng, weil auch Liedtexte berücksichtigt wurden.

Noch problematischer ist die Spezifizierung dieser Lyrik als politischer. Es wird gelegentlich geäußert, jede Literatur sei politisch, und sei es durch Aussparung des Politischen, weil sie in

einem gesellschaftlichen Umfeld wirksam ist. Das ist in der Tat richtig. Nur ist eine Definition des Politischen in der Literatur, die alle Literatur abdeckt, unbenützbar, weil inhaltslos, also ohne Aussage. In diesem Band sind ausschließlich Texte gesammelt, die explizit politisch sind, Politisches also zu ihrem Thema machen. Es schiene mir vereinfacht, wollte man so definierte Dichtung mit engagierter Dichtung gleichsetzen. Auch ein Liebesgedicht kann engagiert sein. Engagement scheint mir als politische Kategorie zu unbestimmt.
Verzichtet wurde also auf Gedichte, deren Verständnis historischer Erläuterungen und Anmerkungen bedarf, sowie auf solche, in denen sich das Politische im Poetischen verliert. Die Ausnahme sind auch solche Texte, die das Politische zum Persönlichen in Bezug setzen (oder umgekehrt). Für die Zeit nach 1933 findet man Dichtungen dieses Genres vorzüglich gesammelt in der dreibändigen Anthologie, die Bernd Jentzsch 1979 bei Kindler herausgab.
Das heißt freilich nicht, daß die Texte dieses Buches eine objektive Wirklichkeit wiedergäben, daß ihre Autoren persönliche Erfahrungen ausschlössen. Auch politische Gedichte geben gesellschaftliche Wirklichkeit gebrochen durch ein individuelles Bewußtsein und einen gestaltenden Willen wieder. An ihnen läßt sich ablesen, wie einzelne Menschen ihre Zeit erlebten und was sie ändern wollten. Politische Gedichte sind also Ausdruck von Ideologie, sie bewahren das Vorhandene und entwerfen Utopien.
Damit ist ein wichtiger Punkt angesprochen, der die Gattungsbezeichnung Politische Lyrik von anderen wie etwa Naturlyrik oder Liebeslyrik unterscheidet. Während diese ausschließlich durch ihre Thematik definiert sind, enthält die Bestimmung einer Dichtung als politischer auch eine Wirkungsabsicht. Zielt eine Kategorie wie Agitprop-Lyrik ausschließlich auf die erwünschte Wirkungsweise, so vereint der Gattungsname politische Lyrik beides in sich: Thematik und Anspruch, gesellschaftliche Wirkung zu zeigen. Pathos, Anklage, Appell, Satire und Spott sind die Ingredienzen politischer Dichtung; Herstellung von Solidarität angesichts der notwendigen Kämpfe, der Niederlagen und der Siege ist ihr Ziel.
Die Orientierung auf Wirkung, die über den Bereich der Kunst hinausgeht, bedingt auch die Maßstäbe, an denen der Wert politischer Dichtung zu messen ist. Ihre Qualität bemißt sich nicht in literarischen Kategorien, sondern in ihrer Wahrhaftigkeit

und ihrer Benutzbarkeit. Es kann daher in der vorliegenden Sammlung keine Trennung von sogenannter hoher und trivialer Literatur stattfinden. Agitprop – also Agitation und Propaganda – führt hier nicht zur Abwertung. Es war aber auch nicht meine Absicht, literaturgeschichtlich anerkannte Autoren um jeden Preis zu vermeiden. Wenn Bertolt Brecht mit einer großen Zahl von Texten vertreten ist, so entspricht das seiner tatsächlichen Bedeutung für die Gattung der politischen Lyrik. In diesem Kontext darf denn auch ein so berühmtes und in keiner Anthologie fehlendes Gedicht wie Paul Celans »Todesfuge« nicht ignoriert werden.

Anastasius Grün schrieb in seiner Lenau-Biographie: »Lenau gehört durch seine größeren Dichtungen dem Gebiete der politischen Poesie an, deren Los es scheint, in den Zeiten ihrer Berufsblüte ebenso überschätzt, als nach erfüllter Sendung gering geachtet zu werden. Aber die Muse spannt auf ihre Lyra nur dann die ehernen Saiten, wenn die Zeit ihr das Erz dazu schmiedete. Wie sich in der reinen Lyrik die Subjektivität des Dichters, so prägt sich in der echten politischen Poesie die Subjektivität der Zeitperiode aus.« (Zitiert nach Antal Mádl: Politische Dichtung in Österreich (1830–1848), Budapest 1969, S. 58f.) Dies gilt für alle Texte dieses Bandes, dies soll die Voraussetzung sein für die beiden Lesemöglichkeiten, die ich am Anfang dieses Vorworts angesprochen habe – wobei es nicht erforderlich ist, sich an die chronologische Anordnung zu halten. Es kann sich als sinnvoll erweisen, von den Gedichten unserer Gegenwart ausgehend in die Vergangenheit vorzudringen, indem man das Buch von hinten nach vorne liest.

In der Hoffnung, daß diese Anthologie insbesondere Schüler erreicht, wollte ich auch ein Gegengewicht setzen zu einem immer noch und schon wieder vorherrschenden Lyrik-Verständnis, das sich, um Grüns Unterscheidung aufzunehmen, an der »reinen Lyrik« orientiert.

Um diesen Band erschwinglich zu machen, mußte das ursprüngliche Manuskript wesentlich gekürzt werden. Blutenden Herzens entschied ich mich für eine Beschränkung, der sowohl ausgefallene Gedichte wie auch Brechts berühmter Aufruf »An die Nachgeborenen« (zum Beispiel) geopfert werden mußten. Bleibt zu hoffen, daß die Leser, angeregt durch das Vorliegende, selbständig nach weiteren Exemplaren politischer Lyrik suchen und derart manche Lücke schließen, manchen Akzent an-

ders setzen, als es hier – teils aus freien Stücken, teils aus Platzmangel – geschah.
Es wurde die Orthographie der Quellen übernommen, die am Schluß dieses Bandes mit kurzen Hinweisen auf die Autoren aufgeführt sind.

Stuttgart, im Januar 1981 Th. R.

Ein schones lied, wie es in ganzem Teutschland mit den bauren ergangen ist

1
Ir herren wolt ir schweigen still
und hören was ich singen will,
ob iemand thet belangen,
wie es in ganzem teutschen land
mit den bauren ist ergangen   ergangen.

2
Am newen jars tag als man zalt
wol funf und zwenzig jar gar bald
bei Kempten hont die bauren
das new jar auch gefangen an,
ist in nit wol ußgangen   ußgangen.

3
Ins Allgei kamen auch die mer,
gar bald sie namen ir gewer.
gonten zu feld außziehen,
versprachen all einander da,
keiner solt nit von in fliehen   ja fliehen.

4
Vier tausent baurn nit lang darnach
zwo meil von Ulm den war auch gach,
wolten zusammen schweren.
Der bund, wie bald er das erfur,
wolt sie darvon abkeren   abkeren.

5
Am funften tag, nun merk mich recht,
des merzen hont sich vil errecht
am Waltsee wol acht haufen
gar bald in dreier wochen frist,
sein auch zusammen gelaufen   gelaufen.

6
Der bund, als er die sach bedacht,
auß zog gar bald mit starker macht
uf Leipheim an der Donen;
drei tausent bauren lagen da,
ist in nit wol bekommen   bekommen.

7
Drei tausent, als ich bin bericht,
sind da erschlagen auch, man spricht,
acht hundert sind ersoffen,
der kopf auch manchem geschlagen ab,
vil sind darvon entloffen   entloffen.

8
Bei Walting lag auch mancher man,
der bund zu in auch zog hinan,
die bauren wolt er strafen;
den braten sie errochen bald,
begonten ser zu laufen   zu laufen.

9
Bei Wurzach warden sie ereilt,
da hub sich auch ein neuer streit,
vil bauren warden erstochen,
den andern genad und ungenad
bald ward durch den bund versprochen   versprochen.

10
Bei Weingarten, merkent eben auf,
vierzehen tausent lag ein hauf,
den wolt der bund auch schlagen.
Graf Hug von Muntfort thet imrecht,
turch in ward es vertragen   vertragen.

11
Zu Weinspurg geschach ein greulich that,
graf Ludwig ward geben in tod
mit vier und zwenzig edlen;
wolt got es wer geschehen nicht,
hett mancher noch sein leben   ja leben!

12
Fünf tausent bauren hont sich gesammlet
bei Obern Meßig zusammen kamen
und Greding eingenommen,
vil ander flecken auch darbei,
hont sie darzu gewonnen gewonnen.

13
Fridreich pfalzgraf wolbekant
fünf hundert pferd het, mich verstand,
und herzog Wilhelm auß Beiren
zu ross und fuß auch wol gerüst,
hont bauren gefuret an reihen ja reihen.

14
Otting im Rieß ward genommen ein,
die klöster auch geplündert darbei,
eilf tausent waren der bauren,
die Casimir der frumme fürst
zertrennet, des sie trauren ja trauren.

15
Elwangen die bauren namen ein
wol an dem zehenden tag des meien,
der sind vom jungen pfalzgrafen
mer dann vier hundert erschlagen,
auch gefangen, vil entlaufen entlaufen.

16
Am zwelften tag des monats auch
vierzehen tausent bauren darnach
gar wol gerüst versammlet
sind, in dem wirtemberger land
die all zusammen kament ja kament.

17
Den haufen hat der edel bund
geschlagen auch zur selben stund;
sechs tausent und vier hundert
sind uf der walstat bliben tot,
vil sind ir hart verwundet verwundet.

18
Uf Weinspurg ist der bund hernoch
gezogen uf die bauren, doch
sind, die den grafen tötten,
uf Wirzburg all geflohen zu,
sie stunden in großen nöten   ja nöten.

19
Weinspurg das ward verbrennet gar
und alles, das darinnen war,
mit sampt fünf dörfer umbher,
vier hundert auch erschlagen hont;
da war ein großer jammer   ja jammer.

20
Pfalzgraf am Rhein ich melden thu,
bischof von Trier gehört darzu,
von Wirzburg auch den herren,
herzog Ottheinrich auch darbei,
die fürsten all mit eren   ja eren –

21
Von Heidelberg sind gezogen auß
wol von dem wolgebauten haus,
sein land wider eingenommen;
vil hat der fürst gestraft, auch vil
zu genaden genommen   genommen.

22
Auch Brußel zu der selben frist
vom fürsten eingenommen ist,
hat vierzig man gefangen,
davon sind neun enthauptet auch,
die andern ledig außgangen   außgangen.

23
Uf Neckers Ulm der fürst hernach
zog, da er thet der gleichen auch,
die mauren und thürn zurißen,
die bösen auch gestrafet hat,
es möcht sie wol verdrießen   verdrießen!

24
Im Elsaß war vil großer not
von bauren auch an manchem ort
mit reißen und mit toben;
das wert in herzog auß Lotring,
ist war und nit erlogen   erlogen.

25
Zu Lupstein bald ein schlacht gethan,
zu Zabern auch vil mancher man
sein leben hat gelaßen;
bei Schletstat er des gleichen thet,
vil thun in darum haßen   ja haßen.

26
In summa sagt man in gemein
von im erschlagen sind allein
wol dreißig tausent bauren,
des mancher noch uf dißen tag
tregt schmerzen und groß trauren   ja trauren.

27
Türingen muß ich melden iezt,
da Tomas Münzer ward gespießt,
der thet die bauren leren.
Die fürsten waren nit unbehend,
begunden in zu weren   zu weren.

28
Landgraf auß Heßen kam gein Voll,
da warn vil bauren grob und doll,
hetten die stat ein genommen;
der fürst im sturm wol tausent tött,
die stat hat wider gewonnen   gewonnen.

29
Die fürsten darnach allgemein
vor Frankenhaußen, ist nit nein,
die bauren hont geschlagen;
sechs tausent sind tot bliben da,
das hort man manchen clagen   ja clagen.

30
Mülhaußen an drein orten hart
von fürsten auch belegert ward,
zum sturm auch wol beschoßen;
der bauren hauf sich weren wolt,
er hat sein nit genoßen genoßen.

31
In Franken is der hauf nit klein,
gewesen sind ir, als ich mein,
wol sechsundzwenzig tausent;
bei sechzig schlößer hont zerstört
dem adel und vil klaußen ja klaußen.

32
Zu Neckers Ulm zusammen kam
der bund und pfalzgraf lobesam,
uf Wirzburg sind gezogen
und fürter uber die Tauber gerückt,
das thut man weiter sagen ja sagen.

33
Acht tausent Ottenwelder hont
sich auf ein berg gelegt zu hand
nit weit von Königshofen,
des bunds sie noch nit warten warn,
sie weren gern geloffen ja geloffen.

34
Doch Götz von Berlingen genant
ir hauptman war verschwunden bald,
man thet die bauren angreifen;
sie flohen in den nechsten wald,
vil mochten nit entweichen ja weichen.

35
In dem acht tausent bauren auch
von Wirzburg kamen, den was gach,
den Ottenwelder zu helfen;
der bund hieß sie wol wilkum seim,
man hort sie schreien und gelfen ja gelfen.

36
Von in kament des abends noch
drei hundert in ein schlößlin hoch,
zerrißen und zerstöret;
hie leid der bund ein wenig not,
sie haben sich geweret   ja geweret.

37
Ein gefangner zeiget an gar bald,
wie sich die andern in dem wald
auch hetten wol verborgen;
da schlug man sie schier alle tot,
sie waren in großen sorgen   ja sorgen.

38
Zu hand der bund auf Wirzburg zoch,
das geschütz gieng auß dem schloße hoch
so greulich, daß vil bauren
sich machten auß der stat zu hand,
sie fielen über die mauren   ja mauren.

39
Darnach die stat sich auch ergab;
die bauren worden gsondert ab,
so des markgrafen waren;
gar mancher do enthauptet ist,
sie hand nit wol gefaren   gefaren.

40
Zu Bamberg sind auch zwelf enthaupt;
darzu etlich burger, solchs mir glaubt,
sind auch daselbs entrunnen;
der bischof ist gesetzet ein
und Halstat gar verbronnen   verbronnen.

41
Markgraf Casmirus auch zog auß,
manch bauren er verbrant sein haus,
vil hot er underwegen
erstochen und gestrofet vil,
sie seind gar unden gelegen   gelegen.

42
Ehe der pfalzgraf wider heim kam,
hetten sein bauren gefangen an
zu wuten und zu doben;
gar bald der fürst gen Oppenheim kam,
er ist allzeit zu loben   zu loben.

43
Pfedersheim was der bauren hoff,
sie meinten, hie wer noch kein strof,
sie zogen den reutern entgegen;
sie würgten wol sechs hundert da,
der kützel gont sich legen   ja legen.

44
Auf sant Johanns tag es geschach,
so manchen stein mit ungemach
thet man den bauren schicken;
die stat gar bald ergeben ward,
es thet in nit wol glücken   ja glücken.

45
Bei Kempten eilf tausent bauren seind
gelegen, warn des bundes feind,
die hat er auch getemmet;
von in litt er die gröste not,
doch sind sie auch zertrennet   zertrennet.

46
Hie bleibt es wol zu diser frist,
wiewol noch vil vor handen ist,
es möcht iemant verdrießen,
der villeicht vermeint in seinem sinn,
er möcht sein nit genießen   genießen.

47
Das soll allein sein iedem kund,
daß er betracht die zeit und stund,
denk daß uns got thut strafen,
die wir sein wort verachten gar,
wir werden nit entlaufen   entlaufen!

Ein newes lied, gemacht von der baurschaft im Frankenland, auch von irem losen schießen und von irem blinden stürmen

1
Von uppiglichen dingen
so will ichs heben an,
von leidigen baurn singen,
wie sie es griffen an;
sie hetten sich vermeßen,
sie saßen bei dem wein,
ir treuw und er vergeßen,
wolten selbert herren sein.

2
Sie thetten einander schreiben
wol durch das Frankenland,
den adel und die geistlichkeit zu vertreiben
mit irer eigen hand;
sie thetten sich fast rümen
wol durch das götlich wort,
ir sach damit zuverblümen,
sie stiften nichts dann mord.

3
Das vernamen die von Oxenfurt,
es dunkt sie also fein,
sie namen dem edlen margraven
allen seinen wein.
Als sich der herzog von Franken
ein solches het erhört
wol von den leidigen bawern,
daß sie stiften mord, –

4
Sein gnad thet selbert dreten
zu seinen burgern zu
und sie freundlichen gebeten,
daß sie seßen in ru,

ich mein die burger von Wurzburg,
sie wolten ie daran,
sie haben an irem herren
gar untreulich gethan.

5
Do das vernam der thumprobst,
ein margraf hochgeborn,
daß sich die von Würzburg
also treulos warn,
er saumet sich nit lange,
er macht sich auf das schloß
zu büchsen und zu schlangen,
zu manchem werden geschoß.

6
An einem freitag es geschach
an einem abend spat,
da sach man den herzog von Franken
reiten in großer not;
gen Heidelberg thet er reiten
wol in die werden stat
wol zu dem edlen pfalzgraven,
bat in umb hilf und rat.

9
An einem mitwochen es geschach
an einem morgen fru,
da sach man vil leidiger baurn
gen Würzburg ziehen zu;
die rüden wurden hetzen
mit irem baurenwerk,
ir schanzkörb thettens setzen
wol auf den Gleßberg.

8
Da richten sie ire büchsen,
auch alles ir geschoß,
sie thetten feindlich schießen
zu Würzburg auf das schloß,
des bulfers thet in zurinnen,
ir schießen was verlorn,
mit schießen nichts gewinnen,
das thet den bauren zorn.

9
Si wurden sich besinnen,
sie machten einen rat,
sie wolten das schloß gewinnen
an einem abend spat;
sie thetten stille schweigen,
sagten nit viel davon,
das schloß wolten sie ersteigen,
es solt nit anders ergon.

10
An einem montag es geschach
wol umb die zehend or,
da sach man vil leidiger baurn
vor Unser Frawenthor;
das wurden die wechter innen,
sie sagten den hern die mer,
wie sich die bauren kemen
mit einem großen her.

11
Die herren sagten balde:
»wolher! laß einher gan,
daß sein got müse walten,
so greif mirs dapfer an!«
Sie draten im schloß zusammen,
sie machten ein kurzen beschluß,
sie saumbten sich nit lange,
ein ieglicher zu seinem geschoß.

12
Da sagten sich die herren:
»durch got, nun thut im recht,
ir alle die vom adel,
darzu ir werden knecht!«
In gots namen thettens schießen,
daß in kein schuß versagt,
das thet die baurn verdrißen,
sie wurden all verzagt.

13
Sie thetten feindlich zürnen,
sie ließen noch nit ab,
das schloß wolten sie stürmen,

gewinnen gut und hab;
im schloß thetten sie schießen
gar feindlich gegen thal,
das ward die baurn verdrießen,
sie flohen uberall.

14
So ich mich recht bedenke,
als ich vernommen han,
feurketten thetten sie in schenken,
wurfens den bauren an;
die warheit wil ich jehen,
mit feur warfens sie zu,
der gleich hab ich nie gesehen,
sie ließen den baurn kein ru.

15
Pfü dich der großen schande,
die bauren kamen in not,
sie schrien mit einander:
»hilf allmechtiger got!«
Sie thetten gar feindlich schreien,
dasselbig baurngesind:
»wir müßen all tot pleiben,
wee unser weib und kind!«

16
Das schießen weret so lange
biß uber die vierte stund,
es hat in nit wol ergangen,
dann mancher baur was wund;
ir wurden vil erschoßen
vor Unser Frawenthor,
irs hochmuts nit genoßen,
tot lagen sie frü dar vor.

17
Ich lob den edlen margrafen,
auch ander grafen und hern,
dazu den adel und knechte,
die stunden im bei mit ern.
Nun hört, ir bauren alle,

so volgent meiner ler,
thut euch der pfeffer [vor dem schloß] gefallen,
so kumpt und holt sein mer!

18
Erst het es sich in in erhaben
ein großen übermut,
das schloß woltens durchgraben,
das daucht die bauren gut.
Ich dacht das got wolt haben,
in zubrach alls ir geschoß,
damit sie wolten gewinnen
unser frawen schloß.

19
Sie ließen sichs nit verdrießen,
es was in doch on not,
sie wolten erst büchsen gießen,
es ward in aber zu spat!
Wol an dem pfingstag es geschach
wol an dem morgen frü,
da sach man vil werder reuter
gen Würzburg ziehen zu.

20
Im schloß da ward mans innen,
in kamen newe mer,
wie ir edler herzog wer kummen
mit einem fürstlichen her;
sie bliesen mit freidenreichem schalle
die edlen fürsten an,
den bauren den »armen Judas,
was hast du gethan!«

21
Nun da die in Würzburg
ein solches wurden gewar,
sie lufen alle zusammen,
versperten alle thor.
Solt iren herren nit verdrießen,
daß sie versperten die thor
und doch die baurn einließen,
und iren herren darvor?

22
An einem donnerstag es geschach
wol umb den mitrentag,
daß man den herzog von Franken
gar füstlich einreiten sach,
auch edel fürsten, graven und frei
die ritten mit im zu ern,
sie wonten der gerechtigkeit bei,
got wöll ir seligkeit mern!

23
Man sach auch mit im reiten
manch edel ritter und knecht,
die thetten ritterlich streiten
wol umb das götlich recht;
die burger erschraken sere,
sie fielen auf ire knie:
»hochwirdiger fürst, durchleuchtiger herre,
genad uns armen hie!«

24
Den edlen herzog wards erbarmen,
er beweist sein fürstlich gemüt –
wol uber die viel armen,
er erzeiget in seine güt;
es waren etlich schuldig,
hetten wol verdient den tod,
doch was der fürst zu geduldig,
er ließ ir vil auß not.

25
Wie es den rechtschuldigen hat ergangen,
das seind sie worden gewar,
ir wurden vil gefangen,
etlichen schar man gar;
die bauren haben ein orden,
des haben sie kein eer,
sein eitel büttel worden,
stecken sein iez ir wer.

26
Nit weiter will ich singen,
das will ich laßen farn;

dem fürsten thet wol gelingen,
got half im wunderbar.
Es hat noch wol ergangen
wol biß auf disen tag;
mir wöllen got anrufen,
daß er uns sein gnad nit versag!

Baur halt du deinen eid,
als du deinem hern hast zugeseit.

ANONYM

1
Und wölt ir hören ein neu gedicht,
wie sich der bauer auf schalkheit verpflicht,
gelübd und eid vergeßen?
die herren vertreiben überall,
das haben sie sich vermeßen   ja vermeßen.

2
Um sunntag Jubilate gieng es an,
do sach man manchen stolzen bawernman
wol über das feld her ziehen;
und do es an ein treffen gieng,
wie not was in das fliehen   ja fliehen!

3
Zum dorf ein was in also gach,
mancher stolze man der eilt in nach,
begert sich an inen zu rechen.
Flieht! flieht! das was ir geschrei,
ir ordnung thetten sie zerbrechen   ja zerbrechen.

4
Da nun dasselb also zugieng,
mancher baur großen schaden empfieng
an leib und auch an gute;
flieht! das was ir best geschrei,
wie angst was inen zu mute   ja mute!

5
Da nun der abend schier her gieng,
das dorf auch großen schaden empfieng

von wegen großem feure.
O herr got, der großen not!
das lachen was inen teure   ja teure.

6
Die nacht die drang nun auch heran,
ein weiß kreuz in einem roten fan
und sunst zwei fenle darneben,
das trugen die bauren zum dorf herauß,
gefangen theten sie sich geben   ja geben.

7
Herr Sigmunt von Heßberg und die zwen hauptleut
die drei die ritten zu dem dorf hinein:
die weren solten sie von sich legen;
des waren die bauren also fro,
ir keiner thet sich regen   ja regen.

8
Die bauren machten einen ring,
darzu die frummen von Kriechending,
und wolten merken gar eben,
und was inen kem fur neue mer;
den eid thet man inen geben   ja geben.

9
Da nun das alles geschach,
der bauren hauf gar zerbrach
und thet sich gar zertrennen,
ein ieder wider heim zu haus
mit laufen und mit rennen   ja rennen.

10
Ja wer hat mer gehort solch geschicht?
zwelf tausent bauren hetten sich zu einander verpflicht,
hab und gut zu gewinnen:
siben hundert man schlugen sie auß dem feld,
die kunst thet inen zerinnen   ja zerrinnen.

11
Wölt ir wißen, warum es ist also gangen?
sie thetten, als hetten sie got gefangen,

das sakerment zertreten, die bildnusz zerbrochen,
das hat got nit mügen erleiden
und sich an inen gerochen   ja gerochen.

12
Nun darf es dem frommen fürsten niemant verkeren,
darumb hab ich im es gesungen zu eren,
sein leut und land hat er thon retten.
Wären die bauren daheime gebliben,
die münch singen laßen ir metten   ja metten!

13
Das haben die bauren nit wellen thon,
darumb hat man inen geben den lon
mit reiter und mit knechten.
Wer ein ieder bliben zu haus,
er hett nit dürfen fechten   ja fechten!

14
Und wer ist, der das liedlein hat gesungen?
mit dem brandenbergischen haufen ist er hin gedrungen,
er hat sich müßen weren,
dazu in gelübd und eid,
darumb darfs im niemant verkeren   ja verkeren.

15
Er singt uns das und singt uns mer.
Got behüt allen jungfrauen ir er
vor allen bösen zungen!
er danket got in seinem reich,
daß im nit ist misselungen   ja misselungen!

ANONYM

Ein lied, gemacht, wie es im Osterland ergangen ist

1
Der türkisch keiser ist zornig worn,
er hat den Ungern ein eid geschworn,
er wöll sie uberziehen
mit einem heere, das ist groß,
die landschaft must ihn fliehen   ja fliehen.

2
Mit im haben mir ein schlacht gethan,
verloren haben mir manchen man,
könig Ludwig unsern frummen herren;
ach got von hymel, sich darein!
das land das muß verderben   ja verderben.

3
Das Ungerland hat er genummen ein,
den Christen thet er große pein,
er hat man und weib erstochen,
darzu das kindlein in muter leib,
got lest es nicht ungerochen   ja gerochen.

4
Für Wien da stund im hyn sein synn,
darvor het er ein klein gewynn,
das reich hat ihn abtryben;
im neunundzwenzigsch es geschach,
klerlich findt mans geschryben   ja geschryben,

5
Am mitwoch vor sant Gallen tag,
daß man den Türken stürmen sach,
gar heftig thet er wüten,
er schuß da manchen pfeil in nein,
noch thet uns got behüten,   ja behüten.

6
Tag und nacht het mir kein ru,
der Türk der setzt uns heftig zu,
gute polberk thet mir machen;
alle die in der stat gelegen sind,
des schympfs möchtens nicht lachen   ja lachen.

7
Vier stürm habens an gerent,
die maur habens in drei orten entsprengt
vierzig klafter lang, hab ich vernummen,
schendlich ist er gezogen ab,
der kunst ist ihm zurunnen   ja zurunnen.

8
Im wiener land hubs sich groß not,
darynn lag manches weibspild tot,
zerstochen und zurhawen;
etliche warn geschnyten auf,
groß jamer mußt mir schawen   ja schawen.

9
Die kindlein stecktens an die spieß,
den weibern schnytens ab die bryst,
gar grausam thetens wüten,
vil mehr dann ich euch syngen will,
darvor wöll uns got behüten   ja behüten!

10
Im land zogens auf und ab,
vil armer leut hat er gemacht,
zweinzig meil lang, hab ich vernummen,
märk und dörfer hat er verbrent,
vil volks mit ihm weggenummen   ja genummen.

11
Er tryb sie weg, wie rynder und schwein,
sie kamen in ein kirchen hynein,
ir muthwillen thettens treiben,
sie schwechten die weiblein, die jungfrawen rein,
niemands kant vor in bleiben   ja bleiben.

12
Sie schryen zu got, huben auf ir hend,
sie sprachen: »ist unser leztes end,
herr, thu dich des erbarmen!
wie lebt der Türk so grausamlich!
herr, thu dich des erbarmen   ja erbarmen!«

13
Oberkeit, laß dirs zu herzen gan,
einer soll dem andern beistand than,
dar bei dut got vertrawen;
hett ir nur fryd in ewren landen,
groß wunder würt ihr schawen   ja schawen!

14
Ein prophocei vorhanden ist,
darzu helf uns Jesu Christ:
er soll werden erschlagen
von einem keiser Karl genant,
davon thut uns die geschryft nun sagen ja sagen.

15
Darnach wirt er versamlen ein großes heer,
mit dem wirt er ziehen uber meer,
alle welt wirt er bezwyngen;
wer das kreuz nicht an betten thut,
den wirt er laßen umb bryngen ja bryngen.

16
Darauß treibt der Türk ein großen spot.
Ach got, hylf uns auß aller not,
du dein armen Christen erlößen
wol auß dem tyranischen gewalt,
daß mir vor im geneßen ja geneßen!

17
Die straf haben mir alle von got,
darauß treiben wir ein großen spot
mit schelten und mit schweren;
das treiben die Christen uber tag,
thetten sie dem Türken weren ja weren!

18
Nun helft mir got trewlich rüfen an,
daß er uns Christen bei wöll stan,
daß mir frölich mügen fechten;
ein guter gesell sol bei dem andern stan,
das türkisch heer zubrechen ja brechen.

19
Der uns das liedlein hat gedicht,
vom newen hat ers zu gericht,
Jorg Daypach thut er sich nennen.
Heiligs reich sei unverzagt
und laß dich nicht zutrennen, ja zutrennen.

WENCEL SCHERFFER VON SCHERFFENSTEIN

Teutschland

Wer hett' / ô Teutschland dich erlegt und überwunde /
wenn Du zum meisten Dich nicht selbst dabey befunden
so lange man gewürgt / so lange man gesiegt /
so hast Du stets durch Dich / Dich selber auch bekriegt.

ANONYM

Von dem jetzigen Übelstand in der Welt, als von Krieg, Theurung und allerlei Krankheiten

1
Herr Gott ich thue dir's klagen,
Den Jammer und die Noth,
Wie jetzt all Stund und Tage
Viel Christen bliben todt
In teutsch und welschen Landen,
Fallend durch d' Schärfe Schwerts.
Ach Herr wöllst uns verschone!
Durch Christum, deinen Sohne,
Trösten manch traurig Herz!

2
Wann wir uns jetzt umsehen
Wir Christen in gemein,
Was g'schicht und ist geschehen,
In was für Noth wir sein!
Gar ist die Welt verkehret,
Ein arme G'stalt sie hat,
Dann sich's Unglück nun mehret.
All's wird verhergt, verstöret
Manch schönes Land und Stadt.

3
Nicht wöllen wir besehen,
Was langest vor der Zeit
Hin und wider geschehen
In Landen weit und breit:

Sonder das nur ansagen,
Jedoch trauriger G'stalt,
Was für Jammer und Klagen
Sich erst vergangner Tagen
Zutragen für Gewalt.

4
In Böhmen seind erschlagen
Viel Hundert-Tausend Mann;
Das thun die Weiber klagen,
Die jetzt kein Mannen han,
Nichts dann nur kleine Kinder;
Verbrunnen Haus und Hof,
Auch weder Schaaf noch Rinder,
Ist all's geraubt, geplündert –
Die Noth zerbricht den Schlaf.

5
Auch in der Pfalz, merk' eben,
Hat es ein gleiche G'stalt;
Viel hat man gebracht um's Leben,
Wol durch des Feindes Gewalt.
Das gut Land ist verstöret,
Die Felder liegen öd,
Wir weder gesäet noch geähret,
All's über Hauf gekehret
Von den Kriegsleuten schnöd.

6
Deßgleichen in den Pündten
Hat es auch Jammers genug;
Von allerlei fremd Gesinde
Wird g'raubt viel Hab und Gut,
Der Feind laßt nichts dahinden;
Im Elsaß gleicher G'stalt
Ist All's dem Raub ergeben,
Ein jämmerliches Leben –
Der besser mag, braucht G'walt.

7
Nicht minder hat es Nothe
Dort sehr im Ungerland;

Viel Tausend schlagt man zu Tode,
Haus, Hof wird all's verbrannt;
Über dreihundert Dörfer,
Auch Statten groß und klein,
Hat man in Brand thun stecken;
Noch mag es All's nichts klecken,
Da muß groß Jammer sein.

8
Obgleich der Schad bringt Kummer,
Weh, Klag und Herzenleid,
Ist es doch z'rechnen nimmer,
Geg'n dem, das sich zutreit:
Daß sovil tausend Christen,
Von Mannen, Weib und Kind,
In ewige Knechtschafte
Werden verkauft mit Machte
In Türkei dem Erbfeind.

9
Ach was muß das für Jammer
Und großes Herzleid sein,
Was für Elend und Kummer,
Wann die klein Kindelein
Müssen von Eltern scheiden,
Sich lassen treiben hin,
Gleich den Schweinen und Schafen!
Ach Herr, was großer Strafen –
Wann wird das Ende sein?

10
Nicht bleibt's beim Hungarlande,
Da der Krieg stark geht fort,
Sonder nimt überhande,
Täglich an manchem Ort;
Als im Stift Badelboren,
Welches der Fürst von Braunschweig
Überall eingenommen,
Zwo Million bekommen
An Geld und Silber-Zeug.

11
Auch trifft das Niederlande,
Die Schweden und Frankreich,
Der Krieg mit Mord und Brande,
Der Feind wüt grausamlich.
Dem König fromm in Polen
Der Türk auf's neu abseit,
Wol mit vierhundert Tausend;
Eim Christen darob grauset,
Wie ist es doch ein Leid!

12
Auch thut sich täglich mehren
Theurung und Hungersnoth;
Wieviel laufen hin und here
Aus Hunger nach dem Brod!
In Wäldern viel erfroren,
Von Haus und Hof verjagt;
Zwei Kind man fund mit Schmerzen,
Die von ihr Mutter Herzen
Aus Hungersnoth genagt.

13
Dies all's, o frommen Christen,
Laßt euch zu Herzen gahn;
Zur Buß thut euch all rüsten,
Es hat nie nöther gethan:
Gott läßt sich nit verspotten,
Jeder solches wol betracht,
Wie der Sündfluß d' ganze Welte,
Als sie kein Buß thun wölten,
Hab in's Verderben gebracht. –

ANDREAS GRYPHIUS

Thränen des vaterlandes, anno 1636

Wir sind doch nunmehr gantz, ja mehr denn gantz verheeret.
  Der frechen völcker schaar, die rasende posaun,
  Das vom blut fette schwerdt, die donnernde carthaun
Hat aller schweiß und fleiß und vorrath auffgezehret.

Die thürme stehn in glut, die kirch ist umgekehret,
Das rathhaus liegt im graus, die starcken sind zerhaun,
Die jungfern sind geschänd't, und wo wir hin nur schaun,
Ist feuer, pest und tod, der hertz und geist durchfähret.
Hier durch die schantz und stadt rinnt allzeit frisches blut.
Dreymal sind schon sechs jahr, als unser ströme flut
Von leichen fast verstopfft, sich langsam fort gedrungen.
Doch schweig ich noch von dem, was ärger als der tod,
Was grimmer denn die pest und glut und hungersnoth.
Dass auch der seelen-schatz so vielen abgezwungen.

ANONYM

Klag- und Betlied

der armen, durch vielfältige grausame / schädliche Krieg . . . hoch bedrängten und / beschwerten Bauren und Landleuten in der ganzen Christenheit / um den lieben Frieden. /

I.
Gott, welchem hie alle Ding
Wol seind bewußt, groß und gering!
Wir hand im Haus nunmehr kein Brot,
Wem sagen wir in solcher Noth:
DA.

Gib uns? Dann zu dir, lieber Herr,
Wir hoffen all, dieweil nunmehr
Wucher und Geiz nimmt überhand,
So verleih uns in diesem Stand
PACEM.

Fried, Einigkeit, doch willtu mehr
Strafen all unser Sünde schwer
Mit Pestilenz, Theurung, Krieg, Schad,
Wir hand verschuldt solch Ungenad.
DOMINE.

HERR, unser Vorfahren allsamn
Solche Bosheit, Schand nie vernahmn,
List und Betrug, Ungrechtigkeit,
Als wir oft sehn mit Herzeleid
IN DIEBUS NOSTRIS.

IN unsern Tagn wir seind beschwert
  Mit Arbeit viel, Zins ausgeleert,
Unser Gesind muß bettlen gehn,
  Wir haben heut nie Brot gesehn.

II.

QUIA NON EST

DAnn es ist kein Übriges mehr,
  Ob wir im Feld gearbeit sehr,
Die Reben pflanzt, Wein zu bekommn,
  So hat es doch Alls hingenommn

ALIUS.

ANder Volk, welchs verprasset gar,
  Was wir gesamlet han dies Jahr,
In Müßiggang, nit wie man soll:
  O lieber HErr! Du kennst den wol,

QUI.

DEr unsre Schaf genommen hot,
  Küh, Schwein, Gäns, Hühner geschlagen todt,
Auch die verschlemmt muthwillig sehr:
  Gib Jemand, der für uns nunmehr

PUGNET.

STreit und straf noch die böse Leut,
  So uns zumal verderben heut,
Wie vorhin auch, welche doch solltn
  Kämpfen billig, wann sies thun wolltn

PRO NOBIS.

FUr uns, wie du gabst deinen Sohn,
  Die sunst waren verdorben schon,
Drum glauben wir, daß mehr kein Mann
  Aus aller Noth erretten kann,

NISI TU.

DAnn du: wer sich auf die ganz Welt
  Verläßt, der hat sehr weit gefehlt,
Er findt kein Heil; drum wir in Gmein
  Hoffen zumal auf dich allein,

DEUS NOSTER.

GOtt unser HErr: wann Unrecht, Gwalt
Wucher und Geiz in dHelle fallt,
Grechtigkeit, Fried siegt, triumphiert,
Alsdann solch Zeit uns freuen wird.

D. S.

ANONYM

Langerhoffte Friedenstaube des darnach schmachtenden deutschen Vatterlandes

Lang erhoffte Friedenstaube,
Kommst du endlich in die Welt,
Da nach so viel Mord und Raube,
Mars nun seinen Abzug hält?
Segen träufet jetzo nieder
Von dem Ölzweig den du trägst,
Da der Zwitracht blut'ge Glieder
Du damit in Ketten legst.

O wie voller grausam Streiten,
Voller Elend, Angst und Noth,
Waren jene Schreckenszeiten,
Und wie hat gehaust der Tod!
Unser schönes teutsches Lande,
So zuvor so groß und frei –
O der ew'gen Schmach und Schande! –
Ist gleich einer Wüstenei.

Jetzo darf man wieder leben
Und erstehn aus Todsgefahr,
Der man zitternd hingegeben
Schon die volle dreißig Jahr.
Was man hat in Fleiß erworben,
Bleibet Eigenthum in Recht,
Rauben nicht beutgierig Horden,
So die Herren, wie die Knecht.

Städte, Dörfer, allerwegen,
Gärten, Wiesen, Ackerfeld,
Die verhergt und wüst gelegen
Werden wiederum bestellt;

Handel, Wandel durch die Lande
Kann aufs neue nun erblühn,
Sind gelegt nicht mehr in Bande,
Da die Kriegsgewülke fliehn.

O wie lebt man auf in Freuden,
Und ergeht in freier Luft
Da bisher man schier in Leiden
Lag wie in der Todesgruft!
Jtzt beginnt ein neues Leben,
Jung und Alt ist voller Lust,
Und der Freude ganz ergeben,
Danket Gott in tiefster Brust.

Ja, ihr Teutschen insgemein,
Danket, danket Gott dem Herrn;
Betet, daß sein Gnadenschein
Segne lang' den Friedensstern!
Unser theures Vatterlande
Wird dann neuen Morgen sehn,
Und aus allem Mord und Brande,
Als ein junge Braut erstehn.

GEORG RUDOLF WECKHERLIN

An den Hofe

Rund-umb

Glick zu, du Hof und du Hofleben,
Da wenig Trauben und vil Reben,
Da weder warheit, trew noch zucht,
Des prachts, lists und betrugs erbsucht,
Mit Schalckheit und Torheit verweben.
Du Hof, an dem die sünden kleben,
Mit allen Lastern rund-umbgeben,
Du Nest der Trägheit und Unzucht
Glick zu.
Dein mund ist milt, dein hertz darneben,
Stehts falsch, will wanckelbar umbschweben,
Du hast vil Hofnung, wenig frucht;

Darumb von dir nem ich die flucht,
Und sag dir, freyhend ietz mein leben,
Glick zu.

CHRISTIAN FELIX WEISSE

Der Zweifel

Daß Weltbezwinger voll von Krieg,
Durch Schlacht, Eroberung und Sieg,
Die Bürger groß und glücklich machen:
Ja, daran zweifl' ich sehr:
Doch daß die Staaten reizend blühn,
Wo Fürsten weise Bürger ziehn,
Und über die Gesetze wachen:
Nein, daran zweifl' ich nicht mehr.

Daß das Verdienst am Hofe steigt,
Das Laster vor der Tugend schweigt,
Vom Thron beschämt die Schmeichler eilen,
Ja, daran zweifl' ich sehr:
Daß Narrheit, Bosheit, Trug und List
Zur Hoheit oft die Leiter ist,
Laquayen Huld und Gnad ertheilen,
Nein, daran zweifl' ich nicht mehr.

Daß jeder Priester heilig lebt,
Der Philosoph nach Weisheit strebt,
Die Unschuld vor Gerichte sieget;
Ja, daran zweifl' ich sehr.
Daß oft der Fromme menschlich irrt,
Der Philosoph zum Thier oft wird,
Das Recht dem Gold oft unterlieget;
Nein, daran zweifl' ich nicht mehr.

Daß, wer aus goldnen Schüsseln speist,
Den laut der Pöbel glücklich preist,
Des Lebens wahres Glück empfindet;
Ja, daran zweifl' ich sehr:
Doch daß der Mann sein Leben nützt,
Der nicht mehr wünscht, als er besitzt,
Sich nicht am Wahn des Pöbels bindet;
Nein, daran zweifl' ich nicht mehr.

Mein Vetter schüttet Geld in Hut,
Und ruft: dieß ist das höchste Gut!
Sieh Kind, dieß mußt du dir erwerben;
Ja, daran zweifl' ich sehr.
Doch wenn man nicht sein Geld vergräbt,
Mit Freunden davon freudig lebt,
Daß es denn schön ist, Geld zu erben:
Nein, daran zweifl' ich nicht mehr.

Wenn sich Beatrix schminkt und schmückt,
Liebäugelt, buhlt, die Hände drückt,
Daß sie dadurch ein Herz entrissen.
Ja, daran zweifl' ich sehr:
Doch daß, wenn auch kein Putz sie ziert,
Die göttliche Selinde rührt,
Und jeder Mund sie wünscht zu küssen,
Nein, daran zweifl' ich nicht mehr.

Daß, um geehrt und reich zu seyn,
Ich mich demüthig, kriechend, klein,
Wenn mich das Glücke flieht, geberde;
Ja daran zweifl' ich sehr.
Daß ich entfernt vom Sklaverey,
Freund, Vaterland und Mädchen treu,
Frey leben und frey sterben werde:
Nein, daran zweifl' ich nicht mehr.

CHRISTIAN FELIX WEISSE

Der Soldat

Zieht hier ein Krieger stolz geschmücket,
Den Hut ins Auge tief gedrücket,
Mit bloßem Schwerdt vor seinen Reihn,
So wünsch ich ein Soldat zu seyn:
Doch soll der Zug nach Böhmen gehen,
Wo bärtige Panduren stehen,
Die mit verdammten Messern dräun;
So wünsch ich, kein Soldat zu seyn.

Wenn schmetternd die Trompete klinget,
Die Freud aus rauhen Kehlen singet,
Und muthge Rosse wiehernd schreyn,
So wünsch ich ein Soldat zu seyn:
Doch wenn sie keine Menschheit fühlen,
Nach Köpfen, wie nach Scheiben zielen,
Ihr junges Leben nicht bereun,
So wünsch ich, kein Soldat zu seyn.

Wenn sie in volle Keller brechen,
Und brüderlich zusammen zechen,
Im Ungarn oder an dem Rhein,
So wünsch ich ein Soldat zu seyn:
Doch wenn sie sich zu frech bezeigen,
Und kühn auf Wäll' und Mauern steigen,
Wo plumpe Mörser Feuer speyn,
So wünsch ich, kein Soldat zu seyn.

Wenn Mädchen vor Croaten beben,
Und sich in ihren Schutz begeben,
Den sie den Mädchen gern verleihn,
So wünsch ich ein Soldat zu seyn.
Doch wenn, den Raub davon zu tragen,
Sie sich darum mit Säbeln schlagen,
Sich nie der Beute sicher freun,
So wünsch ich, kein Soldat zu seyn.

MATTHIAS CLAUDIUS

Kriegslied

's ist Krieg! 's ist Krieg! O Gottes Engel wehre,
  Und rede du darein!
's ist leider Krieg – und ich begehre
  Nicht schuld daran zu sein!

Was sollt ich machen, wenn im Schlaf mit Grämen
  Und blutig, bleich und blaß,
Die Geister der Erschlagnen zu mir kämen,
  Und vor mir weinten, was?

Wenn wackre Männer, die sich Ehre suchten,
  Verstümmelt und halb tot
Im Staub sich vor mir wälzten, und mir fluchten
  In ihrer Todesnot?

Wenn tausend Väter, Mütter, Bräute,
  So glücklich vor dem Krieg,
Nun alle elend, alle arme Leute,
  Wehklagten über mich?

Wenn Hunger, böse Seuch und ihre Nöten
  Freund, Freund und Feind ins Grab
Versammleten, und mir zu Ehren krähten
  Von einer Leich herab?

Was hülf mir Kron und Land und Gold und Ehre?
  Die könnten mich nicht freun!
's ist leider Krieg – und ich begehre
  Nicht schuld daran zu sein!

GOTTLIEB KONRAD PFEFFEL

Der Esel

Der Esel trat als Supplikant
Zum Löwen. »Sir, darf ich es wagen«,
Sprach er, »ein Wort dir vorzutragen?
Die Polizei in jedem Land
Hat Männer von Talent ernannt,
Des Nachts die Stunden anzusagen:
Nun wissen Berge, Tal und Wald,
Wie mächtig meine Töne schallen,
Drum bitt ich, Sir, laß dir gefallen,
Mit einem mäßigen Gehalt
Von Rocken, Haber oder Kleien
Das Wächteramt mir zu verleihen.«

Er senkt das Ohr und schweigt. Alsbald
Wird seine Bitte plazidieret;
Der Esel wird durch Stab und Horn
Zum Stundenrufer investieret,

Und ein Gehalt von Heidekorn
Wird ihm in Gnaden assignieret.
Die Nacht bricht ein. Wie Boreas
Ruft er: »Ihr Herren, laßt euch sagen . . .«
Dem Hof gefiel der neue Spaß:
Doch, als der Seiger eins geschlagen
Und er noch rief, da fing der Chan
Den Schreier zu verwünschen an;
Und Luna ging noch nicht zur Neige,
So bot er durch ein Windspiel ihn
Auf seine Burg. Das Tier erschien.
»Geh, friß dein Korn daheim und schweige.«
So sprach der Fürst und ließ ihn ziehn;
Und so entstanden in dem Staate
Die fetten Hofkanonikate
Für Esel, die auf Polstern ruhn,
Und Sold beziehn, um nichts zu tun.

LUDWIG CHRISTOPH HEINRICH HÖLTY

Der alte Landmann an seinen Sohn

Üb' immer Treu und Redlichkeit,
Bis an dein kühles Grab;
Und weiche keinen Fingerbreit
Von Gottes Wegen ab.
Dann wirst du, wie auf grünen Aun,
Durchs Pilgerleben gehn;
Dann kannst du, sonder Furcht und Graun,
Dem Tod' ins Auge sehn.

Dann wird die Sichel und der Pflug
In deiner Hand so leicht;
Dann singest du, beym Waßerkrug,
Als wär dir Wein gereicht.
Dem Bösewicht wird alles schwer,
Er thue was er thu!
Der Teufel treibt ihn hin und her,
Und läßt ihm keine Ruh!

Der schöne Frühling lacht ihm nicht,
Ihm lacht kein Ährenfeld;
Er ist auf Lug und Trug erpicht,
Und wünscht sich nichts als Geld.
Der Wind im Hayn, das Laub am Baum,
Saust ihm Entsezen zu;
Er findet, nach des Lebens Traum,
Im Grabe keine Ruh.

Dann muß er, in der Geisterstund',
Aus seinem Grabe gehn;
Und oft, als schwarzer Kettenhund,
Vor seiner Hausthür stehn.
Die Spinnerinnen, die das Rad
Im Arm, nach Hause gehn,
Erzittern wie ein Espenblatt,
Wenn sie ihn liegen sehn.

Und jede Spinnestube spricht
Von diesem Abentheur,
Und wünscht den todten Bösewicht
Ins tiefste Höllenfeur.
Der alte Kunz war, bis ans Grab,
Ein rechter Höllenbrand;
Er pflügte seinem Nachbar ab,
Und stahl ihm vieles Land.

Nun pflügt er, als ein Feuermann,
Auf seines Nachbars Flur;
Und mißt das Feld, hinab hinan,
Mit einer glühnden Schnur.
Er brennet, wie ein Schober Stroh,
Dem glühnden Pfluge nach;
Und pflügt, und brennet lichterloh,
Bis an den hellen Tag.

Der Amtmann, der im Weine floß,
Die Bauren schlug halbkrum,
Trabt nun, auf einem glühnden Roß,
In jenem Wald herum.
Der Pfarrer, der aufs Tanzen schalt,
Und Filz und Wucherer war,
Steht nun, als schwarze Spukgestalt,
Am nächtlichen Altar.

Üb' immer Treu und Redlichkeit,
Bis an dein kühles Grab,
Und weiche keinen Fingerbreit
Von Gottes Wegen ab.
Dann suchen Enkel deine Gruft,
Und weinen Thränen drauf,
Und Sommmerblumen, voll von Duft,
Blühn aus den Thränen auf.

CHRISTIAN FRIEDRICH DANIEL SCHUBART

Der Bettelsoldat

Mit jammervollem Blicke,
Von tausend Sorgen schwer,
Hink' ich an meiner Krücke
In weiter Welt umher.

Gott weiß, hab viel gelitten,
Ich hab so manchen Kampf
In mancher Schlacht gestritten,
Gehüllt in Pulverdampf.

Sah' manchen Kameraden
An meiner Seite todt,
Und mußt' im Blute waten,
Wenn es mein Herr gebot.

Mir drohten oft Geschütze
Den fürchterlichsten Tod,
Oft trank ich aus der Pfütze,
Oft aß ich schimmlich Brod.

Ich stand in Sturm und Regen
In grauser Mitternacht,
Bei Blitz und Donnerschlägen,
Oft einsam auf der Wacht.

Und nun nach mancher Schonung,
Noch fern von meinem Grab,
Empfang' ich die Belohnung –
Mit diesem Bettelstab.

Bedeckt mit dreizehn Wunden,
An meine Krück' gelehnt,
Hab ich in manchen Stunden
Mich nach dem Tod gesehnt.

Ich bettle vor den Thüren,
Ich armer lahmer Mann!
Doch ach! wen kann ich rühren?
Wer nimmt sich meiner an?

War einst ein braver Krieger,
Sang manch Soldatenlied
Im Reihen froher Sieger;
Nun bin ich Invalid.

Ihr Söhne, bei der Krücke,
An der mein Leib sich beugt,
Bei diesem Thränenblicke,
Der sich zum Grabe neigt;

Beschwör' ich euch – ihr Söhne!
O flieht der Trommel Ton!
Und Kriegstrompetentöne,
Sonst kriegt ihr meinen Lohn.

CHRISTIAN FRIEDRICH DANIEL SCHUBART

Deutscher Freiheitsgeist

Der Teufel hol, sprach Metzger Pfund,
Den ganzen Rat! – Er sprach's mit tobendem Gebrülle.
Doch plötzlich kam – des Bürgermeisters Hund:
Der Prahler Pfund stand auf – beugt sich – war mäusleinsstille.

Sie, und nicht wir

An La Rochefoucauld

Hätt' ich hundert Stimmen; ich feierte Galliens Freiheit
Nicht mit erreichendem Ton, sänge die göttliche schwach.
Was vollbringet sie nicht! Sogar das gräßlichste aller
Ungeheuer, der Krieg, wird an die Kette gelegt!
Cerberus hat drei Rachen; der Krieg hat tausend: und dennoch
Heulen sie alle durch dich, Göttin, am Fesselgeklirr.
Ach mein Vaterland! . . . Viel sind der Schmerzen; doch lindert
Sie die heilende Zeit, und sie bluten nicht mehr.
Aber es ist ein Schmerz, den sie nie mehr lindert! und kehrte
Mir das Leben zurück; dennoch blutet' er fort!
Ach du warest es nicht, mein Vaterland, das der Freiheit
Gipfel erstieg, Beispiel strahlte den Völkern umher:
Frankreich wars! du labtest dich nicht an der frohsten der Ehren,
Brachest den heiligen Zweig dieser Unsterblichkeit nicht!
O ich weiß es, du fühlest, was dir nicht wurde; die Palme,
Aber die du nicht trägst, grünet so schön, wie sie ist,
Deinem kennenden Blick. Denn ihr gleicht, ihr gleichet die
Welche du dir brachst, als du die Religion [Palme,
Reinigtest, sie, die entweiht Despoten hatten, von neuem
Weihtest, Despoten voll Sucht Seelen zu fesseln! voll Blut,
Welches sie strömen ließen, sobald der Beherrschte nicht
Was ihr taumelnder Wahn ihm zu glauben gebot. [glaubte,
Wenn durch dich, mein Vaterland, der beschornen Despoten
Joch nicht zerbrach; so zerbrach das der gekrönten itzt nicht.
Könnt' ein Trost mich trösten; er wäre, daß du vorangingst
Auf der erhabenen Bahn! aber er tröstet mich nicht.
Denn du warest es nicht, das auch von dem Staube des Bürgers
Freiheit erhob, Beispiel strahlte den Völkern umher;
Denen nicht nur die Europa gebar. An Amerikas Strömen
Flammt schon eigenes Licht, leuchtet den Völkern umher.
Hier auch winkte mir Trost, er war: In Amerika leuchten
Deutsche zugleich umher! aber er tröstete nicht.

Der Erobrungskrieg

Wie sich der Liebende freut, wenn nun die Geliebte, der hohen
Todeswog' entflohn, wieder das Ufer betritt;
Oft schon hatt' er hinunter geschaut an dem Marmor des Strandes,
Immer, neuen Gram, Scheiter und Leichen gesehn;
Endlich sinket sie ihm aus einem Nachen, der antreibt,
An das schlagende Herz, siehet den Lebenden! lebt!
Oder wie die Mutter, die harrend und stumm an dem Tor lag
Einer durchpesteten Stadt, welche den einzigen Sohn
Mit zahllosen Sterbenden ihr, und Begrabenen einschloß,
Und in der noch stets klagte das Totengeläut,
Wie sie sich freuet, wenn nun der rufende Jüngling herausstürzt,
Und die Botschaft selbst, daß er entronnen sei, bringt.
Wie der trübe, bange, der tieferschütterte Zweifler,
(Lastende Jahre lang troff' ihm die Wunde schon fort)
Bei noch einmal ergriffner, itzt festgehaltener Waagschal,
Sehend das Übergewicht, sich der Unsterblichkeit freut!
Also freut' ich mich, daß ein großes, mächtiges Volk sich
Nie Eroberungskrieg wieder zu kriegen entschloß;
Und daß dieser Donner, durch sein Verstummen, den Donnern
Anderer Völker, dereinst auch zu verstummen, gebot.
Jetzo lag an der Kette das Ungeheuer, der Greuel
Greuel! itzt war der Mensch über sich selber erhöht!
Aber, weh uns! sie selbst, die das Untier zähmten, vernichten
Ihr hochheilig Gesetz, schlagen Erobererschlacht.
Hast du Verwünschung, allein wie du nie vernahmst, so ver-
wünsche! –
Diesem Gesetz glich keins! aber es sei auch kein Fluch
Gleich dem schrechlichen, der die Hochverräter der Mensch-
Welche das hehre Gesetz übertraten, verflucht. [heit,
Sprechet den Fluch mit aus, ihr blutigen Tränen, die jetzo
Weint, wer voraussieht; einst, wen das Gesehene trifft.
Mir lebt nun die Geliebte nicht mehr: der einzige Sohn nicht!
Und der Zweifler glaubt mir die Unsterblichkeit nicht!

GOTTFRIED AUGUST BÜRGER

Für Wen, du gutes deutsches Volk
Behängt man dich mit Waffen?
Für Wen läßt du von Weib und Kind
Und Herd hinweg dich raffen?
Für Fürsten- und für Adelsbrut,
Und für's Geschmeiß der Pfaffen.

War's nicht genug, ihr Sklavenjoch
Mit stillen Sinn zu tragen?
Für sie im Schweiß des Angesichts
Mit Fronen dich zu plagen?
Für ihre Geißel sollst du nun
Auch Blut und Leben wagen?

Sie nennen's Streit fürs Vaterland,
In welchen sie dich treiben.
O Volk, wie lange wirst du blind
Beim Spiel der Gaukler bleiben?
Sie selber sind das Vaterland,
Und wollen gern belleiben.

Was ging uns Frankreichs Wesen an,
Die wir in Deutschland wohnen?
Es mochte dort nun ein Bourbon,
Ein Ohnehose thronen.
– – – – – – – – –
– – – – – – – –

GOTTFRIED AUGUST BÜRGER

Entsagung der Politik

Ade, Frau Politik! Sie mag sich fürbaß trollen:
Die Schrift-Zensur ist heut zu Tage scharf.
Was mancher Edle will, scheint er oft nicht zu sollen;
Dagegen, was er schreiben soll und darf,
Kann doch ein Edler oft nicht wollen.

An das deutsche Volk im Jahre 1810

Warum traf mich nicht aus einer Wolke
Gottes Feuer, eh in meinem Volke
Ich die Gräuel der Verwüstung sah?
Schmerzlich zuckt es mir durch die Gebeine
Bei der heißen Thräne, die ich weine
Auf des Vaterlandes Golgatha!

Rechts und links zieht eine wilde Horde,
Mehr noch mit Zerstörung als mit Morde,
Die mit Spott das Aehrenfeld zertritt.
Jedes Rechtes blutige Verächter,
Geben sie zur Antwort Hohngelächter,
Wo sie kommen, kommt das Laster mit.

Städte rauchen unter ihrem Tritte,
Und vor ihnen flieht die gute Sitte,
Und von ihren Fäusten trieft das Blut;
Bleicher Schrecken zittert, wo sie wandeln,
Und die Hölle jubelt, wo sie handeln
Mit der Furien entmenschter Wuth.

Der mit blutigen Hyänenklauen
Ließ das Vorrecht seine Grube bauen,
War Verbrecher an der Nation.
Und der erste König, der erlaubte,
Daß man schändlich so das Volk beraubte,
Schwächling, und vergeudete den Thron.

Trennung, Eigennutz und Knechtswuth haben
Allen öffentlichen Sinn begraben,
Daß der Deutsche nur in Horden lebt,
Und daß dummheitstrunken diese Horden
Um die Wette sich für Fremde morden,
Daß die mildre Menschheit weint und bebt.

Unsre Frucht verzehren fremde Trosse,
Unsre Gauen mähen fremde Rosse,
Eine fremde Sprache zügelt uns.

Fremde Schergen treiben unsre Jugend,
Und mit tiefer, stummer Eselstugend
Fördert's links und rechts der edle Duns.

Offen stehn dem Untergang die Thüren,
Und wir prunken mit den Krebsgeschwüren,
Die ein Rachegeist uns zürnend schlug.
Unsre Werke sind nur Völkerfrohnen,
Und wir sind ein Spott der Nationen,
Kaum zu Satelliten gut genug.

Frommen sind dies Gottes Strafgerichte,
Weisen unsers alten Unsinns Früchte,
Wo der Eigennutz das Blutrecht hielt,
Wo zur Schmach und Schande seiner Würde,
Wer nur kann, sich losreißt von der Bürde
Und den allgemeinen Beitrag stiehlt.

Was mit Blödsinn vor nicht vielen Jahren
Unsre Nachbarn, die Sarmaten, waren,
Sind wir selbst nun, und was sie jetzt sind,
Werden wir, gleich wildzerfleischten Herden,
Andern Völkern zum Exempel werden,
Eh ein Viertel-Säculum verrinnt.

Haß und Spaltung herrscht in unsern Stämmen,
Einheit nur kann das Verderben hemmen,
Und die Einheit fliehn wir wie die Pest.
Eh man öffentlich, was Recht ist, ehret,
Jauchzet man, wenn Gau den Gau verheeret,
Und die Volksschmach wird ein Freudenfest.

Unsere Edlen suchen fremde Ketten;
Wer soll nun das Vaterland erretten?
Jeder theilt sich gierig in den Raub.
Wo der blinde Eigennutz gebietet,
Wo man für Obolen Söldner miethet,
Bleibt man für den Ruf der Ehre taub.

Gleich den Thoren, die nach Schande dürsten,
Blicken in die Wette unsre Fürsten,
Stolz auf Knechtschaft, hin ins fremde Land,

Kriechen dort in dem Clienten-Heere,
Haschen gierig nach Satrapen-Ehre,
Wo man ihnen ihre Fesseln wand.

Halbe Männer, die vor wenig Jahren
Nullen noch in ihrem Volke waren,
Treiben Deutsche mit dem Eisenstab.
Spott ist nun des Vaterlandes Weise,
Und mit Zähneknirschen sinken Greise,
Zeugen bess'rer Zeiten, in das Grab.

Werden unsre aufgehäuften Sünden
Nicht vielleicht noch einen Heiland finden?
Oder soll das Glück der Vormund sein?
Wen noch jetzt ein edler Zorn beweget,
Wem noch reines Blut im Herzen schläget,
Halt' es fluthend, heilig, heiß und rein!

Blicke, Genius des Vaterlandes,
Mit dem Licht gemeineren Verstandes
Auf die Hohen und das Volk herab,
Daß wir Einheit, Freiheit, Recht erwerben,
Oder alle die Geschwächten sterben,
Und die Weltgeschichte gräbt das Grab.

ADELBERT VON CHAMISSO

Die goldene Zeit

Oh le bon siècle, mes frères,
Que le siècle où nous vivons!
Armand Charlemagne
(»Fliegendes Blatt«)

Füllt die Becher bis zum Rand,
Tut, ihr Freunde, mir Bescheid:
Das befreite Vaterland
Und die gute goldne Zeit!
Denn der Bürger denkt und glaubt,
Spricht und schreibt nun alles frei,
Was die hohe Polizei
Erst geprüft hat und erlaubt.

Du eröffnest mir den Mund,
Du geschwätz'ger Traubensaft,
Und die Wahrheit mach' ich kund
Rücksichtslos mit freud'ger Kraft.
Steigt die Sonne, wird es Tag,
Sinkt sie unter, wird es Nacht.
Nehm' vor Feuer sich in acht,
Wer sich nicht verbrennen mag!

Ungeschickt zum Löschen ist,
Wer da Öl gießt, wo es brennt;
Noch ist drum kein guter Christ,
Der zu Mahom sich bekennt.
Scheut die Eule gleich das Licht,
Fährt sich's doch vorm Winde gut,
Besser noch mit Wind und Flut,
Aber gegen beide nicht.

Wer nicht sehen kann, ist blind;
Wer auf Krücken geht, ist lahm;
Mancher redet in den Wind;
Mancher geht, so wie er kam.
Grünt die Erde weit und breit,
Glaube nicht den Frühling fern;
Rückwärts gehn die Krebse gern,
Aber vorwärts eilt die Zeit.

Zwar ist nicht das Dunkle klar,
Doch ist nicht, was gut ist, schlecht;
Denn was wahr ist, bleibt doch wahr,
Und was recht ist, bleibt doch recht.
Goldes-Überfluß macht reich,
Aber Lumpen sind kein Geld.
Wer mit Steinen düngt sein Feld,
Macht gar einen dummen Streich.

An der Zeit ist nicht zu spät,
Doch Geschehnes ist geschehn,
Und wer Disteln hat gesät,
Wird nicht Weizen reifen sehn.
Gestern war's, nun ist es heut,
Morgen bringt auch seinen Lohn;
Kluge Leute wissen's schon,
Nur sind Narren nicht gescheit.

Und am besten weiß, wer klagt,
Wo ihn drückt der eigne Schuh;
Wer zuerst nur A gesagt,
Setzt vielleicht noch B hinzu;
Denn wie Adam Riese spricht,
Zwei und zwei sind eben vier – – –
Gott! wer pocht an unsere Tür?
Ihr, verratet mich nur nicht!

»Hebt auf das verruchte Nest;
Sie mißbrauchen die Geduld.
Setzt den Jakobiner fest!
Wir sind Zeugen seiner Schuld;
Er hat öffentlich gelehrt:
Zwei und zwei sind eben vier.« –
Nein, ich sagte . . . »Fort mit dir,
Daß die Lehre keiner hört!«

ADELBERT VON CHAMISSO

Nachtwächterlied

Eteignons les lumières
Et rallumons le fen.
Béranger

Hört, ihr Herrn, und laßt euch sagen,
Was die Glocke hat geschlagen:
Geht nach Haus und wahrt das Licht,
Daß dem Staat kein Schaden geschicht.
Lobt die Jesuiten!

Hört, ihr Herrn, wir brauchen heute
Gute, nicht gelehrte Leute;
Seid ihr einmal doch gelehrt,
Sorgt, daß keiner es erfährt.
Lobt die Jesuiten!

Hört, ihr Herrn, so soll es werden:
Gott im Himmel, wir auf Erden,
Und der König absolut,
Wenn er unsern Willen tut.
Lobt die Jesuiten!

Seid, ihr Herrn, es wird euch frommen,
Von den gutgesinnten Frommen;
  Blase jeder, was er kann,
  Lichter aus und Feuer an.
    Lobt die Jesuiten!

Feuer, ja, zu Gottes Ehren,
Um die Ketzer zu bekehren
  Und die Philosophen auch,
  Nach dem alten, guten Brauch.
    Lobt die Jesuiten!

Hört, ihr Herrn, ihr seid geborgen,
Geht nach Haus, und ohne Sorgen
  Schlaft die lange, liebe Nacht,
  Denn wir halten gute Wacht.
    Lobt die Jesuiten!

ADELBERT VON CHAMISSO

Der Invalid im Irrenhaus

Leipzig, Leipzig! arger Boden,
  Schmach für Unbill schafftest du.
Freiheit! hieß es, vorwärts, vorwärts!
  Trankst mein rotes Blut, wozu?

Freiheit! rief ich, vorwärts, vorwärts!
  Was ein Tor nicht alles glaubt!
Und von schwerem Säbelstreiche
  Ward gespalten mir das Haupt.

Und ich lag, und abwärts wälzte
  Unheilschwanger sich die Schlacht;
Über mich und über Leichen
  Sank die kalte, finstre Nacht.

Aufgewacht zu grausen Schmerzen,
  Brennt die Wunde mehr und mehr;
Und ich liege hier gebunden,
  Grimm'ge Wächter um mich her.

Schrei' ich wütend noch nach Freiheit,
  Nach dem bluterkauften Glück,
Peitscht der Wächter mit der Peitsche
  Mich in schnöde Ruh' zurück.

KARL IMMERMANN

Dithyrambus

Unordentlich
Durch maßloser Metren chaotisches Felsgeklüft,
Tanzt heute mir die glühendbegeisterte Muse,
Wie dieses Genre der Poesie verlangt.
Denn ich singe
Und wünsche drucken zu lassen
Einen Dithyrambus auf Tuiskons Volk!
O wittre, Zensur,
Du newfoundlandshundsspürnasige,
Nur nicht gleich Hochverrat – ich bitte herzlich!
Man ist doch auch, sozusagen, ein Deutscher.

Deutschland,
Oder, wie man höflicher dich im Plural begrüßt,
Ihr Staaten des deutschen Bundes,
Welche Töne findet die Muse, deiner wert?
Nach der vierten Auflage von Stein
Hast du über dreißig Millionen Seelen,
Hast du 11,794 Quadratmeilen –
(Wie wild schwärmt die pierische Göttin!)
Und immer kocht der Brei des Nationalglücks
Im großen Frankfurter Kessel:
Da lacht unser Tag,
Unser ewiger, heitrer, bläulicher Montag!

Aber zehn Bundesarmeekorps
Stehen, gewaffnet zu Schutz und zu Trutz,
Auf dem Protokoll von Frankfurt!
Der Feind siege am Rhein und am Belt,
Er pflanze seine Zeichen in Triest und Hamburg,
Das Bundesheer ist gesund und komplett;
Der Diplomat hat gerettet das Protokoll,
Da dräuen sie noch, unsre frischen Truppen,

Ein geistig, geflügelt, unverletzbar Geschlecht!
Schwachherziger Kleinmut, entfleuch!
Du winselst: uns knüpfe kein bindendes Band,
Und keines gemeinsamen Fühlens Blitz
Durchzucke die Stämme, die wohnen hinab
Vom Bernsteinmeer bis zu Adrias Flut.
Fleuch, atembeklemmender Kobold, entfleuch
Nach den Fluten des Pols, vom Eise träg,
Und verbirg dich auf Nova-Zembla!

Haltet ihr nicht den »Anzeiger der Deutschen«?
Haltet ihn, lest ihn! Ihr lest, was uns knüpft,
Und verknüpft als Kinder des Hauses,
Als das Volk von einigen Brüdern!

Hier bietet ein Fänger der Ratzen sich aus,
Dort sucht man ein Mädchen, das weißnäht,
In Suhl wird ein Laden zu kaufen gewünscht,
Und der Hirschapotheker zu Eisenach sehnt
Nach dem tücht'gen Provisor sich schmerzlich,
Und der Pastor zu Schochwitz hat gründlich entdeckt,
Wie Kartoffeln im Winter zu schützen vor Frost,
Und ein Billard kauft man in Gohlis;
Doch ein Leipz'ger Magister fleht dringend um Trost:
Heißt's: *Voigtland,* oder heißt's: *Vogtland?*

»Allgemeiner Anzeiger der Deutschen«,
Grüne und blühe!
Die Götter schenken dir Abonnenten
Wie Sand am Meer,
Du Palladium unseres Volkstums!
In Gotha kommst du heraus
Und Hennicke heißt dein schuldloser Redakteur!
Seid umschlungen Millionen!
Brüder, überm Sternenzelt
Legt, wenn wir segnen die Zeitlichkeit,
Der Engel Gabriel schon zurecht den Schlafrock

Von Warschauer Zeug,
Und die baumwollne Nachtmütze mit roter Kante,
Und stopft uns eine lange Gipspfeife
Mit Gesundheitstabak, der die Ewigkeit durch brennt;
Wir bleiben, was wir waren,
Und auch jenseits halten den »Anzeiger« wir!

Am Grabe eines Ministers

Du fuhrst im goldnen Glückeswagen
Dahin den raschen Trott,
Von keuchenden Lüsten fortgetragen,
Und dünktest dir ein Gott!

Wie flogen des Pöbels Rabenschwärme
Dir aus dem Weg so bang,
Da sie hörten der Geißel wild Gelärme,
Der Räder Donnerklang!

Ein weinender Bettler, stand am Wege
Das arme Vaterland
Und flehte dich an um milde Pflege
Mit aufgehobner Hand;

Doch wie auch klagte die bittre Klage,
Wie auch die Träne rann:
Du triebst mit gellendem Geißelschlage
Vorüber dein Gespann! –

»Halt!« schlug nun eine grause Stimme
An dein entsetztes Ohr,
Es stürzt', ein Räuber, mit Hohn und Grimme
Der Tod vom Wald hervor

Und hieb die Stränge mit scharfem Schwerte
Vom Wagen, riß mit Macht
Dich fort, trotz Flehen und Angstgebärde,
In seine finstre Nacht.

Das Vaterland mit Lachen und Singen
Hält Wacht an deinem Grab,
Scheucht Tränen und Seufzer und Händeringen
Fort mit dem Bettelstab!

In dem Kerker saßen
Zu Frankfurt an dem Main
Schon seit vielen Jahren
Sechs Studenten drein,
Die für die Freiheit fochten
Und für das Bürgerglück
Und für die Menschenrechte
Der freien Republik.

Und der Kerkermeister
Sprach es täglich aus:
Sie, Herr Bürgermeister,
Es reißt mir keiner aus.
Aber doch sind sie verschwunden
Abends aus dem Turm,
Um die zwölfte Stunde,
Bei dem großen Sturm.

Und am andern Morgen
Hört man den Alarm.
O, es war entsetzlich
Der Soldatenschwarm!
Sie suchten auf und nieder,
Sie suchten hin und her,
Sie suchten sechs Studenten
Und fanden sie nicht mehr.

Doch sie kamen wieder
Mit Schwertern in der Hand.
Auf, ihr deutschen Brüder,
Jetzt geht's fürs Vaterland.
Jetzt geht's für Menschenrechte
Und für das Bürgerglück.
Wir sind doch keine Knechte
Der freien Republik.

Und wenn euch die Leute fragen:
Wo ist Absalon?
So dürfet ihr wohl sagen:
O, der hänget schon.

Er hängt an keinem Baume
Und an keinem Strick,
Sondern an dem Glauben
Der freien Republik.

LUDWIG UHLAND

Wanderung

Ich nahm den Stab, zu wandern,
Durch Deutschland ging die Fahrt;
Man pries mir ja vor andern
Der Deutschen Sinn und Art.
Dem Lande blieb ich ferne,
Wo die Orangen glühn;
Erst kennt' ich jenes gerne,
Wo die Kartoffeln blühn.

Ich kam zum Fürstenhofe,
Wo man die Künste kränzt,
Wo Prunksaal und Alkove
Von Götterbildern glänzt:
Ein Baum, der nicht im groben
Volksboden sich genährt,
Nein, einer, der nach oben
Sogar die Wurzeln kehrt.

Ich ging zur hohen Schule,
Da schöpft' ich reines Licht,
Wo vom Prophetenstuhle
Die wahre Freiheit spricht;
Wo uns der Meister täglich
Den innern Sinn befreit,
Indes ihm selbst erträglich
Der ird'sche Leib gedeiht.

Ich schritt zum Sängerwalde,
Da sucht' ich Lebenshauch;
Da saß ein edler Skalde
Und pflückt' am Lorbeerstrauch;
Nicht hatt' er Zeit, zu achten

Auf eines Volkes Schmerz,
Er konnte nur betrachten
Sein groß, zerrissen Herz.

Ich ging zur Tempelhalle,
Da hört' ich christlich Recht:
Hier innen Brüder alle,
Da draußen Herr und Knecht.
Der Festesrede Giebel
War: »duck' dich, schweig' dabei!«
Als ob die ganze Bibel
Ein »Buch der Kön'ge« sei.

Ich kam zum Bürgerhause;
Gern denk' ich dran zurück.
Fern vom Parteigebrause
Blüht Tugend hier und Glück.
Lebt häuslich fort wie heute!
Bald wird vom Belt zum Rhein.
Ein Haus voll guter Leute,
Ja, ein Gutleuthaus sein.

Ich ging zum Hospitale,
Da fand ich alles nett,
Viel Grütz' und Kraut zum Mahle
Und reinlich Krankenbett;
Auch sorgt ein schön Erbarmen
Für manch verwahrlost Kind.
Wer denkt des Volks von Armen,
Die altverwahrlost sind?

Ich saß im Ständesaale,
Da schlief ich ein und träumt',
Ich sei noch im Spitale,
Den ich doch längst geräumt.
Ein Mann, der dort im Fieber,
Im kalten Fieber lag,
Er rief: »Nur nichts, mein Lieber,
Nur nichts vom Bundestag!«

Ich mischte mich zum Volke,
Das nach dem Festplatz zog,
Wo durch die Staubeswolke

Manch dürrer Renner flog;
Da lernt es, daß die Eile
Den Reiter überstürzt,
Und daß man gut die Weile
Mit Wurst und Bier sich kürzt.

Ein Adler, flügelstrebend,
War Reichspanier hievor;
Ich sah ihn noch wie lebend
Zu Nürnberg an dem Thor.
Jetzt fliegt man nicht zum Zwecke,
Der Wahlspruch ist: »Gott geb's!«
Das Wappen ist die Schnecke,
Schildhalter ist der Krebs.

Als ich mir das entnommen,
Kehrt' ich den Stab nach Haus;
Wann einst das Heil gekommen,
Dann reis' ich wieder aus:
Wohl werd' ich's nicht erleben,
Doch an der Sehnsucht Hand
Als Schatten noch durchschweben
Mein freies Vaterland.

AUGUST HEINRICH HOFFMANN VON FALLERSLEBEN

Wie ist doch die Zeitung interessant!

Wie ist doch die Zeitung interessant
Für unser liebes Vaterland!
Was haben wir heute nicht alles vernommen!
Die Fürstin ist gestern niedergekommen,
Und morgen wird der Herzog kommen,
Hier ist der König heimgekommen,
Dort ist der Kaiser durchgekommen,
Bald werden sie alle zusammenkommen –
Wie interessant! wie interessant!
Gott segne das liebe Vaterland!

Wie ist doch die Zeitung interessant
Für unser liebes Vaterland!
Was ist uns nicht alles berichtet worden!

Ein Portepéefähnrich ist Leutnant geworden,
Ein Oberhofprediger erhielt einen Orden,
Die Lakaien erhielten silberne Borden,
Die höchsten Herrschaften gehen nach Norden,
Und zeitig ist es Frühling geworden –
Wie interessant! wie interessant!
Gott segne das liebe Vaterland!

FRANZ FREIHERR VON DINGELSTEDT

Frage und Antwort

Gesellschaftsspiel

»Warum denn nur in allen Sachen
Den unzufriednen Tadler machen?
Was spielst Du, nimmer-müder Krittler,
Nicht lieber freundlich den Vermittler?

Dein Sinn besieht mit rechtem Willen
Die Welt durch schwarz-gefärbte Brillen,
Und in Kritik, in Wunsch und Klage
Verträumst Du Deine besten Tage.

Du wirst durch Predigen und Schimpfen
Nur Mismut in die Menschen impfen,
Und dennoch macht Dein wildes Lästern
Das träge Heute nicht zum Gestern.

Du kannst das Rad der Zeit nicht drehen,
Es wird im alten Gleise gehen,
Das Wort befreit die Erde nimmer,
Es macht nur schlimme Dinge schlimmer.

Genieß doch wie die And'ren thuen,
Die weise dort im Schatten ruhen,
Und statt die Macht keck zu bestreiten,
Such' schlau an ihr emporzugleiten.

Was kümmern Dich die freien Pressen,
Wenn Du zu trinken hast, zu essen?
Und was das allgemeine Beste,
Wenn Du behaglich sitz'st im Neste?

Sieh' zu, wie hoch's die Klugen treiben,
Willst Du am Boden ewig bleiben?
Du hast die Kraft, nun brauch' sie richtig
Und mach' Dein Pfund durch Wucher wichtig!«

*

Und hätten so wie Du gedacht
Die Uns're Väter sind,
So wär's im Land noch immer Nacht
Und wir noch immer blind.

Wol ist es schwach und arm mein Wort,
Weil ich nur Dichter bin,
Doch trägt's vielleicht ein Lüftchen fort,
Wer weiß wie und wohin?

Es gleicht dem dunklen Samenkorn,
Du kennst das alte Bild:
Eins fällt in Busch und Stein und Dorn,
Eins in ein Fruchtgefild.

Vielleicht blüht über Tag und Jahr,
Wenn längst der Sämann todt,
Auf steilen Felsen wunderbar
Ein Blümlein weiß und roth.

Der Frühling kommt schon über Nacht,
Zieh'n erst die Schwalben um;
Weil eine keinen Sommer macht,
Drum sei sie noch nicht stumm.

Und wenn ich nicht, wie Ihr es wollt,
Euch lobe mit Geschrei, –
Ei nun! ich singe nicht um Gold
Und bin kein Papagei.

Ihr miethet Euch des Zeug's genug
Und für Euch sind sie all',
So laßt der Lerche ihren Flug,
Ihr Lied der Nachtigall.

Nach Hohem steht mir nicht der Sinn,
Wie Ihr es meint, Ihr Herrn,
Nach Sternen streb' ich freilich hin,
Doch nicht nach einem Stern.

Mit Euch genießen mag ich nicht,
Ihr weint ja nicht mit mir,
Und was das Herz entzwei mir bricht,
Ach! dazu lächelt Ihr.

Daß ich die Welt nicht anders seh',
Als wie – durch Euch! – sie ward,
Glaubt mir, das thut Euch minder weh,
Als mir und meiner Art.

Geh' du die Wege deiner Pflicht,
Weil ich die meinen geh';
Ich had're mit dir wahrlich nicht,
Und damit, Mann, Ade!

FRANZ FREIHERR VON DINGELSTEDT

Drei neue Stücklein mit alten Weisen

(Für Deutsche Liedertafeln)

I.

Melodie: Das Volk steht auf, der Sturm bricht los

Herr Michel und der Vogel Strauß
Sind leibliche Geschwister:
Aus diesem guckt's Kameel heraus,
Aus jenem der Philister.

Sie flögen gern und könnten's auch,
Die Schwingen sind gegeben,
Doch bleiben sie nach altem Brauch
Fein an der Erde kleben.

Der Eine birgt den Kopf im Sand
und läßt den Steiß sich blasen,
Der And're wühlt sich mit Verstand
In Bücher ein und Phrasen.

Indeß hat man dem Strauß geschickt
Die Federn ausgerissen,
Indeß die Fremde sich geschmückt
Mit Michels Geist und Wissen.

Sie lassen alle beide sich
Von einem Kinde leiten,
Das spornt und treibt sie ritterlich
Und lacht: Ich will Euch reiten.

Und was der Strauß für einen Wanst
Besitzt und welchen Magen!
– Nur du, mein deutscher Michel, kannst
Und mußt noch mehr vertragen!

II.

Melodie: Heil, unser'n Fürsten, Heil

Ihr macht mich irr' durch das Gekrächz'
Von Russen und Franzosen;
»Konservativer« heißt es rechts,
Und links heißt's »Ohne-Hosen.«

»Was ist des Deutschen Vaterland?«
So singt Ihr alle Tage,
Doch weder Rhein- noch Donau-Strand
Antworten auf die Frage.

Wenn Einer: »Lippe-Detmold« spricht, –
Hui, Partikularismus!
Und haßt er die Pariser nicht, –
Pfui, Kosmopolitismus!

Das Vaterland ist immer so,
Wie's passend wird befunden,
Bald Klein-Sedez, bald Folio,
Doch immerdar – gebunden!

Auflagen und den Druck verseh'n
Gern selbst die großen Herren,
Und die nicht so wie and're steh'n,
Die Lettern läßt man – sperren.

Fürwahr, ein komischer Roman!
Wie wär's, wenn wir's versuchten,
Und bänden statt in Corduan
In Klammern ihn und Juchten?!

III.

Melodie: Hoch klingt das Lied vom braven Mann

Was ist, Ihr Herrn, ein deutscher Patriot? –
An alle Fakultäten diese Frage – ? –
»Ein Mann, der Sonntags dient dem lieben Gott
Und seinem König alle Werkeltage.«

Was will, Ihr Herrn, ein deutscher Patriot? –
»Für sich ein Aemtchen, Titelchen und Bändchen,
Für seine – ehelichen – Kinder Brot
Und legitime Fürsten für sein Ländchen.«

Wie denkt, Ihr Herrn, ein deutscher Patriot? –
»Wenn's hoch kommt, wie die Allgemeine Zeitung;
Vom Franzmann spricht er nur mit Haß und Spott
Und schwärmt für Preußens Gaslichts-Welt-Verbreitung.«

Was kann, Ihr Herrn, ein deutscher Patriot? –
»Rezepte, Akten und Kompendien machen,
Laut klagen über seines Volkes Noth
Und heimlich in sein sich'res Fäustchen lachen.«

Hinaus zum Tempel, deutscher Patriot! –
– Eh' du dich in's Sanctissimum geheuchelt,
Und eh' dein Kuß, Judas Ischarioth,
Die Freiheit, den Messias, rücklings meuchelt!!

AUGUST HEINRICH HOFFMANN VON FALLERSLEBEN

Das Lied vom deutschen Philister

Der deutsche Philister, das bleibet der Mann,
Auf den die Regierung vertrauen noch kann,
Der passet zu ihren Beglückungsideen,
Der läßt mit sich alles gutwillig geschehn.

Befohlenermaßen ist stets er bereit,
Zu stören, zu hemmen den Fortschritt der Zeit,
Zu hassen ein jegliches freie Gemüt
Und alles, was lebet, was grünet und blüht.

Sprich, deutsche Geschichte, bericht es der Welt,
Wer war doch dein größter, berühmtester Held?
Der deutsche Philister, der deutscheste Mann,
Der alles verdirbt, was man Gutes begann.

Was schön und erhaben, was wahr ist und recht,
Das kann er nicht leiden, das findet er schlecht.
So ganz, wie er selbst ist, so kläglich, gemein,
Hausbacken und ledern soll alles auch sein.

Solang der Philister regieret das Land,
Ist jeglicher Fortschritt daraus wie verbannt:
Denn dieses erbärmliche, feige Geschlecht,
Das kennet nicht Ehre, nicht Tugend und Recht.

Du Sklav der Gewohnheit, du Knecht der Gewalt,
O käme dein Simson, o käm er doch bald!
Du deutscher Philister, du gräßlichste Qual,
O holte der Teufel dich endlich einmal!

Doch leider hat Belzebub keinen Geschmack
An unsern Philistern, dem lumpigen Pack,
Und wollten sie selber hinein in sein Haus,
So schmiß er die Kerle zum Tempel hinaus.

FRIEDRICH VON SALLET

Aechtes Deutschthum

Eine nagelneue Erfindung der Zeitungsschreiber und Anderer

Wir wollen uns, ächtdeutsch, begeistern
Für unsren angestammten Herrn.
Je herrischer er uns will meistern,
Je heller strahlt der Treue Stern.

Will man die Freiheit rücklings meucheln,
Die man doch lobt in's Angesicht,
Wir wollen, ächtdeutsch, Dummheit heucheln,
Als merkten wir das Meucheln nicht.

Wir nehmen wedelnd jede Phrase,
Aechtdeutsch, für baare Münze an,
Weil die bescheidne deutsche Nase
Thatsächlichstes nicht spüren kann.

Wir nehmen jedes Halbversprechen,
Ob man auch in der Zeiten Lauf
Uns hunderte schon mochte brechen,
Aechtdeutsch, mit neuem Jubel auf.

Wir wollen sein ächtdeutsche Affen
Von Englands finstrer Clerisei.
Werft uns um's Haupt das Netz, ihr Pfaffen!
Wir dulden's ächtdeutsch, fromm und frei.

Wir wollen auch ächtdeutsch erzittern
Vor jedem Polizei-Gensdarm',
Aechtdeutsch uns krümmen vor den Rittern,
Und vor dem Büreaucratenschwarm.

Zertretet uns, ächtdeutsche Junker,
Wie in der alten, guten Zeit!
Wir schrei'n bei eurem Prunkgeflunker,
Wie ächtdeutsch ritterlich ihr seid!

Und wenn wir mit zerbrochnem Nacken
Das Joch geschleppt, Jahr aus, Jahr ein,
Und rücken endlich die Kosacken
Und die Baschkiren bei uns ein:

Dann wollen wir ächtdeutsch auch prahlen
Mit ächter deutscher Liedesmacht,
Bis wir verloren die Sandalen,
Aechtdeutsch, gleich bei der ersten Schlacht.

Dann heißt's ächtdeutsch illuminiren,
Wo sich nur seh'n läßt der Barbar;
Im Transparent, das Blumen zieren,
Steht: Vivat unser Gott, der Zaar!

Die Zeitungen, ächtdeutsch, verbreiten
Einstimmig dann, wie freudenvoll
Sich alle deutschen Herzen weiten,
Weil Knutenglück uns lächeln soll.

Und bist du dann, mein Volk, begraben,
Verschwunden von dem Erdenrund,
Wirst du doch noch die Grabschrift haben:
Hier fault, ächtdeutsch, ein todter Hund.

FRIEDRICH VON SALLET

Lumpengericht

Spätestens in hundert Jahren zu halten

Es ist gewißlich an der Zeit,
Zu halten große Wäsche.
Holt her, was in den Schränken leit,
Daß man es seif' und dresche!
Doch was zu brauchen gar nicht mehr,
Das nehmt, besinnt euch nicht zu sehr!
Werft in's Gemüll den Plunder!

Schubladen liegen vollgepreßt
Von Lumpen, Lappen, Flicken,
Zeug, das sich nicht mehr waschen läßt,
Noch aneinander sticken.
Und sticktet ihr's mit Arbeit groß;
Doch ein Hanswurstkleid gäb' es blos.
Werft in's Gemüll den Plunder!

Seit manchem alten Maskenball,
Will mancher Flick noch glänzen.
Durchlauchten, welch ein Wust und Schwall!
Hohheiten, Excellenzen.
Hier wimmelt's gar von Hochgebor'n,
Hochwohlgebor'n und Wohlgebor'n.
Werft in's Gemüll den Plunder!

Hier liegt in tiefster Devotion
Gehorsamstes Ersterben,
Dort: der wir sind mit Affektion –

Das Zeug ist nicht zu färben.
Aufricht'ge Hochachtung liegt dort,
Dahinter steckt kein wahres Wort.
Werft in's Gemüll den Plunder!

Hier liegt ein dicker Floskelschwall
Von: gnädig und von : Gnaden,
Der fade ward schier überall,
Man zählt ja jeden Faden.
Ein abgetragner Hoferath,
Geheim war der, jetzt riß die Nath.
Werft in's Gemüll den Plunder!

Dort bunte Bändel, Spielzeug dran,
Stern, Münze, Kreuzel blanke.
Was aber nützt solch Zeug dem Mann,
Das nur dem Kind zu Danke?
Und jedes Lügencompliment,
Und daß man Esel Herren nennt –
Werft in's Gemüll den Plunder!

Kann sich der Mensch dem Menschen nicht
In schlichter Einfalt nahen?
Nicht jeder, was der andre spricht,
Als baare Münz' empfahen?
Warum wird Gottes Ebenbild
Von buntem Lappenkram verhüllt?
Werft in's Gemüll den Plunder!

FRIEDRICH VON SALLET

Geschichtliche Entwicklung

Ihr sagt uns: »Jugend mit zu heißem Blute,
Auf schwärmerischen Freiheitstraum verzichte!
Geschichtlich nur entwickelt sich das Gute.« –
Wohl! doch wo nichts geschieht, heißt das Geschichte?

In unsrem Wörterbuch heißt sie: Thaten,
Das Werdende, und nicht das Alterstarrte.
Weh! mit dem Wort habt ihr euch schlecht berathen,
Ob auch sein Doppelsinn schon Viele narrte.

Geschichte! ja, du Element des Lebens!
O stürzten Völker, müh'voll und beladen,
In deinen Strom sich doch, beherzten Strebens,
Um sich in ihm gesund und jung zu baden!

Ihr aber, bebt vor ihren Weltgerichten!
Beruft euch nicht auf sie, die ihr wollt hemmen!
Geschichte heißt: den morschen Bau zernichten,
Heißt: eurer Dammsystem zu Schanden schwemmen.

Geschichte heißt das Stürmen der Bastillen
Und der Debatte Stürmen im Convente.
O kindisch Kartenhaus der Camarillen!
Weht einst ihr Hauch – wer ist, der dich noch kennte?

GEORG HERWEGH

Wiegenlied

»Schlafe, was willst du mehr?«
Goethe

Deutschland – auf weichem Pfühle
Mach' dir den Kopf nicht schwer!
Im irdischen Gewühle
Schlafe, was willst du mehr?

Laß jede Freiheit dir rauben,
Setze dich nicht zur Wehr,
Du behältst ja den christlichen Glauben:
Schlafe, was willst du mehr?

Und ob man dir alles verböte,
Doch gräme dich nicht zu sehr,
Du hast ja Schiller und Goethe:
Schlafe, was willst du mehr?

Dein König beschützt die Kamele
Und macht sie pensionär,
Dreihundert Taler die Seele:
Schlafe, was willst du mehr?

Es fechten dreihundert Blätter
Im Schatten, ein Sparterheer;
Und täglich erfährst du das Wetter:
Schlafe, was willst du mehr?

Kein Kind läuft ohne Höschen
Am Rhein, dem freien, umher:
Mein Deutschland, mein Dornröschen,
Schlafe, was willst du mehr? –

HEINRICH HEINE

Nachtgedanken

Denk ich an Deutschland in der Nacht,
Dann bin ich um den Schlaf gebracht,
Ich kann nicht mehr die Augen schließen,
Und meine heißen Tränen fließen.

Die Jahre kommen und vergehn!
Seit ich die Mutter nicht gesehn,
Zwölf Jahre sind schon hingegangen;
Es wächst mein Sehnen und Verlangen.

Mein Sehnen und Verlangen wächst.
Die alte Frau hat mich behext,
Ich denke immer an die alte,
Die alte Frau, die Gott erhalte!

Die alte Frau hat mich so lieb,
Und in den Briefen, die sie schrieb,
Seh ich, wie ihre Hand gezittert,
Wie tief das Mutterherz erschüttert.

Die Mutter liegt mir stets im Sinn.
Zwölf lange Jahre flossen hin,
Zwölf lange Jahre sind verflossen,
Seit ich sie nicht ans Herz geschlossen.

Deutschland hat ewigen Bestand,
Es ist ein kerngesundes Land,
Mit seinen Eichen, seinen Linden,
Werd ich es immer wiederfinden.

Nach Deutschland lechzt ich nicht so sehr,
Wenn nicht die Mutter dorten wär;
Das Vaterland wird nie verderben,
Jedoch die alte Frau kann sterben.

Seit ich das Land verlassen hab,
So viele sanken dort ins Grab,
Die ich geliebt – wenn ich sie zähle,
So will verbluten meine Seele.

Und zählen muß ich – Mit der Zahl
Schwillt immer höher meine Qual,
Mir ist, als wälzten sich die Leichen,
Auf meine Brust – Gottlob! sie weichen!

Gottlob! durch meine Fenster bricht
Französisch heitres Tageslicht;
Es kommt mein Weib, schön wie der Morgen,
Und lächelt fort die deutschen Sorgen.

HEINRICH HEINE

Zur Beruhigung

Wir schlafen ganz, wie Brutus schlief –
Doch jener erwachte und bohrte tief
In Cäsars Brust das kalte Messer!
Die Römer waren Tyrannenfresser.

Wir sind keine Römer, wir rauchen Tabak.
Ein jedes Volk hat seinen Geschmack,
Ein jedes Volk hat seine Größe;
In Schwaben kocht man die besten Klöße.

Wir sind Germanen, gemütlich und brav,
Wir schlafen gesunden Pflanzenschlaf,
Und wenn wir erwachen, pflegt uns zu dürsten,
Doch nicht nach dem Blute unserer Fürsten.

Wir sind so treu wie Eichenholz,
Auch Lindenholz, drauf sind wir stolz;
Im Land der Eichen und der Linden
Wird niemals sich ein Brutus finden.

Und wenn auch ein Brutus unter uns wär,
Den Cäsar fänd er nimmermehr,
Vergeblich würd er den Cäsar suchen;
Wir haben gute Pfefferkuchen.

Wir haben sechsunddreißig Herrn
(Ist nicht zu viel!), und einen Stern
Trägt jeder schützend auf seinem Herzen,
Und er braucht nicht zu fürchten die Iden des Märzen.

Wir nennen sie Väter, und Vaterland
Benennen wir dasjenige Land,
Das erbeigentümlich gehört den Fürsten;
Wir lieben auch Sauerkraut mit Würsten.

Wenn unser Vater spazieren geht,
Ziehn wir den Hut mit Pietät;
Deutschland, die fromme Kinderstube,
Ist keine römische Mördergrube.

EDUARD VON BAUERNFELD

Heines »Neue Gedichte«

»Der Heine ist so liederlich,
Der Heine ist so toll –
Sein Buch ist schlechter Verse
Und schlechter Gedanken voll.

Er schimpft über alles, was heilig ist,
Stürzt Geister, die ewig galten;
Er spöttelt selbst über Jesu Christ,
Das ist nicht auszuhalten.

Wo ist der Dichter – ich find' ihn nicht –
Der aus den Reisebildern?
Ach, in dem gottlosen Paris
Da mußt' er ja verwildern!«

So sprachen die Philister zu mir,
So hört' ich's, lieber Heine;
So klagte das deutsche Zentralorgan,
Die Augsburger Allgemeine.

Da ward ich traurig und dachte mir,
Du seist doch wohl gealtert –
Dick bist du auch – und habest dich
Ausgesungen und ausgepsaltert.

Am Ende mußt' ich mich denn doch
Entschließen, dich zu lesen,
Und hol' der Teufel dein dummes Buch!
Bin die ganze Nacht wach gewesen.

Ob du der alte Heine bist?
Ich wüßt' es nicht zu entscheiden;
Doch sicher ist's: du bist immer neu,
Das mag ich eben leiden.

Die Träne rollt dir noch vom Aug'
Als wie in früheren Zeiten;
Du hast die alte Grazie
Und Kraft und Lust zum Streiten.

Und wenn du über Deutschland schimpfst,
So kommt's dir aus dem Herzen;
Ach, was wir lieben, das macht uns ja
Die ungeheuersten Schmerzen.

Drum eben – ich begreif' es nicht,
Was dich die Philister so meistern!
Lebte noch der alte Hofrat von Gentz,
Du würdest ihn wieder begeistern.

Und gefällst du mir und dem Hofrat von Gentz,
So hast du genug gefallen;
Ein dritter findet sich auch wohl ein –
Wer fragt zuletzt nach allen!

Drum vivat Heine-Aladin
Mit seiner Wunderlampe!
Die »Neuen Gedichte« dreimal hoch!
Und einmal auch der Campe!

Ja, »es ist dieselbe Leier, die einst
Dein Vater ließ ertönen,
Der selige Herr Aristophanes,
Der Liebling der Kamönen!«

Das freie Land

Du trauerst, Freund? Wem gilt die bange Klage? –
»Der Freiheit, die von uns sich abgewandt.
Wo weilt sie jetzt?« – Wo? Sonderbare Frage!
Blick auf! Du hockst ja in der Freiheit Land.
Hier braucht sie sich nicht blöde zu verstecken,
Großmüthig schirmt sie selbst die Polizei.
Hörst Du aus jedem Mund, an allen Ecken
Laut und vernehmlich nicht das Wörtchen: frei?

Sieh den Geheimerath – zehn Orden quellen
Aus seinem Knopfloch. Ahnst Du, was er sei?
Lad' ihn zu Tisch – er wird sich pünktlich stellen,
Und lispelt zärtlich-leis: Ich bin so frei!
Hörst Du's? Er ist so frei, der Mann des Rathes.
Der wirkliche geheimnißvolle Mann –
Nun zweifle noch an Freiheit eines Staates,
Wo Solcher solche Worte wagen kann!

Darfst Du den Freisinn offen nicht bekunden
Auf Briefadressen? Schlaffe Heuchelei
Fremdländ'scher Franco-Chiffer ist verschwunden,
Und mannhaft kühn schreibst Du das deutsche: frei.
Der Sekretair der Post wird nicht erbleichen,
Er tunkt in's Tintenfaß mit fester Hand,
Und kritzelt auf's Kouvert das rothe Zeichen –
Postfreiheit ist kein Wahn bei uns zu Land.

Nein Freund, hierher paßt nicht die alte Leier,
Da stimme anderswo Dein Liedchen an.
Freimaurer haben wir, Freiherrn und Freier,
Nun frag' ich, ob man mehr verlangen kann?
Freistellen giebt's, Freitische (freilich kläglich!);
Wir haben einen Dichter Freiligrath,
Dem Freitag wöchentlich, Freistunden täglich –
Und noch nicht frei genug dünkt Dich der Staat?

Kriech Du und der Teufel

Ja, verzeihlich ist der Großen
Übermut und Tyrannei,
Denn zu groß und niederträchtig
Ist des Deutschen Kriecherei.

Sieht ein Deutscher seines Fürsten
Höchsterbärmlich schlechten Hund,
Tut er gleich in schönen Worten
Seine Viehbewundrung kund.

Sieht ein Deutscher seines Fürsten
Altersschwaches steifes Pferd,
Ist er freudig doch ergriffen
Von des Gaules früherm Wert.

Sieht ein Deutscher seines Fürsten
Allerältstes Hoffräulein,
Denkt er, eine Bürgerstochter
Könne doch so schön nicht sein.

Sieht ein Deutscher seines Fürsten
Jämmerlichsten Kammerherrn,
Steht er still und grüßt in Ehrfurcht,
Und er sieht ihm nach von fern.

Sieht er nun den Fürsten selber,
O wie ist er dann entzückt!
Wenn Durchlaucht ihn wieder grüßet,
Nun, dann ist er fast verrückt.

Er erzählt dann allen Menschen,
Welche Gnad ihm widerfuhr,
Daß Durchlaucht ihn hat gewürdigt
Mehr als eines Blickes nur.

Er erzählet Kindeskindern:
Ja, ich habe ihn gesehn!
Und bei Gott! nun kann ich ruhig,
Ruhig in die Grube gehn.

HEINRICH HEINE

Die schlesischen Weber

Im düstern Auge keine Träne,
Sie sitzen am Webstuhl und fletschen die Zähne:
Deutschland, wir weben dein Leichentuch,
Wir weben hinein den dreifachen Fluch –
  Wir weben, wir weben!

Ein Fluch dem Gotte, zu dem wir gebeten
In Winterskälte und Hungersnöten;
Wir haben vergebens gehofft und geharrt,
Er hat uns geäfft und gefoppt und genarrt –
  Wir weben, wir weben!

Ein Fluch dem König, dem König der Reichen,
Den unser Elend nicht konnte erweichen,
Der den letzten Groschen von uns erpreßt
Und uns wie Hunde erschießen läßt –
  Wir weben, wir weben!

Ein Fluch dem falschen Vaterlande,
Wo nur gedeihen Schmach und Schande,
Wo jede Blume früh geknickt,
Wo Fäulnis und Moder den Wurm erquickt –
  Wir weben, wir weben!

Das Schiffchen fliegt, der Webstuhl kracht,
Wir weben emsig Tag und Nacht –
Altdeutschland, wir weben dein Leichentuch,
Wir weben hinein den dreifachen Fluch,
  Wir weben, wir weben!

ANONYM

O, wenn doch keine Maschine nicht wär'

O Himmel was für Elend regiert auf der Welt,
Das haben ja wirklich die Maschinen angestellt.
O schreckliche Träume das Herze erfüllt,
Eine finstere Wolke den Himmel verhüllt.

Das Leben der Menschen ist drückend und schwer,
O, wenn doch keine Maschine nicht wär',
Viele Arme sich mußten die Nahrung erhol'n,
O, wenn doch der Teufel die Maschinen tät hol'n.

Gott Vater vom Himmel wirf doch einen Blick
Und sieh doch gnädig auf uns jetzt zurück;
Verändre die Zeit und vertilge die Not,
Gib, Vater, zur Nahrung ein' jeden das Brot.

Da wird der Mensch von Kummer gequält
Und um Nahrung zu suchen wohl hier in der Welt,
Mit Weib und mit Kindern und mit traurigem Sinn,
Das hat man zu verdanken den verdammten Maschin'n.

Vor 30 bis 40 und noch mehr Jahren,
Da hat man von Maschinen noch wenig erfahren;
Da sah man auch Männer als Meister da stehn,
Die jetzt den Landmann um Nahrung anflehn.

O Freunde, o Freunde, es wird schwerlich mehr besser,
Denn durch die Maschinen wird's Elend immer größer;
Sie studieren und spekulieren auf die Habsucht und Kampf,
Und was die Maschin' nicht verrichtet, verrichtet der Dampf.

In Hammerstein ist jetzt die Rebellion,
Dort laufen die Bauer wohl alle zusamm'n.
Die meisten haben ja alle einen Sinn:
Sie schlugen zusammen die verdammten Maschin'.

In Katharinenberg ist es wohl nicht mehr leer,
Dort bringen sie die Maschinen auf Wagen daher.
Sie glaubten, es dürfte kein Mensch nichts mehr sagen,
Sonst zerschlugen die Rebeller die Maschinen und Wagen.

Dann zogen die Rebeller auf Reichenberg zu,
Da hieben die Schützen wohl tapfer zu,
Die hatten sich erworben ein kaiserliches Fahn.
Es hat auch ein Schütze ein Ohre verlorn.

In Gablonz, da ist Militär angekommen,
Sie haben von Lautschnei drei Mädel mitgenommen.
Da kamen die Mädchen wohl her über einen Haufen
Und haben dem Herrn Vorbach das Tor eingelaufen.

Keiner war wohl je so frech,
Als der Bürgermeister Tschech;
Denn er schoß uns um das Haar
Das geliebte Königspaar;
Denn er schoß der Landesmutter
Durch den Rock ins Unterfutter.

Eines Morgens um halb acht,
Als noch niemand Böses dacht,
Kam ein Mann ganz schwarz bemantelt
Durch das Hofportal gewandelt;
Und er stellt sich vor die Türe
Vor des Königs Grenadiere.

Das war Tschäch, der Hochverräter,
Königsmörder, Attentäter;
Pocken hat er im Gesicht,
Weiter sah man Böses nicht.
Doch es trug der Bösewicht
Keinen Gott im Herzen nicht.

Und der König kommt heraus,
Sieht noch ganz versoffen aus.
Tschech zieht sein Pistol hervor,
Brennt's dem König hinters Ohr.
Doch es packt ihn ein Gensdarme
Am verbrecherischen Arme.

Wie der König Tschech erblickt,
Von Gensdarmen rings umstrickt,
Kriegt auf einmal er Courage,
Spricht zu seiner Equipage:
»Vor dem Hoftor haltet still,
Weil das Volk mich sehen will.«

Vor dem Hoftor macht er halt,
Zeigt dem Volk sich in Gestalt,
Dick und fett, es fehlt ihm wenig.
Man ruft: »Es lebt der König!«
Friedrich Wilhelm aber spricht:
»Kinder, ich hab' nichts jekriecht«.

GEORG WEERTH

Das Hungerlied

Verehrter Herr und König,
Weißt du die schlimme Geschicht?
Am Motag aßen wir wenig,
Und am Dienstag aßen wir nicht.

Und am Mittwoch mußten wir darben,
Und am Donnerstag litten wir Not;
Und ach, am Freitag starben
Wir fast den Hungertod!

Drum laß am Samstag backen
Das Brot, fein säuberlich –
Sonst werden wir sonntags packen
Und fressen, o König, dich!

FERDINAND FREILIGRATH

Requiescat!

Wer den wucht'gen Hammer schwingt;
Wer im Felde mäht die Ähren;
Wer ins Mark der Erde dringt,
Weib und Kinder zu ernähren;
Wer stroman den Nachen zieht;
Wer bei Woll' und Werg und Flachse
Hinterm Webestuhl sich müht,
Daß sein blonder Junge wachse: –

Jedem Ehre, jedem Preis!
Ehre jeder Hand voll Schwielen!
Ehre jedem Tropfen Schweiß,
Der in Hütten fällt und Mühlen!
Ehre jeder nassen Stirn
Hinterm Pfluge! – Doch auch dessen,
Der mit Schädel und mit Hirn
Hungernd pflügt, sei nicht vergessen!

Ob in enger Bücherei
Dunst und Moder ihn umstäube;
Ob er Sklav' der Messe sei,
Lieder oder Dramen schreibe;
Ob er um verruchten Lohn
Fremden Ungeschmack vertiere;
Ob er in gelehrter Fron
Griechisch und Latein doziere: –

Er auch ist ein Proletar!
Ihm auch heißt es: »Darbe! borge!«
Ihm auch bleicht das dunkle Haar,
Ihn auch hetzt ins Grab die Sorge!
Mit dem Zwange, mit der Not
Wie die andern muß er ringen,
Und der Kinder Schrei nach Brot
Lähmt auch ihm die freien Schwingen!

Manchen hab' ich so gekannt!
Nach den Wolken flog sein Streben: –
Tief im Staube von der Hand
In den Mund doch mußt' er leben!
Eingepfercht und eingedornt,
Ächzt' er zwischen Tür und Angel;
Der Bedarf hat ihn gespornt,
Und gepeitscht hat ihn der Mangel.

Also schrieb er Blatt auf Blatt,
Bleich und mit verhärmten Wangen,
Während draußen Blum' und Blatt
Sich im Morgenwinde schwangen.
Nachtigall und Drossel schlug,
Lerche sang und Habicht kreiste: –
Er hing über seinem Buch,
Tagelöhner mit dem Geiste!

Dennoch, ob sein Herz auch schrie,
Blieb er tapfer, blieb ergeben:
»Dieses auch ist Poesie,
Denn es ist das Menschenleben!«
Und wenn gar der Mut ihm sank,
Hielt er fest sich an dem einen:
»Meine Ehre wahrt' ich blank!
Was ich tu', ist für die Meinen!«

Endlich ließ ihn doch die Kraft!
Aus sein Ringen, aus sein Schaffen!
Nur zuweilen, fieberhaft,
Konnt' er noch empor sich raffen!
Nachts oft von der Muse Kuß
Fühlt' er seine Schläfen pochen;
Frei dann flog der Genius,
Den des Tages Drang gebrochen!

Lang jetzt ruht er unterm Rain,
Drauf im Gras die Winde wühlen;
Ohne Kreuz und ohne Stein
Schläft er aus auf seinen Pfühlen.
Rotgeweinten Angesichts
Irrt sein Weib und irrt sein Samen.
Bettlerkinder erben nichts
Als des Vaters reinen Namen!

Ruhm und Ehre jedem Fleiß!
Ehre jeder Hand voll Schwielen!
Ehre jedem Tropfen Schweiß,
Der in Hütten fällt und Mühlen!
Ehre jeder nassen Stirn
Hinterm Pfluge! – Doch auch dessen,
Der mit Schädel und mit Hirn
Hungernd pflügt, sei nicht vergessen.

RUDOLF GOTTSCHALL

Der heil'ge Bund

»Kein Adler darf in Deutschlands Eichen horsten,
Kein fremder Vogel in den heim'schen Forsten!
Sei er gesendet von dem Gott des Krieges,
Sei er gewappnet mit dem Blitz des Sieges;
Mag Roms, mag Frankreichs Legion ihn tragen:
Die Freiheit wird ihn stets zu Boden schlagen.
Zieht sie nicht jetzt, die, ach! so lang verbannt,
als Kön'gin ein in unser Vaterland?

Die Feuer auf den Höhen in der Runde,
Sind's Hochzeitfackeln nicht dem neuen Bunde?
Naht sie nicht stolz, die Göttin uns'rer Ahnen,
Zurück uns bringend die geraubten Fahnen?
Den Feind hat Deutschlands alter Gott bezwungen;
Bei Leipzig war das höchste Gut errungen:
Mit unserm Leben haben wir's erkauft.
Mit unserm Blute haben wir's getauft.«

So sprecht ihr, von Begeisterung verblendet,
Und seht nicht, wie sich Alles hat gewendet.
Ihr habt die eine Fessel nicht ertragen,
Und laßt euch jetzt in tausend Bande schlagen.
Kaum blitzten auf der Freiheit erste Funken;
Schon sind sie in die Nacht zurückgesunken.
Der Cerberus des heil'gen Bundes wacht
Vielköpfig an den Thoren dieser Nacht.

Zum heil'gen Bunde hat man ihn gelogen,
Den Bund, der uns um unser Recht betrogen,
Den Bund der Fürsten, die sich eng verbünden,
Um so den Bau der Tyrannei zu gründen,
Sie zu ummauern stark mit Wall und Thürmen,
Daß wetterfest sie trotze allen Stürmen,
Daß Freiheit, mit des Wahnsinns Rausch im Hirn,
Daran zerschelle ihre kecke Stirn.

Gehorsam müßt ihr nun den heil'gen Willen
Der irdischen Dreieinigkeit erfüllen.
Sonst droht euch Preußens Soldatesken-Ruthe,
Und Oestreichs Stock und der Kosacken Knute;
Ja, selbst des Himmels Fluch wird auf euch lasten,
Wenn ihr es wagt, das Heil'ge anzutasten.
Von dort den Namen, und die Macht von hier:
Kein Gott durchbricht dies eherne Spalier.

Doch auf, ihr Völker! Schüttelt eure Ketten!
Noch ist es Zeit; noch kann der Himmel retten.
Steht auf mit Macht und fordert eure Rechte!
Dringt bis zum Thron; durchbrecht den Troß der Knechte!
Und weis't man euch zurück, reicht euch die Hände,
Daß Völkerbund den Bund der Fürsten ende!
Das ist der heil'ge Bund, der einzig ächt,
Gestützt auf Freiheit und das ew'ge Recht.

Den Veteranen

Nimmer will von Deutschlands Eichen
Alter Knechtschaft Schande weichen,
Nimmer wird's vom schweren Fluche frei.
Denn in dem Befreiungskriege
Habt ihr alle eure Siege
Nur erkämpft für neue Tyrannei!
Glaubt's, wir ehren freudig eure Thaten,
Die ihr einst in heil'gem Zorn vollbracht;
Doch zu Puppen und zu Automaten
Hat der Fürsten Wortbruch euch gemacht.
Darum scheltet eure Söhne nicht,
Wenn sie mit das Aufruhrs Banner nahn;
Denn sie gehn zum heiligen Gericht
Ob der Schmach, die man euch angethan.
  Preußens Jugend, Veteranen,
  Schlägt, bei Gott, nicht aus der Art;
  Wenn sie unter neuen Fahnen
  Sich zu neuen Siegen schaart.

Weinet eine Manneszähre,
Als die letzte Kriegerehre,
Allen euren todten Helden nach.
Ihre Kränze sind zerrissen;
Aus des Grabes Finsternissen
Strahlte nicht empor der Freiheit Tag.
Ruht in Frieden, ihr geliebten Todten!
Träumet süß vom gold'nen Kampfespreis!
Der Sesostris-Wagen der Despoten
Rollt schon wieder stolz im alten Gleis.
Nichts vernehmt ihr von der neuen Schmach,
Hört es nicht in eurer Grüfte Nacht,
Wie das Hofgesinde bei'm Gelag
Frech die Besten eures Volks verlacht.
  Preußens Jugend, Veteranen,
  Schlägt, bei Gott, nicht aus der Art,
  Wenn sie unter neuen Fahnen
  Sich zu neuen Siegen schaart.

Die dreiein'gen Potentaten,
Ehrvergess'ne Diplomaten,
Täuschten euch um eurer Siege Lohn.
Nicht das Volk, die Fürstengilden
Bauten auf den Kampfgefilden
Aus Trophä'n sich den Despotenthron.
Alter Blücher, du warst kein Philister;
Vorwärts war dein schönes Losungswort;
Doch jetzt steuern König und Minister
Rückwärts in des Mittelalters Port,
Fest an seines Marschalls Feldgeschrei
Hält das jüng're, kräftige Geschlecht;
Mit der Willkühr, mit der Tyrannei
Kämpfen wir um unser heil'ges Recht.
  Preußens Jugend, Veteranen,
  Schlägt, bei Gott, nicht aus der Art,
  Wenn sie unter neuen Fahnen
  Sich zu neuen Siegen schaart.

RUDOLF GOTTSCHALL

Dem König Schach

Wir müssen kämpfen, müssen siegen,
Des Geistes Landsturm ist erwacht,
Und froh seh' ich die Banner fliegen
Zu einer neuen Völkerschlacht.
Die neuen Corsen, welche uns bedrücken,
Sie rufen längst den Zorn der Völker wach.
Nicht länger soll das kühne Spiel euch glücken;
Der König spielt mit uns; dem König Schach!

Seht, seht, wie sie unsterblich schaffen,
Für Ruhmes-Ewigkeit erglühn,
Und in Lakeien und in Pfaffen
Die treue Garde sich erziehn;
Der eine Dome baut und der Walhallen,
Der eine dichtet, jener Reden hält;
Sie ziehn mit Beifall klatschenden Vasallen,
Wie Nero, deklamirend durch die Welt.

O jauchzt und klatscht, ihr Nationen!
Denn Deutschland ward ein Schauspielhaus;
Die Kön'ge steigen von den Thronen
Und gehn auf Künstlerreisen aus.
Die deutschen Berge werde zu Coulissen,
Zur Bühne wird das ganze Vaterland.
Wie sehr er euch die Herzen hingerissen,
Er bleibt doch ewig nur – ein Dilettant.

Doch soll der Völker heißes Sehnen
Thatlos verschmachten und verglühn,
Despoten stets sich sicher wähnen,
Und spielend durch die Lande ziehn?
Genug des Spiels! Prophet'sche Nordlichtsflammen,
Sie rufen bald zum Ernst die Völker wach.
Dann bricht der Bau der Tyrannei zusammen,
Und durch die Lande tönt's: dem König Schach!

KARL ECK

Waldfrevel

Seht Ihr das Wogenmeer der goldnen Aehren!
Seht Ihr auf Hügeln rings die Trauben blühn!
Nicht Euer wird die Frucht, laßt Euch belehren,
Geboren seid Ihr nur zu ew'gen Müh'n;
Gehorchen dürft Ihr – hungern und entbehren,
Für Euch in Ueppigkeit schwelgt der Despot;
Er kennt nicht Eure – nur des Weines Zähren –
Das arme Volk, es seufzet still nach Brod!

Wohl pflegt man Herrenwild in deutschen Wäldern,
Und schützt es sorgend vor Gefahr und Noth;
Verwüstend zieht es in des Landmann's Feldern,
Und bringt, o Schmerz! der jungen Saat den Tod.
Die Sonne sieht den Gräu'l und ist vor Schämen
Des Morgens und des Abends zornesroth.
Wird sich der Wildherr ob der Saaten grämen?
Was kümmert ihn des armen Volkes Noth?

In kahlen Wänden einer offnen Hütte,
Durchsaust von Nordwinds schütternder Gewalt,
Liegt sterbend auf des öden Strohes Schütte
Im Fieber eine menschliche Gestalt. –
»Hu! welch ein Frost! Weh! mein Gebein durchrüttelnd!
Ein wärmend Feuer linderte die Noth!
O geh, mein Sohn, zum Walde, Reisig schüttelnd;
Befolge Deines Vaters Schmerzgebot! –«

Der Bursche geht. Es flüstert in den Föhren
Der Wind, ernst bittend: Halte ein!
Doch darf den Liebenden die Warnung stören?
Harrt nicht sein Vater dort in Fieberpein? –
Mit Holz beladen will er heimwärts ziehen,
Da donnert: Halt! des Försters Machtgebot.
Der Knabe wirft die Bürde hin, will fliehen,
Da fällt ein Schuß – er liegt im Blute roth.

Da liegt ein Weh verstummt auf stummer Halde,
Ein Jüngling – Frühling auf der Herbstesflur.
Der Jäger schoß 'nen Wilddieb in dem Walde,
Und folgt kein Richter solcher blut'gen Spur?
»Dem treuen Förster schnell ein Ehrenzeichen«
– Ruft der Minister froh und der Despot –
»Nicht treuere Diener giebt's, wie seinesgleichen.«
Nun schreit das Volk: »Gerechtigkeit und Brod!«

LUDWIG PFAU

Herr Biedermeier

Mitglied der »besitzenden und gebildeten Klasse«

Schau', dort spaziert Herr Biedermeier,
Und seine Frau, den Sohn am Arm;
Sein Tritt ist sachte wie auf Eier,
Sein Wahlspruch: Weder kalt noch warm.
Das ist ein Bürger hochgeachtet,
Der geistlich spricht und weltlich trachtet;
Er wohnt in jenem schönen Haus
Und – leiht sein Geld auf Wucher aus.

Gemäßigt stimmt er bei den Wahlen,
Denn er mißbilligt allen Streit;
Obwohl kein Freund vom Steuerzahlen,
Verehrt er sehr die Obrigkeit.
Auf's Rathhaus und vor Amt gerufen,
Zieht er den Hut schon auf den Stufen;
Dann aber geht er stolz nach Haus
Und – leiht sein Geld auf Wucher aus.

Am Sonntag in der Kirche fehlen,
Das wäre gegen Christenpflicht;
Da holt er Labung seiner Seelen –
Und schlummert, wenn der Pfarrer spricht.
Das führt ihn lieblich bis zum Segen,
Den nimmt der Wackre fromm entgegen.
Dann geht er ganz erbaut nach Haus
Und – leiht sein Geld auf Wucher aus.

Ach! Wandrer die gen Westen streben!
Wie rühret ihre Not sein Herz!
Wohl sieht er sammeln, doch zu geben,
Vergißt er ganz in seinem Schmerz.
»Ihr Schicksal ruht in Gottes Händen!«
Spricht er – dann geht er auszupfänden,
Nimmt einem Schuldner Hof und Haus
Und – leiht sein Geld auf Wucher aus.

Den einz'gen, hoffnungsvollen Sprossen –
Denn mehr, das wäre Ueberfluß –
Den hält er klösterlich verschlossen:
Die Sünde stammt ja vom Genuß.
Die Mutter führt ihr Küchlein sittig
Wie eine Henne unter'm Fittig;
Sie sorgt für strenge Zucht im Haus
Und – leiht ihr Geld auf Wucher aus.

O edles Haus! o feine Sitten!
Wo jedes Gift im Keim erstickt;
Wo nur gepflegt wird und gelitten
Was gern sich duckt und wohl sich schickt.
O wahre Bildung ohne Spitzen!
Nur der Besitz kann dich besitzen –
Anstand muß sein in Staat und Haus,
Sonst – geht dem Geld der Wucher aus.

LUDWIG PFAU

Die deutschen Bettler

Aus Deutschland zieht nach allen Wegen
Von stolzen Bettlern eine Schaar;
Ihr bleiches Antlitz schlägt der Regen,
Der Sturmwind wühlt in ihrem Haar.
Sie tragen ihres Volkes Qualen
Im Herzen tief, ein traurig Bild;
Doch ihre hohen Stirnen stralen –
O seid den deutschen Bettlern mild!

Vom Born der Heimat ausgestoßen,
Geworfen an den nackten Strand,
So rang die Hand der Heimatlosen
Sich schmerzlich los aus Liebeshand.
Es lebt kein Gott um sie zu rächen,
Sie müssen, ein gescheuchtes Wild,
Das harte Brot der Fremde brechen –
O seid den deutschen Bettlern mild!

Auch ihnen winkten frohe Feste
Daheim, wie manchem treuen Knecht;
Da riefen sie in die Paläste:
»Das Volk verhungert, und ihr zecht?!«
Ach! sind die hohen Herrn erschrocken!
Sie so zu stören roh und wild!
Wie leicht kann die Verdauung stocken –
O seid den deutschen Bettlern mild!

So Schweres haben sie verbrochen:
Sie blieben ihrer Jugend treu;
Sie haben für ihr Volk gesprochen,
Und Recht gefordert ohne Scheu.
Sie kämpften mit gezücktem Worte,
Und waren der Bedrückten Schild;
Nun stehn sie stumm an eurer Pforte –
O seid den deutschen Bettlern mild!

Ach! wie dem Baum in fremder Scholle,
Ist ihres Daseins Mark versehrt;
Der blütenleere, lebensvolle,

Er wird vom eignen Saft verzehrt.
Die That gedeiht nicht wo dem Streben
Die Werdekraft aus Wunden quillt:
Sie sterben an verlornem Leben –
O seid den deutschen Bettlern mild!

Preßt ihnen Saft aus euern Trauben,
Theilt freundlich eurer Hütte Raum,
Daß sie sich in der Heimat glauben
Und das Verlorne sehn im Traum.
Denkt daß ihr Rock, zerstückt vom Leide,
Mehr als ein Purpurmantel gilt:
Sie gehen in der Freiheit Kleide –
O seid den deutschen Bettlern mild!

Der Freiheit Schatz, der Wahrheit Segen
War stets den Bettlern anvertraut –
In kleinen Tropfen fällt der Regen,
Doch hoch in Blüten schießt das Kraut.
Auch diesen hat der Geist verkündet
Das Wort, das Wort, das Thränen stillt,
Das Reiche stürzt und Welten gründet –
O seid den deutschen Bettlern mild!

HEINRICH BAUER

Aufruf!

Auf, Proletarier, Arbeitsleute!
Auf, die ihr wirket Tag und Nacht!
Die Stunde schlägt, sie ruft zum Streite:
Auf, Brüder, mutig in die Schlacht!
Verlasset jetzt die Arbeitsstätten,
Landmann, verlasse deinen Pflug!
Es ist gewirkt, geschafft genug –
Wir wollen uns befrein von Ketten!
  Auf, Proletarier, all!
  Das Werk ist bald getan!
  Steht Mann für Mann! Es kommt zum Fall –
  Der Freiheit Tag bricht an!

Seht, Brüder, seht der Blitze Glühen,
Hört der Kanonen dumpfen Klang.
Von Nord, Süd, West und Osten ziehen
Die Proletarier all entlang!
Auf! Lasset uns vereint verdammen
Die Ungerechtigkeit der Welt;
Fluch dem, der sie noch aufrecht hält,
Stürzet den Lügenbau zusammen!
  Auf, Proletarier . . .

Frisch, Brüder, greifet zu den Waffen!
Uns mahnt zum Kampf die heil'ge Pflicht;
Laßt durch das Schwert uns Recht verschaffen,
Das letzte Heil im Schwerte liegt!
Wir wollen länger nicht entbehren,
Was unser Fleiß hervorgebracht.
Nicht darben mehr, dieweil in Pracht
Von unserm Mark sich Drohnen nähren!
  Auf, Proletarier . . .

Auf, Proletarier-Millionen,
Auf, in den letzten, heil'gen Krieg!
Stürzt die Bastillen, Kerker, Kronen,
Noch einmal schwört: Tod oder Sieg!
Kämpft, Brüder, in den ersten Reihen,
Der Freiheit fließe unser Blut!
Geht in die Schlacht mit Todesmut! –
Es gilt, die Menschheit zu befreien!
  Auf, Proletarier . . .

LUDWIG PFAU

Das hat ein König gethan

Was brauset vor dem Schlosse,
Wie Trauermelodein?
Da liegen viel hundert Tote,
Sie liegen in langen Reihn.
Und Leich' um Leiche tragen
Die Bürger stumm heran,
Als wollten sie sagen: König!
Da sieh' was du gethan!

Da liegen sie, Greis und Knabe,
Starr mit zerfetztem Leib;
Da kommen sie weinend und klagend,
Braut, Schwester, Bruder, Weib.
Und jammernde Mütter schauen
Die toten Söhne an –:
Herrgott! das hat ein König,
Das hat ein König gethan!

Ein Rufen rings, ein Drohen:
Der König kommt herab;
Er salutirt die Toten
Und nimmt die Mütze ab.
Da bluten all' auf's neue
Bei ihres Mörders Nahn,
Als sprächen sie: Ein König,
Ein König hat das gethan!

Und viele werden's sprechen,
Viel tausend fern und nah;
Die Völker werden rächen
Den Frevel der geschah.
Auf Sturmesflügeln bricht sich
Durch Land und Länder Bahn
Der Schrei: Das hat ein König,
Das hat ein König gethan!

Weh! Volk, vom eignen Blute
Sind deine Hände rot;
Der Bruder schlug den Bruder,
Weil es ein Fürst gebot.
Ein großes Grab soll alle
In seinen Schoos empfahn;
Auf's Grabmahl schreibt: Ein König,
Ein König hat das gethan!

Dies Grab, es wird zum Grabe
Der königlichen Macht;
Die Säer blut'ger Saaten,
Sie ernten eine Schlacht.
Im Blute wird ersticken
Der alten Treue Wahn –
Gottlob! das hat ein König,
Das hat ein König gethan!

Trotz alledem!

Das war 'ne heiße Märzenzeit,
Trotz Regen, Schnee und alledem!
Nun aber, da es Blüten schneit,
Nun ist es kalt, trotz alledem!
Trotz alledem und alledem –
Trotz Wien, Berlin und alledem –
Ein schnöder scharfer Winterwind
Durchfröstelt uns trotz alledem!

Das ist der Wind der Reaktion
Mit Meltau, Reif und alledem!
Das ist die Bourgeoisie am Thron –
Der annoch steht, trotz alledem!
Trotz alledem und alledem,
Trotz Blutschuld, Trug und alledem –
Er steht noch, und er hudelt uns
Wie früher fast, trotz alledem!

Die Waffen, die der Sieg uns gab,
Der Sieg des Rechts trotz alledem,
Die nimmt man sacht uns wieder ab,
Samt Kraut und Lot und alledem,
Trotz alledem und alledem,
Trotz Parlament und alledem –
Wir werden unsre Büchsen los,
Soldatenwild trotz alledem!

Doch sind wir frisch und wohlgemut
Und zagen nicht trotz alledem!
In tiefer Brust des Zornes Glut,
Die hält uns warm trotz alledem!
Trotz alledem und alledem,
Es gilt uns gleich trotz alledem!
Wir schütteln uns: Ein garst'ger Wind,
Doch weiter nichts trotz alledem!

Denn ob der Reichstag sich blamiert
Professorhaft, totz alledem!
Und ob der Teufel reagiert

Mit Huf und Horn und alledem –
Trotz alledem und alledem,
Trotz Dummheit, List und alledem,
Wir wissen doch: Die Menschlichkeit
Behält den Sieg trotz alledem!

So füllt denn nur der Mörser Schlund
Mit Eisen, Blei und alledem:
Wir halten uns auf unserm Grund,
Wir wanken nicht trotz alledem!
Trotz alledem und alledem!
Und macht ihr's gar, trotz alledem,
Wie zu Neapel jener Schuft:
Das hilft erst recht, trotz alledem!

Nur, was zerfällt, vertretet ihr!
Seid Kasten nur, trotz alledem!
Wir sind das Volk, die Menschheit wir,
Sind ewig drum, trotz alledem!
Trotz alledem und alledem:
So kommt denn an, trotz alledem!
Ihr hemmt uns, doch ihr zwingt uns nicht –
Unser die Welt trotz alledem!

GEORG WEERTH

Heute morgen fuhr ich nach Düsseldorf

Heute morgen fuhr ich nach Düsseldorf
In sehr honetter Begleitung:
Ein Regierungsrat – er schimpfte sehr
Auf die Neue Rheinische Zeitung.

»Die Redakteure dieses Blatts«,
So sprach er, »sind sämtlich Teufel;
Sie fürchten weder den lieben Gott
Noch den Ober-Prokurator Zweiffel.

Für alles irdische Mißgeschick
Sehn sie die einzige Heilung
In der rosenrötlichen Republik;
Und vollkommener Güterteilung.

Die ganze Welt wird eingeteilt
In tausend Millionen Parzellen;
In so viel Land, in so viel Sand
Und in so viel Meereswellen.

Und alle Menschen bekommen ein Stück
Zu ihrer speziellen Erheitrung –
Die besten Brocken: die Redakteur'
Der Neuen Rheinischen Zeitung.

Auch nach Weibergemeinschaft steht ihr Sinn.
Abschaffen wolln sie die Ehe:
Daß alles in Zukunft ad libitum
Miteinander nach Bette gehe:

Tartar und Mongole mit Griechenfraun,
Cherusker mit gelben Chinesen,
Eisbären mit schwedischen Nachtigalln,
Türkinnen mit Irokesen.

Tranduftende Samojedinnen solln
Zu Briten und Römern sich betten,
Plattnasige düstre Kaffern zu
Alabasterweißen Grisetten.

Ja, ändern wird sich die ganze Welt
Durch diese moderne Leitung –
Doch die schönsten Weiber bekommen die
Redakteure der Rheinischen Zeitung!

Auflösen wollen sie alles schier;
Oh, Lästrer sind sie und Spötter;
Kein Mensch soll in Zukunft besitzen mehr
Privateigentümliche Götter.

Die Religion wird abgeschafft,
Nicht glauben mehr soll man an Rhenus,
An den nußlaub- und rebenbekränzten, und nicht
An die Mediceische Venus.

Nicht glauben an Kastor und Pollux – nicht
An Juno und Zeus Kronion,
An Isis nicht und Osiris nicht
Und an deine Mauern, o Zion!

Ja, weder an Odin glauben noch Thor,
An Allah nicht und an Brahma –
Die Neue Rheinische Zeitung bleibt
Der einzige Dalai-Lama.«

Da schwieg der Herr Regierungsrat,
Und nicht wenig war ich verwundert:
Sie scheinen ein sehr gescheiter Mann
Für unser verrückt Jahrhundert!

Ich bin entzückt, mein werter Herr,
Von Ihrer honetten Begleitung –
Ich selber bin ein Redakteur
Von der Neuen Rheinischen Zeitung.

Oh, fahren Sie fort, so unsern Ruhm
Zu tragen durch alle Lande –
Sie sind als Mensch und Regierungsrat
Von unbeschränktem Verstande.

Oh, fahr er fort, mein guter Mann –
Ich will ihm ein Denkmal setzen
In unserm heitern Feuilleton –
Sie wissen die Ehre zu schätzen.

Ja, wahrlich, nicht jeder Gimpel bekommt
Einen Tritt von unsern Füßen –
Ich habe, mein lieber Regierungsrat,
Die Ehre, Sie höflich zu grüßen.

GEORG HERWEGH

Das Reden nimmt kein End'

Zu Frankfurt an dem Main –
Sucht man der Weisen Stein;
Sie sind gar sehr in Nöten,
Moses und die Propheten,
Präsident und Sekretäre,
Wie er zu finden wäre –
Im Parla – Parla – Parlament
Das Reden nimmt kein End'!

Zu Frankfurt an dem Main –
Da wird man uns befrein;
Man wird die Republiken
Im Mutterleib ersticken.
Und Bassermann und Welcker
Beglücken dann die Völker
Im Parla – Parla – Parlament
Das Reden nimmt kein End'!

Zu Frankfurt an dem Main –
Bald zieht der Kaiser ein!
Schon träuft der Gnade Manna,
Ihr Knechte, Hosiannah!
Matthy, der Schuft, Minister –
Triumph, ihr Herrn Philister!
Im Parla – Parla – Parlament
Das Reden nimmt kein End'!

Zu Frankfurt an dem Main –
Die Wäsche wird nicht rein;
Sie bürsten und sie bürsten,
Die Fürsten bleiben Fürsten
Die Mohren bleiben Mohren
Trotz aller Professoren
Im Parla – Parla – Parlament
Das Reden nimmt kein End'!

Zu Frankfurt an dem Main –
Ist alles Trug und Schein.
Alt-Deutschland bleibt zersplittert,
Das Kapitol erzittert,
Umringt von Feindeslagern,
Die Gänse giga – gagern
Im Parla – Parla – Parlament
Das Reden nimmt kein End'!

Zu Frankfurt an dem Main –
So schlag' der Teufel drein!
Es steht die Welt in Flammen,
Sie schwatzen noch zusammen,
Wie lange soll das dauern?
Dem König Schach, ihr Bauern!
Dein Parla – Parla – Parlament,
O Volk, mach' ihm ein End'!

ANONYM

Was zieht dort zur Brigittenau
Im blutigen Morgenrot?
Das sind die kroatischen Jäger,
Sie führen den Fahnenträger
Der Freiheit hin zum Tod.

Sie haben ihn gefangen
Trotz Recht und Reichsgesetz,
Es hat ihm das Urteil gesprochen,
Es hat ihm den Stab gebrochen
Der Mörder Windischgrätz.

Zum Richtplatz sie ihn führen,
Ihn schreckt nicht Tod noch Grab;
Doch als er denkt der Lieben,
Die ihm daheim sind geblieben,
Fällt still eine Träne herab.

Die Träne für Weib und Kinder
Entehret keinen Mann.
Lebet wohl! Jetzt gilt es zu sterben,
Für die Freiheit Herzen zu werben.
Ihr Jäger, wohlauf, schlagt an!

Er schlingt sich selbst die Binde
Wohl um der Augen Licht:
O du Deutschland, für das ich gestritten,
Für das ich im Leben gelitten,
Verlaß die Freiheit nicht!

Es krachen die Gewehre,
Im Blute liegt der Held;
Es haben die Büchsen der Jäger
Der Freiheit Fahnenträger,
Den Robert Blum gefällt.

Der Fähnrich ist erschlagen,
Es fiel der Robert Blum.
Auf Brüder, die Fahne zu retten
Der Freiheit aus Banden und Ketten
Zu Deutschlands Eigentum!

Lied vom Robert Blum

Was rasseln denn die Trommeln
Durch Wien so dumpf und schwer?
Was kommt denn durch die Thore
Im Trauerzug einher?
Sie führen ihn zum Tode
Beim ersten Morgenrote,
Den treuen Robert Blum.

Und zwischen den Soldaten
Geht er mit festem Schritt,
Der Mann der Barrikaden,
Den Tod, den fürcht't er nit.
»Ihr Fernen und ihr Meinen!
Lebt wohl!« Da thät er weinen,
Der arme Robert Blum.

»Mein Weib und meine Kinder
Sind dir, mein Volk, vermacht;
Nur Thränen lass' ich ihnen,
Drum hab du ihrer Acht.
Hab Acht auf dein Versprechen:
Die Freiheit soll uns rächen,
Dich und den Robert Blum.

O März, o schöner Märzen!
Wie bist du schon so weit!
November mußt' es werden,
Da ist es Säens Zeit.
Mein Blut, das wollen sie säen,
Hei! das wird auferstehen,
Aus jedem Tropfen ein Blum.

Euch Soldaten sei vergeben
Mein Mord und eure Schand';
Für die Freiheit darf ich sterben,
Ade! mein deutsches Land!
Mein Blut darf ich dir schenken,
So wollest du mein gedenken,
Des treuen Robert Blum.«

Zum oktroyierenden 5. Dezember 1848

Ausgelitten, ausgerungen
Hast du endlich, deutsches Herz –
Gut, daß er einmal verklungen,
Dieser deutsche Freiheitsmärz!

Gut, daß wir geworden kühler,
Wie es zum Dezember paßt.
Unsre freiheitstrunknen Wühler
Waren uns von je verhaßt.

Gut, daß wir jetzt ohne Zittern
Nehmen jedes Blatt zur Hand,
Uns das Leben nicht verbittern
Um das liebe Vaterland.

Gut, daß möglich ist geworden,
Wie's zur guten Zeit doch war,
Zu erhalten einen Orden
Oder einen Titel gar.

Gott sei Dank, daß alles wieder
Nun zur Ordnung kehrt zurück:
Nur vom Throne träufelt nieder
Wie vom Himmel Heil und Glück.

Weg mit allen Barrikaden!
Weg mit aller Bürgerwehr!
Hoch der Herr »von Gottes Gnaden«!
Hoch sein sieggewohntes Heer!

Mit der Friedenspfeif im Munde
Geht's ins Bierhaus auf die Wacht,
Trinkt man bis zur Bürgerstunde,
Und dann – *Freiheit, gute Nacht!*

RUDOLF GOTTSCHALL

Metternich's Triumph

Verrath in West und Osten,
Verrath in Süd und Nord!
Der Freiheit junge Blüthen
Sind über Nacht verdorrt.
Es reichen die Tyrannen
Sich brüderlich die Hand;
Die Geißel Gottes schwingen
Sie über's Vaterland.
Bald schäumt der Becher über;
Voll ist der Knechtschaft Maaß!
Es wachsen aus dem Boden
Die neuen Attilas.
Neapel und Messina,
Und dann das stolze Prag;
Dann Wien, die Stadt des Kaisers:
So geht es Schlag auf Schlag!
  Kanonaden,
  Füsilladen,
  Königlich und kaiserlich!
  Jauchzt, ihr Herrn von Gottes Gnaden,
  Juble, greiser Metternich!

Schon ist in alte Netze
Europa neu verstrickt;
Es wird der Königspurpur
Mit Thränen neu gestickt.
Es wird das Schloß des Fürsten
Ein kriegerisches Zelt;
Von einem Heereslager
Ist rings der Thron umstellt!
Der Park der Artill'risten,
Das ist der schönste Park!
Dort ruht man am Vesuve,
In Wien und in der Mark!
Auf Protzen und Laffetten
Ruht jetzt die Majestät,
Und zählt die Kugelhaufen,
Die in das Volk sie sät.

Kanonaden,
Füsilladen,
Königlich und kaiserlich!
Jauchzt, ihr Herrn von Gottes Gnaden,
Juble, greiser Metternich!

Der Diplomat, der schlaue,
Spielt auf zum Waffentanz;
Die Unterdrücker feiern
Den Tag von Belle-Alliance!
Sie reichen sich die Hände;
Es grüßen brüderlich
Die Führer der Kroaten
Den greisen Metternich!
Die Feder ist ein Degen,
Der nicht in's Blaue trifft!
Die Diplomaten schreiben
Auch eine Flammenschrift!
Aus ihren Kabinetten
Der Blitzstrahl zündend fährt;
D'rum mögen sich verbrüdern
Die Feder und das Schwert!
Kanonaden,
Füsilladen,
Kaiserlich und königlich!
Jauchzt, ihr Herrn von Gottes Gnaden,
Juble, greiser Metternich!

Die Diplomaten-Spinne
Baut sich ein neues Nest,
Und klebt an den Pallästen
Mit Blut die Fäden fest.

Kommt, kommt, ihr Herrn vom Hofe,
Noch ist's nicht Zeit zu fliehn!
Kommt, leert ein Glas von Herzen
Auf das bestrafte Wien!
Das ist der neuste Ausbruch,
Johannisberger Wein!
Das ist ein Trank voll Feuer,
Das geht durch Mark und Bein.
Heil euch, ihr wackern Zecher!

Im Taumel merkt ihr nicht,
Daß eure Kniee wanken
Und Thron und Krone bricht!
  Kanonaden,
  Füsilladen,
  Kaiserlich und königlich!
  Jauchzt, ihr Herrn von Gottes Gnaden!
  Juble, greiser Metternich!

Verrath in West und Osten
Verrath in Süd und Nord!
Der Freiheit junge Blüthen
Sind über Nacht verdorrt.
Es reichen die Tyrannen
Sich brüderlich die Hand;
Die Geißel Gottes schwingen
Sie über's Vaterland!
Es wachsen aus dem Boden
Die neuen Attilas;
Doch über schäumt der Becher;
Voll ist der Knechtschaft Maaß.
Ihr fürstlichen Rebellen,
Wahrt eure Kronen gut;
Denn bald zerbricht die Kette
Ein Volk in Racheglut.
  Kanonaden,
  Füsilladen,
  Wenn das Volk sich kühn erhebt!
  Zittert, Herrn von Gottes Gnaden,
  Und, ihr Metternichs, erbebt!

LUDWIG PFAU

Das Lied von der deutschen Treue

Es klingt ein Lied wie Orgelton,
Das rühmen alle Kenner;
Das krähn im Mutterleibe schon
Die deutschen Biedermänner;
Und wo ein Dichter Verse schmied't,
Da singt er stets aufs neue
Das alte Lied, das schöne Lied,
Das Lied von der deutschen Treue.

O deutsche Treu' und Redlichkeit!
Familienkrug der Fürsten,
Draus thun dem Volke sie Bescheid,
Wenn sie sein Gut verbürsten.
Aus unserm Honig ihren Meth,
Den brau'n sie ohne Scheue.
Wir singen dann der Majestät
Das Lied von der deutschen Treue.

Gerathen wir einmal in Wut
Und rütteln an der Kette,
Läßt unser Herr uns etwas Blut,
Sanft, mit dem Bayonette.
Geheilt sind wir vom Fieber schon,
Wir dankens ihm voll Reue,
Und singen dann in höherm Ton
Das Lied von der deutschen Treue.

Der König winkt, wir sind bereit
Und waschen uns die Köpfe,
Und fressen voller Biederkeit
Uns auf bis auf die Zöpfe.
Die Wedel lassen wir zurück,
So tapfre läßt kein Leue:
Die wedeln noch den Takt, o Glück!
Zum Lied von der deutschen Treue.

Der König lehrt uns Politik
Ganz gnädig mit dem Kantschu,
Wir beugen selig das Genick
Und küssen ihm den Handschuh.
O gib uns einen Tritt dazu!
Daß unser Herz sich freue:
Solch schöne Strofe füge du
Zum Lied von der deutschen Treue.

Das treuste Vieh ist doch der Hund,
Man lenkt ihn ohne Zügel;
Und schlägt man ihm den Rücken wund,
So leckt er ab den Prügel.
Zuweilen wird er freilich wild,
Doch kriecht er stets aufs neue:
O Hund! du prächtig Titelbild
Zum Lied von der deutschen Treue.

Lied vom Gottesgnadenfritz

Das ist der Gottesgnadenfritz,
Von dem will ich euch melden:
Als Hahn im Korb ein schlechter Witz,
Hat er den Bauch des Helden.
Er ist der Fürsten Fürste,
Die Blunz im Kreis der Würste –
Er hat den Kopf voll Grütz, potz Blitz!
Der Gottesgnadenfritz.

Des Morgens trinkt er einen Schnaps
Und thut was oktroyiren;
Des Mittags hat er einen Taps
Und thut sich was blamiren.
Nachts beim Champagnerglase,
Da fällt er auf die Nase –
Spar' Höherm deinen Hals, potz Blitz!
Du Gottesgnadenfritz!

So treibt's der Gottesgnadenfritz,
Er lebt auf allen Vieren;
Er wackelt sehr auf seinem Sitz,
Das fährt ihm in die Nieren.
»He!« ruft er, »komm' und höre,
Du Volk! was ich dir schwöre!« –
Das Halten nur vergißt, potz Blitz!
Der Gottesgnadenfritz.

Komödie spielt er früh und spat,
Potent im Deklamiren;
Die Hungernden in seinem Staat,
Die läßt er füsiliren.
Denn gegen Demokraten
Gab ihm der Herr Soldaten –
Er dient ja nur dem Herrn, potz Blitz!
Der Gottesgnadenfritz.

Das ist der Gottesgnadenfritz,
Sein Mut ist immer heiter;
Denn auf dem Helme, hoch und spitz,

Trägt er den Blitzableiter:
Ja trau du nur dem Wetter,
Du aller Narren Vetter! –
Dir schlägt er doch in's Hirn, der Blitz,
O Gottesgnadenfritz!

FERDINAND FREILIGRATH

Die Revolution

Und ob ihr sie, ein edel Wild, mit euren Henkersknechten fingt;
Und ob ihr unterm Festungswall standrechten die Gefangne gingt;
Und ob sie längst der Hügel deckt, auf dessen Grün ums Morgenrot
Die junge Bäurin Kränze legt – doch sag' ich euch: Sie ist nicht tot!

Und ob ihr von der hohen Stirn das wehnde Lockenhaar ihr schort;
Und ob ihr zu Genossen ihr den Mörder und den Dieb erkort;
Und ob sie Zuchthauskleider trägt, im Schoß den Napf voll Erbsenbrei;
Und ob sie Werg und Wolle spinnt – doch sag' ich kühn euch: Sie ist frei!

Und ob ihr ins Exil sie jagt, von Lande sie zu Lande hetzt;
Und ob sie fremde Herde sucht und stumm sich in die Asche setzt;
Und ob sie wunde Sohlen taucht in ferner Wasserströme Lauf –
Doch ihre Harfe nimmermehr an Babels Weiden hängt sie auf!

O nein – sie stellt sie vor sich hin; sie schlägt sie trotzig, euch zum Trotz!
Sie spottet lachend des Exils, wie sie gespottet des Schafotts!
Sie singt ein Lied, daß ihr entsetzt von euren Sesseln euch erhebt;
Daß euch das Herz – das feige Herz, das falsche Herz! – im Leibe bebt!

Kein Klagelied! kein Tränenlied! kein Lied um jeden, der schon fiel;
Noch minder gar ein Lied des Hohns auf das verworfne Zwischenspiel,
Die Bettleroper, die zurzeit ihr plump noch zu agieren wißt,
Wie mottig euer Hermelin, wie faul auch euer Purpur ist!

O nein, was sie den Wassern singt, ist nicht der Schmerz und nicht die Schmach –
Ist Siegeslied, Triumpheslied, Lied von der Zukunft großem Tag!
Der Zukunft, die nicht fern mehr ist! Sie spricht mit dreistem Prophezein,
So gut wie weiland euer Gott: Ich war, ich bin – ich w e r d e s e i n !

Ich werde sein, und wiederum voraus den Völkern werd' ich gehn!
Auf eurem Nacken, eurem Haupt, auf euren Kronen werd' ich stehn!
Befreierin und Rächerin und Richterin, das Schwert entblößt,
Ausrecken den gewalt'gen Arm werd' ich, daß er die Welt erlöst!

Ihr seht mich in den Kerkern bloß, ihr seht mich in der Grube nur,
Ihr seht mich nur als Irrende auf des Exiles dorn'ger Flur –
Ihr Blöden, wohn' ich denn nicht auch, wo eure Macht ein Ende hat:
Bleibt mir nicht hinter jeder Stirn, in jedem Herzen eine Statt?

In jedem Haupt, das trotzig denkt? das hoch und ungebeugt sich trägt?
Ist mein Asyl nicht jede Brust, die menschlich fühlt und menschlich schlägt?
Nicht jede Werkstatt, drin es pocht? nicht jede Hütte, drin es ächzt –
Bin ich der Menschheit Odem nicht, die rastlos nach Befreiung lechzt?

Drum werd' ich sein, und wiederum voraus den Völkern werd' ich gehn!
Auf eurem Nacken, eurem Haupt, auf euren Kronen werd' ich stehn!
's ist der Geschichte ehrnes Muß! Es ist kein Rühmen, ist kein Drohn –
Der Tag wird heiß – wie wehst du kühl, o Weidenlaub von Babylon!

HEINRICH HEINE

Michel nach dem März

Solang ich den deutschen Michel gekannt,
War er ein Bärenhäuter;
Ich dachte im März, er hat sich ermannt
Und handelt fürder gescheuter.

Wie stolz erhob er das blonde Haupt
Vor seinen Landesvätern!
Wie sprach er – was doch unerlaubt –
Von hohen Landesverrätern.

Das klang so süß zu meinem Ohr
Wie märchenhafte Sagen,
Ich fühlte, wie ein junger Tor,
Das Herz mir wieder schlagen.

Doch als die schwarz-rot-goldne Fahn,
Der altgermanische Plunder,
Aufs neu erschien, da schwand mein Wahn
Und die süßen Märchenwunder.

Ich kannte die Farben in diesem Panier
Und ihre Vorbedeutung:
Von deutscher Freiheit brachten sie mir
Die schlimmste Hiobszeitung.

Schon sah ich den Arndt, den Vater Jahn –
Die Helden aus andern Zeiten
Aus ihren Gräbern wieder nahn
Und für den Kaiser streiten.

Die Burschenschaftler allesamt
Aus meinen Jünglingsjahren,
Die für den Kaiser sich entflammt,
Wenn sie betrunken waren.

Ich sah das sündenergraute Geschlecht
Der Diplomaten und Pfaffen,
Die alten Knappen vom römischen Recht,
Am Einheitstempel schaffen –

Derweil der Michel geduldig und gut
Begann zu schlafen und schnarchen,
Und wieder erwachte unter der Hut
Von vierunddreißig Monarchen.

FRIEDRICH HORNFECK

Bonzen- und Junkertum

Das Bonzen- und das Junkertum
Hat abermals gesiegt;
Das gute Volk ist still und stumm
Und sinnt, woran es liegt.

Es wandelt die Gedankenbahn
Und träumt am hellen Tag
Und fragt: was hab' ich nur gethan,
Daß man mich schlagen mag.

Mein gutes Volk, man bläut dir ein,
Die Freiheit sei nichts nutz,
Rein sei der Himmel nur allein,
Die Erde Koth und Schmutz.

Und dabei merkst du nimmermehr –
Ein Thor begreift es schier –
Wenn etwas an dem Himmel wär',
Ließ man die Erde dir.

Die Wahl-Esel

Die Freiheit hat man satt am End',
Und die Republik der Tiere
Begehrte, daß ein einz'ger Regent
Sie absolut regiere.

Jedwede Tiergattung versammelte sich,
Wahlzettel wurden geschrieben;
Parteisucht wütete fürchterlich,
Intrigen wurden getrieben.

Das Komitee der Esel ward
Von Alt-Langohren regieret;
Sie hatten die Köpfe mit einer Kokard',
Die schwarz-rot-gold, verzieret.

Es gab eine kleine Pferdepartei,
Doch wagte sie nicht zu stimmen;
Sie hatte Angst vor dem Geschrei
Der Alt-Langohren, der grimmen.

Als einer jedoch die Kandidatur
Des Rosses empfahl, mit Zeter
Ein Alt-Langohr in die Rede ihm fuhr,
Und schrie: Du bist ein Verräter!

Du bist ein Verräter, es fließt in dir
Kein Tropfen vom Eselsblute;
Du bist kein Esel, ich glaube schier,
Dich warf eine welsche Stute.

Du stammst vom Zebra vielleicht, die Haut
Sie ist gestreift zebräisch;
Auch deiner Stimme näselnder Laut
Klingt ziemlich ägyptisch-hebräisch.

Und wärst du kein Fremdling, so bist du doch nur
Verstandesesel, ein kalter;
Du kennst nicht die Tiefen der Eselsnatur,
Dir klingt nicht ihr mystischer Psalter.

Ich aber versenkte die Seele ganz
In jenes süße Gedösel;
Ich bin ein Esel, in meinem Schwanz
Ist jedes Haar ein Esel.

Ich bin kein Römling, ich bin kein Slav';
Ein deutscher Esel bin ich,
Gleich meinen Vätern. Sie waren so brav,
So pflanzenwüchsig, so sinnig.

Sie spielten nicht mit Galanterei
Frivole Lasterspiele;
Sie trabten täglich, frisch-fromm-fröhlich-frei,
Mit ihren Säcken zur Mühle.

Die Väter sind nicht tot! Im Grab
Nur ihre Häute liegen,
Die sterblichen Hüllen. Vom Himmel herab
Schaun sie auf uns mit Vergnügen.

Verklärte Esel im Gloria-Licht!
Wir wollen Euch immer gleichen
Und niemals von dem Pfad der Pflicht
Nur einen Fingerbreit weichen.

O welche Wonne, ein Esel zu sein!
Ein Enkel von solchen Langohren!
Ich möcht es von allen Dächern schrein:
Ich bin als ein Esel geboren.

Der große Esel, der mich erzeugt,
Er war von deutschem Stamme;
Mit deutscher Eselsmilch gesäugt
Hat mich die Mutter, die Mamme.

Ich bin ein Esel, und will getreu,
Wie meine Väter, die Alten,
An der alten, lieben Eselei,
Am Eseltume halten.

Und weil ich ein Esel, so rat ich Euch,
Den Esel zum König zu wählen;
Wir stiften das große Eselreich,
Wo nur die Esel befehlen.

Wir alle sind Esel! I-A! I-A!
Wir sind keine Pferdeknechte.
Fort mit den Rossen! Es lebe, hurra!
Der König vom Eselsgeschlechte!

So sprach der Patriot. Im Saal
Die Esel Beifall rufen.
Sie waren alle national,
Und stampften mit den Hufen.

Sie haben des Redners Haupt geschmückt
Mit einem Eichenkranze.
Er dankte stumm, und hochbeglückt
Wedelt' er mit dem Schwanze.

GEORG HERWEGH

Was macht Deutschland?

Ein immerwährender Kalender für alle Tage des Jahres

Sonntag. Deutschland pflegt sich –
　　　　Wohl zu besinnen.
Montag. Deutschland regt sich –
　　　　Was wird's beginnen?
Dienstag. Deutschland trägt sich –
　　　　Mit großen Gedanken.
Mittwoch. Deutschland bewegt sich –
　　　　In gesetzlichen Schranken.
Donnerstag. Deutschland frägt sich –
　　　　Ob's endlich soll?
Freitag. Deutschland schlägt sich, –
　　　　Schlägt sich wie toll!
Sonnabend. Deutschland legt sich –
　　　　Zu Protokoll!

GEORG HERWEGH

Bundeslied für den Allgemeinen deutschen Arbeiterverein

You are many, they are few.
(Eurer sind viele, ihrer sind wenige.)

Bet' und arbeit'! ruft die Welt,
Bete kurz! denn Zeit ist Geld.
An die Türe pocht die Not –
Bete kurz! denn Zeit ist Brot.

Und du ackerst und du säst,
Und du nietest und du nähst,
Und du hämmerst und du spinnst –
Sag', o Volk, was du gewinnst!

Wirkst am Webstuhl Tag und Nacht,
Schürfst im Erz- und Kohlenschacht,
Füllst des Überflusses Horn,
Füllst es hoch mit Wein und Korn.

Doch wo ist dein Mahl bereit?
Doch wo ist dein Feierkleid?
Doch wo ist dein warmer Herd?
Doch wo ist dein scharfes Schwert?

Alles ist dein Werk! o sprich,
Alles, aber nichts für dich!
Und von allem nur allein,
Die du schmiedst, die Kette, dein?

Kette, die den Leib umstrickt,
Die dem Geist die Flügel knickt,
Die am Fuß des Kindes schon
Klirrt – o Volk, das ist dein Lohn.

Was ihr hebt ans Sonnenlicht,
Schätze sind es für den Wicht;
Was ihr webt, es ist der Fluch
Für euch selbst – ins bunte Tuch.

Was ihr baut, kein schützend Dach
Hat's für euch und kein Gemach;
Was ihr kleidet und beschuht,
Tritt auf euch voll Übermut.

Menschenbienen, die Natur,
Gab sie euch den Honig nur?
Seht die Drohnen um euch her!
Habt ihr keinen Stachel mehr?

Mann der Arbeit, aufgewacht!
Und erkenne deine Macht!
Alle Räder stehen still,
Wenn dein starker Arm es will.

Deiner Dränger Schar erblaßt,
Wenn du, müde deiner Last,
In die Ecke lehnst den Pflug,
Wenn du rufst: Es ist genug!

Brecht das Doppeljoch entzwei!
Brecht die Not der Sklaverei!
Brecht die Sklaverei der Not!
Brot ist Freiheit, Freiheit Brot!

JAKOB AUDORF

Lied der deutschen Arbeiter

Wohlan, wer Recht und Wahrheit achtet,
Zu uns'rer Fahne steht zu Hauf!
Wenn auch die Lüg' uns noch umnachtet,
Bald steigt der Morgen hell herauf!
Ein schwerer Kampf ist's, den wir wagen,
Zahllos ist unsrer Feinde Schaar
Doch ob wie Flammen die Gefahr
Mög' über uns zusammenschlagen,
  Nicht zählen wir den Feind,
  Nicht die Gefahren all':
  Der kühnen Bahn nur folgen wir,
  Die uns geführt Lassalle!

Der Feind, den wir am tiefsten hassen,
Der uns umlagert schwarz und dicht,
Das ist der Unverstand der Massen,
Den nur des Geistes Schwert durchbricht.
Ist erst dies Bollwerk überstiegen,
Wer will uns dann noch widerstehn?
Dann werden bald auf allen Höh'n
Der wahren Freiheit Banner fliegen!
  Nicht zählen wir den Feind,
  Nicht die Gefahren all':
  Der kühnen Bahn nur folgen wir,
  Die uns geführt Lassalle!

»Das freie Wahlrecht ist das Zeichen,
In dem wir siegen«; – nun, wohlan!
Nicht predigen wir Haß den Reichen,
Nur gleiches Recht für Jedermann.
Die Lieb' soll uns zusammenketten,
Wir strecken aus die Bruderhand,
Aus geist'ger Schmach das Vaterland
Das Volk vom Elend zu erretten!
  Nicht zählen wir den Feind,
  Nicht die Gefahren all':
  Der kühnen Bahn nur folgen wir,
  Die uns geführt Lassalle!

Von uns wird einst die Nachwelt zeugen;
Schon blickt auf uns die Gegenwart.
Frisch auf, beginnen wir den Reigen!
Ist auch der Boden rauh und hart.
Schließt die Phalanx in dichten Reihen!
Je höher uns umrauscht die Fluth,
Je mehr mit der Begeist'rung Gluth
Dem heil'gen Kampfe uns zu weihen!
  Nicht zählen wir den Feind,
  Nicht die Gefahren all':
  Der kühnen Bahn nur folgen wir,
  Die uns geführt Lassalle!

Auf denn Gesinnungskameraden,
Bekräftigt heut' auf's Neu den Bund,
Daß nicht die grünen Hoffnungssaaten

Geh'n vor dem Erntefest zu Grund.
Ist auch der Säemann gefallen,
In guten Boden fiel die Saat:
Uns aber bleibt die kühne That,
Heil'ges Vermächtniß sei sie allen!
  Nicht zählen wir den Feind,
  Nicht die Gefahren all':
  Der kühnen Bahn nur folgen wir,
  Die uns geführt Lassalle!

FRIEDERIKE KEMPNER

Der alte Invalid'

Es spielt auf off'nem Markt die Leier
Der arme, alte Invalid',
Von trüber Zeit, von alter, neuer,
Singt er dazu ein hübsches Lied:

Viel' Leute gehn an ihm vorüber,
Die meisten sehen gar nicht auf,
Sein sanfter Blick wird trüb und trüber,
Doch spielt er immer wacker auf.

Der Abend naht, die Sonne sinket,
Der Alte packt die Leier ein,
Im Auge eine Träne blinket,
Er seufzt: »Man soll zufrieden sein.«

»Doch«, spricht er stockend und verlegen,
»Ich weiß nicht, red' ich jemand an?
Der Arme muß sich überlegen,
Daß er nicht ganz verhungern kann!«

»Herr«, fleht er endlich einen Reichen,
»Sie borgen wohl acht Pfenn'ge mir?«
»Mein Freund, man borgt nicht Euresgleichen,
Und Bettlern geben selten wir.«

Sanft lehrt der Greis den tauben Ohren:
»Als Bettler ward ich nicht geboren,
Ein Bettler wird man erst alsdann,
Wenn man sich nicht mehr helfen kann!«

Es wankt der Greis in seine Wohnung,
Wirft matt sich auf das faule Stroh,
»Ach«, seufzt er bitter, »ohne Schonung
Behandelt man den Armen so?«

Am Morgen lag bei kalten Füßen
Die Leier kalt im Morgenrot,
Der kalte Kopf auf kalten Kissen –
Der brave Invalid' war tot. –

GEORG HERWEGH

Der schlimmste Feind

Dies Volk, das seine Bäume wieder
Bis in den Himmel wachsen sieht
Und auf der Erde platt und bieder
Am Knechtschaftskarren weiter zieht;

Dies Volk, das auf die Weisheit dessen
Vertraut, der Roß und Reiter hält,
Und mit Ergebenheitsadressen
Frisch, fromm und fröhlich rückt ins Feld;

Dies Volk, das einst aus Cäsars Schüssel
Und Becher sich so gern erfrischt
Und sich, wie Mommsen, seinen Rüssel
An Cäsars Tischtuch abgewischt;

Dies Volk, das gegen Blut und Eisen
Jungfräulich schüchtern sich geziert,
Um schließlich den Erfolg zu preisen,
Womit man Straßburg bombardiert.

Dies Volk, das im gemeinen Kitzel
Der Macht das neue Heil erblickt
Und als »Erzieher« seine Spitzel
Den unterjochten »Brüdern« schickt.

Die Alten, Lieben, Wohlbekannten
Von anno Sechsundsechzig her,
Schafott- und Bundesbeil-Votanten,
Sie schüfen Deutschland? – Nimmermehr!

Sie werden mit verschmitzten Händen
Entreißen euch des Sieges Frucht;
Sie werden euren Lorbeer schänden,
Daß euch die ganze Welt verflucht!

Frankreichs gekrönter Possenreißer
Wird nach Paris zurückgebracht;
Euch holt man einen Heldenkaiser
Aus mittelalterlicher Nacht.

Das Blut von Wörth, das Blut von Spichern,
Von Mars-la-Tour und Gravelotte,
Einheit und Freiheit sollt' es sichern –
Einheit und Freiheit? Großer Gott!

Ein Ambos unter einem Hammer,
Geeinigt wird Alt-Deutschland stehn;
Dem Rausche folgt ein Katzenjammer,
Daß euch die Augen übergehn.

Mit patriotischem Ergötzen
Habt ihr Viktoria geknallt;
Der Rest ist Schweigen oder Lötzen,
Kriegsidiotentum, Gewalt.

Es wird die Fuchtel mit der Knute
Die heil'ge Allianz erneun:
Europa kann am Übermute
Siegreicher Junker sich erfreun.

Gleich Kindern laßt ihr euch betrügen,
Bis ihr zu spät erkennt, o weh! –
Die Wacht am Rhein wird nicht genügen,
Der schlimmste Feind steht an der Spree.

Den Siegestrunknen

Vorüber ist der harte Strauß,
Der welsche Drache liegt bezwungen,
Und Bismarck-Siegfried kehrt nach Haus
Mit seinem Schatz der Nibelungen;
Stolz blickt auf ihrer Kinder Schar
Germania, die Heldenmutter;
Stolz blickt das Denkervolk sogar
Auf Döllinger, den Afterluther.

Ihr habt ein neues deutsches Reich,
Von Junkerhänden aufgerichtet.
Redwitz besingt den Schwabenstreich
Und hat ein dickes Buch gedichtet;
Ihr habt ein neues Oberhaupt,
Ihr Elsaß-Lothringen-Verspeiser;
Den Papst, an den ihr nicht mehr glaubt,
Ersetzt ein infallibler Kaiser.

Ihr wähnt euch einig, weil die Pest
Der Knechtschaft sich verallgemeinert,
Weil täglich noch der kleine Rest
Lebend'ger Seelen sich verkleinert;
Ihr wähnt euch einig, weil ein Mann
Darf über Krieg und Frieden schalten
Und euch zur Schlachtbank führen kann
Mit der Parol': das Maul gehalten!

Ach, Einheit ist ein leerer Schall,
Wenn sie nicht Einheit ist im Guten,
Wenn ihr korinthisches Metall
Uns mahnt an Mord und Städtegluten;
Ach, Einheit ist ein tönend Erz,
Wenn sie nur pochend auf Kanonen
Zu reden weiß an unser Herz –
Und klingt es anders von den Thronen? –

Einheit des Rechtes ist kein Schild,
Der uns bewahrt vor Unterdrückung;
Nur wo als Recht das Rechte gilt,

Wird sie zum Segen, zur Beglückung.
Nur diese war's, die wir erstrebt,
Die Einheit, die man auf den Namen
Der Freiheit aus der Taufe hebt;
Doch eure stammt vom Teufel: Amen!

ANONYM

Mayerling

Im Jahre achtzehnhundertneunundachtzig ist's geschehn,
Im Jagdschloß Mayerling, im Walde tief versteckt,
Was ihr auf diesen Bildern jetzt könnt sehen,
Ein Unglück, das die ganze Welt erschreckt.

Es hatte Kronprinz Rudolf einst im Burgtheater
Mit Stephanie, der Kronprinzessin, einen Streit.
Er wandte sich nach Rom, zum Heil'gen Vater,
Zu werden aus der Eh' befreit.

Jedoch der Papst wollt' nichts von Rudolfs Scheidung wissen,
Um Österreichs Kaiserthron in Zukunft ging es ja.
Das hat des Kronprinz' Herze schier zerrissen,
Weil liebte er Baroneß Vetsera.

Sie war ein schönes Mädchen von kaum siebzehn Jahren,
Maria hieß sie und hat Rudolf auch geliebt;
Als sie die schlimme Kunde hat erfahren,
Wußt' sie, daß keine Hoffnung es mehr gibt.

Sie trafen sich in Mayerling, in Rudolfs Zimmer,
Für beide war's die letzte, traurig-schöne Nacht,
Dann hat er sie zuerst bei Kerzenschimmer
Und dann sich mit der Pistol umgebracht.

Da nun der Kaiser hat die schlimme Tat erfahren,
Ging weinend er, der nie sonst weint, zur Kaiserin,
Und als man dann den Kronprinz wollt' aufbahren,
Da sank Franz Josef vor dem Sarge hin.

Der sollte einst den Thron der Monarchie besteigen
Und weitertragen sollte Habsburgs Kron' und Macht,
Tot tat man in der Hofburgkirch' ihn zeigen.
Die er geliebt, begrub man still bei Nacht.

»Wie eine Rose sproßte sie und war so jung gebrochen!«
Auf ihrem Grabstein stehen diese Worte da,
Du weißt nicht, welches Urteil Gott gesprochen,
Brich drum auch du den Stab nicht über Mary Vetsera.

KARL KAISER

»Einerseits und Anderseits«

Eine Professorenstudie

Mit »einerseits« und »anderseits«,
Wie's Kätzchen um den heißen Brei,
So schleicht der deutsche Professor
An jedem heiklen Punkt vorbei. –

Mit stolzem Satze »einerseits«
Schwingt er auf's hohe Roß sich keck,
Um sofort wieder »anderseits«
Hinabzurutschen in den Dreck!

Heut: »Darwin hoch!« und morgen: »Hoch
Die heil'ge Ueberlieferung!« –
So »einerseits« und »anderseits«
Gelingt ihm jeder Katzensprung.

Als echter Pfaff der Wissenschaft
Ist er im Spiegelfechten groß:
Sucht »einerseits« den »letzten Grund«,
Lügt »anderseits« ganz bodenlos! . . .

Solang der Staat nicht in Gefahr
Läßt er den Dingen ihren Lauf,
Doch geht es schief – dann »hebt« er flink
»Die Klassengegensätze auf!!!«

»Lieb Arbeit« und »lieb Kapital«
Möcht er »versöhnen« gar nicht faul,
Doch leider kriegt er stets zum Schluß
Als Dank von beiden ein's auf's – Maul!«

Jedoch als ledernes Kameel
Bleibt er auch ferner wie zuvor:
Ein »Einerseits« und »Anderseits«, –
Ein echter deutscher Professor!

DETLEV VON LILIENCRON

Siegesfest

Flatternde Fahnen
Und frohes Gedränge.
Fliegende Kränze
Und Siegesgesänge.

Schweigende Gräber,
Verödung und Grauen.
Welkende Kränze,
Verlassene Frauen.

Heißes Umarmen
Nach schmerzlichem Sehnen.
Brechende Herzen,
Erstorbene Tränen.

ARNO HOLZ

Das Volk an die Fürsten

Einmal schon verhalf ich euch zum Siege,
denkt, o denkt an die Befreiungskriege!
Und auch heut noch muß ich, wie befohlen,
die Kastanien aus dem Feuer holen.

Einmal auch schon hab ich, selbst verschuldet,
euern »Königlichen Dank« erduldet:
Erst mir lächelnd ins Gesicht geheuchelt,
dann mich hinterrücks ins Knie gemeuchelt!

Glaubt mir, auch die Liebe weiß zu hassen;
eure Sonnen werden einst verblassen!
Sink ich heute auch verblutend nieder:
Bei Philippi sehen wir uns wieder!

ARNO HOLZ

Noch eins!

Beim Leibe des Brots und beim Blute des Weins!
Merkt auf, ihr Herren im Frack!
Ihr hohen Herrn! denn ich pfeif euch noch eins,
noch eins auf dem Dudelsack!
Und ob ihr auch flucht und mich niederschreit,
mir alles einerlei!
Die Porzellan- und Reifrockzeit
ist Gott sein Dank vorbei!

Vor dem Drei-Stern, den unsere Zeit gebar,
verschließt Sankt Peter die Tür:
Garibaldi heißt er und Bolivar
und Toussaint L'Ouverture!
Es wandelt der neue Jesus Christ
still durch die Völker schon:
O, glaubt mir, unser Jahrhundert ist
das Jahrhundert der Revolution!

Schaut hin, schon hats an den Nagel gehängt
Purpur und Hermelin
und sitzt am Studiertisch tief versenkt
in die heilige Schrift des Darwin.
Ja, die biblische Spottgeburt aus Lehm
besann sich auf ihre Kraft,
und die Wahrheit entschleiert ihr Weltsystem
vor der Königin der Wissenschaft!

Ihr aber tut, als wäre die Welt
noch die Welt, die sie ehmals war;
ihr bucht eure Titel und zählt euer Geld
und faselt von Thron und Altar!
Ihr faselt im Wachen, ihr faselt im Traum,

und im Frühling geniert euch der Wind,
und keiner merkt, wie im Freiheitsbaum
schon die Knospen gesprungen sind!

Ihr spreizt euch und bläht euch und nörgelt und mault
trotz Hunger und Dynamit
und seid doch an Körper und Geist verfault,
verfault bis ins hundertste Glied!
Ihr haßt das Licht wie die Pestilenz,
und der Schuftigste brüllt: Ich riskiers!
und schneuzt sich und schwört auf die Intelligenz
der – hinterpommerschen Peers!

Doch ein braver Fluch ist auch ein Gebet
und die Marseillaise ein Lied,
drum wenn das noch lange so weitergeht,
dann weiß ich, was geschieht!
Dann ruft das Volk: Vermaledeit!
He, Pulver her und Blei!
Die Porzellan- und Reifrockzeit
ist Gott sei Dank vorbei!

ARNO HOLZ

Tagtäglich

Tagtäglich wispert die Kritik:
»O wirf ihn fort, den Hungerknochen!
Es hat die leidige Politik
schon manchem hier den Hals gebrochen.

Auch meine Galle schwimmt in Groll,
doch wozu ihn versifizieren?
Die Welt ist heute prosatoll
und wird ihn schwerlich honorieren.

Such lieber hohe Protektion,
dein Sozialismus ist uns schnuppe,
denn schließlich wärmst du nur, mein Sohn,
die achtundvierziger Bettelsuppe.

Drum still, du Sturm im Wasserglas,
und reime fortab nur auf ›Triebe‹ –
du säst wie Luzifer nur Haß,
das Herz der Kunst heißt aber Liebe!«

Ich hörs und fluche: Sapperment!
Zwar lieblich locken die Moneten,
doch fehlt mir leider das Talent
zum schwarzweißroten Hofpoeten.

Ich pfeif auf euern Fahneneid,
ich pfeif auf eure feigen Possen!
Im schwarzen Schuldbuch unsrer Zeit
sind meine Verse rote Glossen!

Drum bitte, mir drei Schritt vom Leib
mit euern Tombakpoesieen
und zischt nicht wie ein feiles Weib:
Tritt ein unsre Koterieen!

Tät ichs, ich wär ein Halbpoet,
so aber ruf ich durch die Gassen:
Die Welt, die sich um Liebe dreht,
weiß auch das Hungertuch zu hassen!

ANONYM

Bismarck ist tot!

Bismarck ist tot! Die Trauerglocken hallen,
Die Flaggen senken sich auf halben Mast,
Und schmerzlich-wilde Totenklagen schallen,
Und der Parteien Zank und Streit verblaßt.
Ein »Gottesfrieden« senkte sich hernieder
Auf Deutschlands weite, früchteschwere Au'n,
Und alle Patrioten werden Brüder,
Wie wacker sie sich auch zuvor verhaun.

Bismarck ist tot! Des Reiches blut'ger Gründer,
Der Mann von »Blut und Eisen« ist nicht mehr,
Und trauernd stehen als verwaiste Kinder

Am Grab der Millio- und Reaktionär.
Sie beteten ihn an wie einen Götzen,
Stets war er ihrer Weisheit A und O,
Nun packt die Ärmsten heiliges Entsetzen,
Da aus dem Leib die müde Seele floh.

Bismarck ist tot! Rebell von Gottes Gnaden,
Der Throne brach und Fürsten jäh vertrieb,
Der ausgelöscht ein Vierteldutzend Staaten,
Daß keine Spur von ihnen übrigblieb,
Der wie ein Gaukler mit der Menschheit spielte,
Hier Rechte gab und dorten Rechte nahm
Und rücksichtslos in Leichenhaufen wühlte,
Wie's ihm gepaßt in seinen faulen Kram.

Bismarck ist tot! Von Schleswigs Feldern steigen
Die Opferdüfte noch zum Himmelszelt,
Auf Böhmens Gau'n verwesen noch die Leichen,
Die er mit kalter, sichrer Hand gefällt,
Auf Frankreichs reichen, segenschweren Fluren
Ragt noch der Massengräber lange Reih –
Allüberall des Würgers blut'ge Spuren,
Allüberall des Krieges Wüstenei.

Bismarck ist tot – der Freiheit grimmer Hasser,
Die wie ein Wild er immderdar gehetzt
Und deren Kämpfer er bei Brot und Wasser
In seiner Kerker Mauergrab gesetzt;
Den Reichen gab er Rechte über Rechte
Und lieh den Starken seines Armes Schutz,
Die Armen aber waren ihm nur Knechte,
Und ihren Rechten bot er harten Trutz.

Bismarck ist tot! Laßt seine Sippe heulen
Vor wildem Schmerz – sie weiß ja doch, warum.
Der Arbeit Volk wird nie den Jammer teilen,
Es bleibt an diesem Grabe kalt und stumm.
Doch zeigen wird es seine alten Wunden,
Die der Gewaltmensch schonungslos ihm schlug,
Erinnern wird sich's seiner schlimmsten Stunden,
Von denen jede Bismarcks Namen trug.

Bismarck ist tot! Noch einmal allgewaltig
Taucht vor uns auf des Schandgesetzes Zeit,
Und neu lebendig wird uns tausendfaltig
Das damals stumm und still erlittne Leid,
Losreißen will sich nochmals von den Lippen
Der alten Flüche ungezähltes Heer,
Und heimlich Jauchzen geht von Alpenklippen
Durchs Volk bis an des Nordens blaues Meer.

Bismarck ist tot! Ob längst von uns geschlagen –
Vergessen ist nicht, was er uns getan!
Nicht *Klage* gilt es, sondern *anzuklagen*
An dieser frisch beschloßnen Lebensbahn.
Kein schwächliches Verzeihn, ihr breiten Massen!
Laßt nicht die Milde sein bei euch zu Gast!
Wir dürfen ihn aus ganzer Seele hassen,
Ihn, der aus ganzer Seele *uns* gehaßt!

ANONYM

Christentum und Staatsraison

Wir sind ein christlich frommer Staat,
Verpönt ist jede schlechte Tat,
Alleinz'ge Richtschnur ist die Bibel,
Was drüber ist, das ist vom Übel.

Doch höher noch gilt in Berlin
Die dreimal heil'ge Disziplin,
Sie ist das höchste der Gesetze,
Drum sorgt, daß niemand sie verletze.

»Du sollst nicht töten!« sagt die Schrift.
Doch – Fluch der Kugel, die nicht trifft!
Und Fluch dem Säbel, der nicht spaltet!
Humanität ist längst veraltet.

Ein Staatsverbrecher ist der Mann,
Der erst bedächtig sich besann,
Eh' er blindwütend scharf geschossen
Und seines Volkes Blut vergossen.

Wir sind's im Reiche längst gewohnt:
Nicht Vater, Mutter wird geschont!
Was soll man da den Pöbel schonen
Bei Straßendemonstrationen?

Drum Poliziste und Gendarme,
Gebrauche den bewehrten Arm,
Wenn sich das Volk zusammenrottet
Und nicht aufs Wort von dannen trottet.

Hau mit dem Säbel, was du kannst,
Den Plebs auf Schädel oder Wanst.
Und schieße hurtig mit der Flinten
Scharf auf das Volk von vorn und hinten.

Gib keine Schonung, kein Pardon,
Denn das verbeut die Staatsraison;
Je mehr du Opfer bringst zur Strecke,
Je mehr lobt dich der von der Recke.

Haust du mit deinem Säbel flach,
Da schreit er schmerzlich weh und ach!
Und schießest blind du *über'n* Knäuel,
So ist ihm das der höchste Greuel.

Wer mit der Flinte nicht *er*schießt,
Nicht mit dem Säbel haut und spießt,
Der wird bestraft ob solcher Schlaffe,
Denn das ist »Mißbrauch seiner Waffe«.

»Du sollst nicht töten«! sagt die Schrift.
Doch – wer den Plebs nicht tödlich trifft,
Der darf in unserm Christenstaate
Nicht hoffen auf besondre Gnade.

Denn höher noch gilt in Berlin
Die dreimal heil'ge Disziplin;
Sie ist das höchste der Gesetze,
Das andre ist nur leer Geschwätze.

Im Heiligen Land

Der König David steigt aus seinem Grabe,
Greift nach der Harfe, schlägt die Augen ein
Und preist den Herrn, daß er die Ehre habe,
Dem Herrn der Völker einen Psalm zu weihn.
Wie einst zu Abisags von Sunem Tagen
Hört wieder man ihn wild die Saiten schlagen,
Indes sein hehres Preis- und Siegeslied
Wie Sturmesbrausen nach dem Meere zieht.

Willkommen, Fürst, in meines Landes Grenzen,
Willkommen mit dem holden Eh'gemahl,
Mit Geistlichkeit, Lakaien, Exzellenzen
Und Polizeibeamten ohne Zahl.
Es freuen rings sich die histor'schen Orte
Seit vielen Wochen schon auf deine Worte,
Und es vergrößert ihre Sehnsuchtspein
Der heiße Wunsch, photographiert zu sein.

Ist denn nicht deine Herrschaft auch so weise,
Daß du dein Land getrost verlassen kannst?
Nicht jeder Herrscher wagt sich auf die Reise
Ins alte Kanaan. Du aber fandst,
Du sei'st zu Hause momentan entbehrlich;
Der Augenblick ist völlig ungefährlich;
Und wer sein Land so klug wie du regiert,
Weiß immer schon im voraus, was passiert.

Es wird die rote Internationale,
Die einst so wild und ungebärdig war,
Versöhnen sich beim sanften Liebesmahle
Mit der Agrarier sanftgemuten Schar.
Frankreich wird seinen Dreyfus froh empfangen,
Als wär' auch er zum Heil'gen Land gegangen.
In Peking wird kein Kaiser mehr vermißt,
Und Ruhe hält sogar der Anarchist.

So sei uns denn noch einmal hoch willkommen
Und laß dir unsere tiefste Ehrfurcht weihn,
Der du die Schmach vom Heil'gen Land genommen,

Von dir bisher noch nicht besucht zu sein.
Mit Stolz erfüllst du Millionen Christen;
Wie wird von nun an Golgatha sich brüsten,
Das einst vernahm das letzte Wort vom Kreuz
Und heute nun das erste deinerseits.

Der Menschheit Durst nach Taten läßt sich stillen,
Doch nach Bewund'rung ist ihr Durst enorm.
Der du ihr beide Durste zu erfüllen
Vermagst, sei's in der Tropenuniform,
Sei es in Seemannstracht, im Purpurkleide,
Im Rokokokostüm aus starrer Seide,
Sei es im Jagdrock oder Sportgewand,
Willkommen, teurer Fürst, im Heil'gen Land!
Hieronymus

ADOLF LEPP

Lied der Liberalen

Und was wir im tollsten Jahre erstrebten,
Ein einiges Deutschland, wir haben es nun!
Heil uns, die die goldene Aera erlebten!
Wir können auf unseren Lorbeeren ruhn.
Wir haben Bismarck als Schirm und Schild!
Wie hat sich doch Alles so herrlich erfüllt!

Gedankenfreiheit und zollfreie Rede
Ist freilich nur Freunden der Ordnung erlaubt!
Der Pöbel, verharrend in ewiger Fehde,
Man gibt ihm den Maulkorb und schlägt ihn auf's Haupt.
Uns aber wird jedes Begehren gestillt –
Wie hat sich doch Alles so herrlich erfüllt!

Die läst'ge Zensur ist gänzlich verschwunden,
Die reichstreu Presse versteht ihren Ton!
Zwar hat man auf's Neue wohl Ruthen gebunden,
Doch nur für die Presse der Opposition.
Wir sind nicht die Gegner zu schützen gewillt –
Wie hat sich doch Alles – so herrlich erfüllt!

Das Ruder handhaben wir Vaterlandsfreunde
Und unser sind Würden und Orden und Amt!
Doch Zügel und Zaun für des Vaterlands Feinde!
Die seien zu Knebel und Kerker verdammt!
Die sind kaum zu bänd'gen, geberden sich wild –
Wie hat sich doch Alles – so herrlich erfüllt!

Wir sind das Volk der Zucht und Sitte!
Wir werfen zu Boden die große Nation!
Doch friedlich marschiren mit eisernem Schritte
Wir an der Spitze der Zivilisation.
Drum haben ein herrliches Heer wir gedrillt –
Wie hat sich doch Alles – so herrlich erfüllt!

Zwar um unser Deutschland zusammenzuhalten,
Da brauchen wir Geld und abermals Geld!
Denn wenn sich die sträubenden Kräften zerspalten
So sind wir betrogen, so sind wir geprellt,
Das Volk ist die Opfer zu spenden gewillt –
Wie hat sich doch Alles – so herrlich erfüllt!

Drum Steuern und Zölle und wiederum Steuern,
Wir haben zu schrauben und pressen den Muth!
Und ob wir das Brot auch beständig vertheuern,
Das Volk ist gefällig, geduldig und gut
Und hungert der Pöbel, der Reichsetat schwillt –
Wie hat sich doch Alles – so herrlich erfüllt!

LUDWIG THOMA

Ostelbischer Adel

Er spricht von Gott, indes sein Magen
Noch etwas säuert von Bordeaux,
Er weiß von Jesus was zu sagen, –
Allein der Heiland roch nicht so.

Er stochert dann aus seinen Zähnen
Die letzten Reste Kaviar
Und spricht mit unterdrückten Tränen
Von seines Vaterlands Gefahr.

Von Leuten, die das Volk betrogen
Um seinen kindlich treuen Sinn, –
Da blitzt es in den Karpfenoogen,
Da zittert manches Doppelkinn.

Um seinen Kaiser tiefe Schmerzen,
Ums Vaterland ein arges Weh,
Sie brennen in des Adels Herzen.
Im Maule brennt die Henry Clay.

Und seht nur die Gesichter blühen
In Rot und Blau und Violett,
Und sehet jedes Antlitz glühen
Von Pathos und von Schweinefett.

ANONYM

Lied der Grubenprotzen

Wir sind die Herren im Grubenrevier,
Die Knappen sind unsere Sklaven,
Wir können sie ganz nach Wunsch und Begier,
Nach Lust und Laune bestrafen,
Denn Geld regiert ja allein die Welt –
Und *wir* haben Geld, *wir* haben Geld!
Wir haben Geld in gewaltigen Massen
Und können's uns mal was kosten lassen.

Wir schicken die Knappen hinab in den Schacht,
Hinab in Tod und Verderben,
Wir schicken sie in die schwarze Nacht,
Für unseren Profit zu sterben,
Denn dazu ist die Kanaille da,
Kein menschliches Rühren tritt uns nah,
Wir sind die Herren, sie sind die Knechte,
Wir pfeifen auf ihre Menschenrechte.

Der höchste Herrgott ist der Profit,
Ihm dienen wir stets mit Freuden,
Wir weichen und wanken keinen Schritt,
Die anderen auszubeuten,

Wir pochen trotzig auf unsere Macht,
Ob draus entspringe auch Kampf und Schlacht,
Der Staat hat Flinten ja und Haubitzen,
Damit das Kapital zu beschützen.

Der Staat ist unser getreuer Knecht,
Weh', wehe, wollt' er sich weigern!
Es ginge dem Ärmsten hundeschlecht,
Wie unseren Knappen und Steigern.
Er hat zu parieren auf unseren Pfiff
Und wütend mit rauhem Schergengriff
Die renitenten Gesellen zu packen,
Solln ihm nicht selber die Knochen knacken.

Wir kürzen frech Gedinge und Lohn,
Den eigenen Beutel zu füllen,
Und längern dafür der Arbeit Fron,
Die Herrsch- und Habgier zu stillen.
Wir sind die Herren über Lohn und Schicht
Und fragen darob den Bergmann nicht.
Erfrecht er sich des Widerspruchs Laster,
So fliegt er mit Weib und Kind aufs Pflaster.

Und kommen die Knappen in hellem Hauf,
Uns jäh das Gewissen zu wecken –
Wir nehmen's mit Gott und dem Teufel auf
Und lassen uns nimmer schrecken.
Was kümmert uns eines Ausstands Graus?
Wir sind und bleiben die Herrn in Haus!
Der Staat muß schützen uns Werk und Zechen.
Im übrigen: biegen oder brechen.

Mag hungern der Bergmann mit Weib und Kind –
Wir brauchen den Hunger nicht fühlen!
Erfrieren die Armen in Frost und Wind,
So kann's ein Gelüst nur uns kühlen.
Und müßte selbst leiden der ganze Staat
Und das ganze Volk durch die Feveltat –
Was kümmern uns eines Volkes Schmerzen?
Wie Eis so kalt bleiben unsere Herzen.

Nur unser eigenes Interesse gilt –
Nichts anderes gibt es auf Erden!
Und wer nicht willig den Sack uns füllt –
Zerschmettert soll dieser werden!
Als oberster Götze herrscht das Geld,
So will's die göttliche Ordnung der Welt,
Und wer dagegen sich stemmt und streitet,
Der hat es verdient, daß er stirbt und leidet.

ERICH MÜHSAM

Ein »Volks«-Fest

Wie ist das deutsche Volk beseligt,
wenn sich ein deutscher Prinz verehlicht.
Mit Festgeschenken jeder Art
wird nirgendwo im Land gespart.

Berlin jedoch, wie selbstverständlich,
zeigt sich besonders vaterländisch,
indem es einen Einzug plant,
wie nimmer ihn die Welt geahnt.

Schon seh' am Brandenburger Tore
ich goldgetünchte Trauerflore;
und wer sein Haus nicht gleichfalls tüncht,
der wird vom »Tageblatt« gelyncht.

Der Leutnant wirft sich in Gamaschen,
die Ehrenjungfrau wird gewaschen,
und eine Rede inhaltschwer
sagt Kirschner sich vorm Spiegel her.

Dafür zahlt fünfzigtausend Taler
der tief gerührte Steuerzahler.
Im Volk herrscht Jubel überall
beim Vivat! und Salutgeknall! – –

Beim *ganzen* Volk? Bei all den vielen,
die Hunger und Entbehrung fühlen?
Beim Proletariat? – Mir scheint:
es ist ein *andres* Volk gemeint!

Die Herren, die nach Orden lechzen,
woll'n mal als »Volk« ihr Hurra krächzen;
das Geld jedoch für dieses Fest,
das ward vom Arbeitsmann erpreßt.

ERICH MÜHSAM

Der Revoluzzer

Der deutschen Sozialdemokratie gewidmet

War einmal ein Revoluzzer,
im Zivilstand Lampenputzer;
ging im Revoluzzerschritt
mit den Revoluzzern mit.

Und er schrie: »Ich revolüzze!«
Und die Revoluzzermütze
schob er auf das linke Ohr,
kam sich höchst gefährlich vor.

Doch die Revoluzzer schritten
mitten auf der Straßen Mitten,
wo er sonsten unverdrutzt
alle Gaslaternen putzt.

Sie vom Boden zu entfernen,
rupfte man die Gaslaternen
aus dem Straßenpflaster aus,
zwecks des Barrikadenbaus.

Aber unser Revoluzzer
schrie: »Ich bin der Lampenputzer
dieses guten Leuchtelichts.
Bitte, bitte, tut ihm nichts!

Wenn wir ihn' das Licht ausdrehen,
kann kein Bürger nichts mehr sehen.
Laßt die Lampen stehn, ich bitt! –
Denn sonst spiel ich nicht mehr mit!«

Doch die Revoluzzer lachten,
und die Gaslaternen krachten,
und der Lampenputzer schlich
fort und weinte bitterlich.

Dann ist er zu Haus geblieben
und hat dort ein Buch geschrieben:
nämlich, wie man revoluzzt
und dabei doch Lampen putzt.

CHRISTIAN MORGENSTERN

Steine statt Brot

Ja, wenn die ganze Siegesallee
aus Mehl gebacken wäre –
das wäre eine gute Idee,
auf Ehre!

Man spräche zum Hungernden: Iß dich rund
(Dein Landesvater will es!)
an Otto dem Faulen, an Siegismund,
an Cicero, an Achilles!

Zu Dank zerflösse bei Arm und Reich
des Mißvergnügens Wolke:
es wäre geholfen auf einen Streich
dem ganzen deutschen Volke.

Ein Loblied sänge der deutsche Geist
vom Pregel bis zum Rheine.
Gib Kunst, o Fürst, die nährt und speist!
Gib Brot, o Fürst, nicht Steine!

FRANK WEDEKIND

Ein politisch Lied

Geehrte Frau Redaktion, ich möchte darauf dringen,
Meine Artikel rascher in die Erscheinung zu bringen,
Sonst findet der Minister, den ich besang,
Derweil wieder seinen Abgang.

Und während ich immer noch seine Verdienste preise,
Ist er längst in der Schweiz auf Erholungsreise,
Was mir der Nächste dann übelnimmt,
Der nach ihm an das Staatsruder kimmt.

Statt ein Verherrlicher des bestehenden Staates,
Bin ich dann ein Umstürzler schlimmsten Grades,
Und man sendet mich, den Botschafter in spe,
Statt an den Bosporus nach Plötzensee.

Aber man rechne bei etwaigen Bedrängnissen
Und sonstigen redaktionellen Naturereignissen,
Als da sind Gefängnisse und Untersuchungshaft,
Nicht auf meine Mitarbeiterschaft.

Denn zum Märtyrer habe ich keinerlei Anlagen,
Kann weder das Verbrennen noch das Köpfen vertragen
Und hielt mir seit meiner Kindheit gern
Alle Unannehmlichkeiten fern.

Um deshalb auf alle Fälle vorzubeugen
Und die Welt von meiner Harmlosigkeit zu überzeugen,
Singe ich heute ein Loblied auf die Polizei.
Ich habe auch noch einen anderen Grund dabei.

Die Polizei gehört nämlich nach meinem Dafürhalten
Zu den unerschütterlichsten Staatsgewalten,
Hervorgegangen aus dem Leckert-Lützow-Skandal
Als das wahre National-Moral-Ideal.

Ich brauche daher nicht davor zu bangen,
Daß sie wurde auf Erholungsreisen gegangen
Oder grämlich auf dem Rittergute greint,
Wenn dieser Artikel in der Zeitung erscheint. –

Hochgeehrte Frau Polizei, ich bringe
Dir also meinen Huldigungsgruß und singe
Dein Lob in ehrfurchtsvollen Melodein . . .
Das wird doch nicht polizeilich verboten sein.

Wie einst sangen die drei Männer im feurigen Ofen,
So singe auch ich auf den deutschen Bahnhofen,
Wo man mich zwar oft mit Beschlag belegt,
Aber der Reisende mich in der Tasche trägt.

Denn es dient das Mitbeschlagbelegen
Manches Mal dazu, Aufsehen zu erregen,
Sintemal das Publikum für ein Blatt
Sonst nicht das brennende Interesse hat.

Trotzdem aber möchte ich gar nicht wagen
Für die Beschlagnahme meinen Dank zu sagen,
Denn mich versichert die Polizei,
Daß die Absicht eine andere gewesen sei.

Ich werde vielmehr die beabsichtigten Absichten
Der Polizei mit den schönsten Worten andichten,
Wenn auch die Wirkung von dem erstrebten Heil
In der Regel das gerade Gegenteil.

Deshalb rechne ich es ihr auch nicht zur Ehre,
Daß sie die unteren Volksklassen aufkläre,
Weil dazu die Staatskirche berufen ist;
Aber weit gründlicher tut es der Polizist.

Er unterweist mit dem blanken Säbel
Das Volk in Darwin, in Lassalle und in Bebel,
Wer nicht kapieren will, dem schmerzt das Fell;
Mein Gott, wie lernen diese Leute schnell!

Wie begeistert wird von manchem Schusterjungen
Hier und dort schon das Dies irae gesungen!
Lateinisch sogar lehrt ein Polizist,
Wenn es ihm auch selbst nicht geläufig ist.

Doch möchte ich mit diesen grausigen Übeln
Niemanden auf der Welt verhohnepibeln,
Weil die Wirkung den Absichten nicht entspricht,
Ich fahre daher fort in meinem Lobgedicht.

Sieht man, wie alles Irdische vergänglich,
Dann wird es einem um die Seele oft bänglich,
Doch freut man sich ob einer Institution,
Die bestand im Paradiese schon.

Als nämlich in Verfolgung seiner Klasseninteressen
Genosse Adam von der verbotenen Frucht gegessen,
Von der ihm bis dahin nur manchmal geträumt,
Da wurde ihm das Lokal polizeilich geräumt.

Derohalben denn auch die Schutzleute
Von Anbeginn der Welt bis auf heute
Den Paradiesengel mit dem Flammenschwert
Als ihren Schutzheiligen verehrt.

Doch hoffe ich, daß ich wegen exegetischer Erörterungen
Nicht werde in die babylonische Gefangenschaft gebrungen,
Denn es ist mir heiliger Ernst dabei,
O du hochgeehrte Frau Polizei!

Bringe ins Gefängnis, was dir beliebe,
Narren, Unschuldige, sowie auch Taschendiebe,
Mich aber, deinen Freund, den Hieronymus,
Bringe bitte nicht unter Verschluß.

Denn ich verherrliche dich als ein höheres Wesen,
Vom Himmel zum Schutze der Menschheit erlesen.
Nietzsche, als er seinen Übermenschen ersann,
Dachte gewiß an einen Schutzmann.

Es sei daher auch nicht länger aufgeschoben,
Deine Verdienste um die Literatur zu loben,
Sowie auch dein unausgesetztes Bemühn
Zu Wohl und Nutzen der deutschen Bühn'.

Durftest du es dir doch nicht nehmen lassen,
Ein Buch namens »Laokoon« zu verfassen
»Über die Grenzen der Dichtkunst und Malerei«,
Gezogen von einer hohen Polizei.

Dieses Buch ist nicht so leicht zu verstehen,
Nur so viel läßt sich daraus ersehen
Und wird einem jeden Leser klar,
Daß Friedrich Schiller kein Dichter war.

Gott sei Dank, herrscht er im Reiche der Toten,
Heute wäre ihm das Dichten verboten,
Denn er dichtet ohne jeden Respekt;
Vielleicht würde er auch eingesteckt,

Wenn er noch einmal seine »Kabale und Liebe«
Oder eventuell seine »Räuber« schriebe,
Denn es herrscht in diesen Stücken ein Ton,
Der schreit allem Polizeiwesen Hohn.

Dafür aber gedeihen heutzutage
Um so besser die Dichter von meinem Schlage.
Wie beseligend liest sich nicht Buch für Buch
Von meinem hohen Kollegen Wildenbruch!

Und dies alles haben wir dem ästhetischen Walten
Unserer Polizei zugute zu halten,
Vor der sich in tiefster Ehrfurcht bewegt
Hieronymus Jobs (mit Beschlag belegt).

Postskriptum. – Wenn irgendein Posten offen,
Dann dürfte ich wohl auf Berücksichtigung hoffen,
Indem ich als ehemaliger Wächter der Nacht
Auch schon manchen in Gewahrsam gebracht.

Ich verstehe mich ganz speziell auf Betrunkene
Und noch spezieller auf moralisch Gesunkene,
Und mit einer derartigen Existenz
Mache ich nicht viel Federlesens.

Außerdem bin ich ein guter Wegweiser
Für Bier-, Wein- und andere Häuser,
In welch letztbemeldeten ich hin
Und wieder Kind des Hauses bin.

Ingleichen wüßte ich noch eine Menge von Gründen
Für meine Befähigung aufzufinden.
Man bedenke sich daher nicht, sondern tu's.
Hieronymus Jobsius, Politikus.

JOHANNES R. BECHER

Deutschland

Ein Gymnasialdirektor stelzt im Grunewalde.
Ein Weib spaziert im Dunkel, grünlich und zernagt.
Ein kleiner Fürst kommt an, ganz Wichs und Bügelfalte.
Der Reichstag ward zum fünften Male heut vertagt.
Es steigen weiße Straßen, jubelnd im Geglänze
Erwachten Frühjahrs. Finster streift Napoleons
Schatten. Starr im Schein der fahlen Flammenkränze
Bewachen Batterien einen Hügelthron.

Schwer wird's, sich als Deutschen zu bekennen,
Nicht nach den Landschaften Frankreichs zu brennen,
Nach Paris nicht, unserem rosenen Kindheitstraum.
Wir leben in einem kalten rechteckigen Raum.

Ein Kritiker hat einen Dichter totgeschwiegen.
Kleists Dämon höhnisch aus verworrenem Schilfrohr grinst.
In wüsten Knäueln kotzend die Betrunkenen liegen,
Derweil ein grüner Mond in schwarze Lachen blinzt.
Auf vollem Platze sich die dumpfen Trommeln rühren.
Es ziehen bunte Haufen johlend zur Bastille.
Die Priester hetzen auf die Schar zu blutigen Schwüren.
Die weiße Dame reicht mit spitzen Fingern Pillen.

Schwer wird's, sich als Deutschen zu bekennen,
Nicht nach den Landschaften Frankreichs zu brennen,
Nach Paris nicht, unserem rosenen Kindheitstraum.
Wir leben in einem kalten rechteckigen Raum.

Mit Richard Wagner heult ein arges Pack besessen.
Die plumpen Autobusse zeigen wenig Eile.
Die Schildwache entschläft. Das Volk hat nichts zu fressen.
Ein blonder Staatsminister starb an Langerweile.
Die Fahne aber flattert stolz der Republik.
Paris beschließt der heilgen Städte ewigen Bund.
Ihr fabelhafter Ruhm erschallt von Mund zu Mund.
Paris springt auf, ein Tier, ertötend mit dem Blick.

Schwer wird's, sich als Deutschen zu bekennen,
Nicht nach den Schönheiten Frankreichs zu brennen,
Nach Paris nicht, unserem rosenen Kindheitstraum.
Wir leben in einem kalten rechteckigen Raum.

FRANK WEDEKIND

Diplomaten

Heut verschonen
Die Kanonen
Die Leichen in der Gruft nicht mehr.
Jawohl, die Zeit ist schwer!

Sag' an, wie nennen sich
Die Herrn, die uns das taten?
  Diplomaten!
Schwaches Herz und kühne Stirn,
Großes Maul und kleines Hirn,
Wie ein Nadelöhr so eng
Der Gesichtskreis – Schnederedeng!

  Tut sich friedlich
  Wer wo gütlich
Schrei'n sie die Kriegserklärung schon
Ihm zu durchs Telephon.
Die Völker stürzen sich
Dann in die Bajonette
  Um die Wette.
Hinten wird mit Tod bedroht,
Was nicht stracks von vorne tot,
Daß, was irgend übrig bleibt,
Kurzerhand sich selbst entleibt.

  Alle Serben
  Müssen sterben!
So hat's zu ihrem Sündensold
Der liebe Gott gewollt.
Wir haun sie, ohne daß
Uns England übermanne,
  In die Pfanne!
Ganz besonders zu behau'n
Sind die bösen Serbenfrau'n.
König Peter im Gedräng'
Kriecht zu Kreuze – Schnederedeng!

  Dieser Feldzug
  Ist kein Schnellzug.
So singt man heut zum Unterschied
Ein längst bekanntes Lied.
Wie lang umdröhnt uns noch
Der Lärm der Kriegsfanfare?
  Dreißig Jahre!
Menschen gibt's dann nirgends mehr,
Überall nur Militär!
Ach, wie schön ist's in der Welt!
Wo man hinspuckt, sitzt ein Held.

Was wir konnten
An vier Fronten
Das hat, seit sich die Erde sonnt,
Kein Heldenvolk gekonnt.
Der Feind verblutet sich.
Wir haben unterdessen
Nichts zu fressen.
Seit wir auf den Knopf gedrückt,
Ist der Erdball ganz verrückt
Und am Ende stopft ihn Krupp
In die dicke Berta – Schwupp!

Welch ein Frieden
Uns beschieden,
Steht leider nicht in Gottes Hand,
Es steht bei Engelland.
Die Linke schließt ihn ab.
Wir fingen mit der Rechten
An zu fechten.
Auf zur Friedenskonferenz!
Auf zum Sieg des Parlaments!
Ganz Europa wird neutral,
Alles andre ist egal.

Aus den Sternen
Kannst du lernen,
Weswegen hoch am Firmament
Nicht auch noch Krieg entbrennt.
Am Himmel wahren sie
In wechselvollem Reigen
Heil'ges Schweigen.
Noch kein Ohr hat je gehört,
Daß ein Stern den Frieden stört.
Und sobald nur einer schwatzt,
Saust er abwärts und zerplatzt.

Totentanz 1916

So sterben wir, so sterben wir,
Wir sterben alle Tage,
Weil es so gemütlich sich sterben läßt.
Morgens noch in Schlaf und Traum
Mittags schon dahin.
Abends schon zu unterst im Grabe drin.

Die Schlacht ist unser Freudenhaus.
Von Blut ist unsere Sonne.
Tod ist unser Zeichen und Losungswort.
Kind und Weib verlassen wir –
Was gehen sie uns an?
Wenn man sich auf uns nur
Verlassen kann.

So morden wir, so morden wir.
Wir morden alle Tage
Unsre Kameraden im Totentanz.
Bruder reck dich auf vor mir,
Bruder, deine Brust!
Bruder, der du fallen und sterben mußt.

Wir murren nicht, wir knurren nicht.
Wir schweigen alle Tage,
Bis sich vom Gelenke das Hüftbein dreht.
Hart ist unsere Lagerstatt
Trocken unser Brot.
Blutig und besudelt der liebe Gott.

Wir danken dir, wir danken dir,
Herr Kaiser für die Gnade,
Weil du uns zum sterben erkoren hast.
Schlafe nur, schlaf sanft und still,
bis dich auferweckt,
Unser armer Leib, den der Rasen deckt.

FRIEDRICH WOLF

Wie oft noch?

Auf blutiger Bahre hingestreckt,
Mit seinem Mantel zugedeckt,
Liegt schwerverwundet, todesmatt,
Ein junger, blutender Soldat.

Hier hilft nicht Binde mehr noch Band,
Das Blei zerschlug die Schädelwand,
Und ungestillt sein Blut verraucht,
Sein Haar ist ganz in Blut getaucht.

Doch plötzlich gehn die Augen auf
Und sehen an den stummen Hauf
Der Kameraden ringsumher,
Als ob ein Wort zu sagen wär;

Jetzt richtet er sich jählings hoch
Und steht – ein wahrer Leichnam – doch
Und schreit, eh daß er ganz zerscherbe:
»Ich – sterbe!«

Hört ihr's, die ihr den Krieg gewollt,
Den Todesschrei, der wie ein Donner grollt?
Wie oft noch dröhnt dies eine herbe:
»Ich sterbe!«

ERICH MÜHSAM

Soldatenlied

Wir lernten, in der Schlacht zu stehn
bei Sturm und Höllenglut.
Wir lernten, in den Tod zu gehn,
nicht achtend unser Blut.
Und wenn sich einst die Waffe kehrt
auf die, die uns den Kampf gelehrt,
sie werden uns nicht feige sehn.
Ihr Unterricht war gut.

Wir töten, wie man uns befahl,
Mit Blei und Dynamit,
für Vaterland und Kapital,
für Kaiser und Profit.
Doch wenn erfüllt die Tage sind,
dann stehn wir auf für Weib und Kind
und kämpfen, bis durch Dunst und Qual
die lichte Sonne sieht.

Soldaten! Ruft's von Front zu Front:
Es ruhe das Gewehr!
Wer für die Reichen bluten konnt,
kann für die Seinen mehr.
Ihr drüben! Auf zur gleichen Pflicht!
Vergeßt den Freund im Feinde nicht!
In Flammen ruft der Horizont
nach Hause jedes Heer.

Lebt wohl, ihr Brüder! Unsre Hand,
daß ferner Friede sei!
Nie wieder reiß das Völkerband
in rohem Krieg entzwei.
Sieg allen in der Heimatschlacht!
Dann sinken Grenzen, stürzt die Macht,
und alle Welt ist Vaterland,
und alle Welt ist frei!

WALTER HASENCLEVER

Die Mörder sitzen in der Oper

Zum Andenken an Karl Liebknecht

Der Zug entgleist. Zwanzig Kinder krepieren.
Die Fliegerbomben töten Mensch und Tier.
Darüber ist kein Wort zu verlieren.
Die Mörder sitzen im Rosenkavalier.

Soldaten verachtet durch die Straßen ziehen.
Generäle prangen im Ordensstern.
Deserteure, die vor dem Angriff fliehen,
Erschießt man im Namen des obersten Herrn.

Auf, Dirigent, von deinem Orchesterstuhle!
Du hast Menschen getötet. Wie war dir zu Mut?
Waren es viel? Die Mörder machen Schule.
Was dachtest du beim ersten spritzenden Blut?

Der Mensch ist billig, und das Brot wird teuer.
Die Offiziere schreiten auf und ab.
Zwei große Städte sind verkohlt im Feuer.
Ich werde langsam wach im Massengrab.

Ein gelber Leutnant brüllt an meiner Seite:
»Sei still, du Schwein!« Ich gehe stramm vorbei:
Im Schein der ungeheuren Todesweite
Vor Kälte grau in alter Leichen Brei.

Das Feld der Ehre hat mich ausgespieen;
Ich trete in die Königsloge ein.
Schreiende Schwärme schwarzer Vögel ziehen
Durch goldene Tore ins Foyer hinein.

Sie halten blutige Därme in den Krallen,
Entrissen einem armen Grenadier.
Zweitausend sind in dieser Nacht gefallen!
Die Mörder sitzen im Rosenkavalier.

Verlauste Krüppel sehen aus den Fenstern.
Der Mob schreit: »Sieg!« Die Betten sind verwaist.
Stabsärzte halten Musterung bei Gespenstern;
Der dicke König ist zur Front gereist.

»Hier, Majestät, fand statt das große Ringen!«
Es naht der Feldmarschall mit Eichenlaub.
Die Tafel klirrt. Champagnergläser klingen.
Ein silbernes Tablett ist Kirchenraub.

Noch strafen Kriegsgerichte das Verbrechen
Und hängen den Gerechten in der Welt.
Geh hin, mein Freund, du kannst dich an mir rächen!
Ich bin der Feind. Wer mich verrät, kriegt Geld.

Der Unteroffizier mit Herrscherfratze
Steigt aus geschundenem Fleisch ins Morgenrot.
Noch immer ruft Karl Liebknecht auf dem Platze:
»Nieder der Krieg!« Sie hungern ihn zu Tod.

Wir alle hungern hinter Zuchthaussteinen,
Indes die Oper tönt im Kriegsgewinn.
Mißhandelte Gefangene stehn und weinen
Am Gittertor der ewigen Knechtschaft hin.

Die Länder sind verteilt. Die Knochen bleichen.
Der Geist spinnt Hanf und leistet Zwangsarbeit.
Ein Denkmal steht im Meilenfeld der Leichen
Und macht Reklame für die Ewigkeit.

Man rührt die Trommel. Sie zerspringt im Klange.
Brot wird Ersatz und Blut wird Bier.
Mein Vaterland, mir ist nicht bange!
Die Mörder sitzen im Rosenkavalier.

KARL KRAUS

Lied des Alldeutschen

Barbarische Melodie

Ob unter See, ob in der Luft,
wen Kampf nicht freut, der ist ein Schuft.
Doch weil das Schuften ich gewohnt,
So schuft' ich nicht bloß an der Front,
ich kämpf' auch schneidig und gewandt
und halte durch im Hinterland,
ich schufte früh, ich schufte spat,
die Schufte das erbittert hat.
Nur feste druff! Ich bin ein Deutscher!

Im Frieden schon war ich ein Knecht,
drum bin ich es im Krieg erst recht.
Hab stets geschuftet, stets geschafft,
vom Krieg alleine krieg' ich Kraft.
Weil ich schon vor dem Krieg gefrohnt,
hat sich die Front mir auch gelohnt.
Leicht lebt es sich als Arbeitsvieh
im Dienst der schweren Industrie.
Heil Krupp und Krieg! Ich bin ein Deutscher!

Ich scheue keine Müh' und Plag',
zu wenig Stunden hat der Tag.
Daß fester steh am Rhein die Wacht,
hab' ich die Nacht zum Tag gemacht.
Weil vor dem Krieg ich nicht geruht,
drum gibt es Krieg und uns gehts gut.
Wir schlagen uns mit Vehemenz
und schlagen kühn die Konkurrenz.
In Not und Tod: Ich bin ein Deutscher!

Ich geb' mein deutsches Ehrenwort:
wir Deutsche brauchen mehr Export.
Um an der Sonne 'nen Platz zu haben,
gehn wir auch in den Schützengraben.
Zu bessrer Zukunft Expansionen
hilft uns so unbequemes Wohnen.
Einst fragt' ich nicht nach Gut und Geld,
der neue Deutsche ist ein Held.
Der neue Deutsche ist ein Deutscher!

Krieg dient uns, damit Waffen sind,
wir drehn den Spieß, wer wagt gewinnt.
Das Lebensmittel ist uns Zweck,
drum nehmen wir vorlieb mit Dreck.
Wir mischen Handel mit Gebet,
die Kunst im Dienst des Kaufmanns steht.
Es war einmal, doch jetzt ist's aus,
Walhalla ist ein Warenhaus.
Für Ideale lebt der Deutsche!

In solchem Leipziger Allerlei
lebt es sich fromm, jedoch nicht frei.
Fehlt es dann aber auf dem Tisch,
lebt es sich fröhlich, doch nicht frisch.
Lebt von der Hand sichs nur zum Mund,
so ist das Leben ungesund.
Denn mehr noch von dem Mund zur Hand
hält durch des Deutschen Vaterland.
Von Idealen lebt der Deutsche!

Für dies Prinzip, und es ist gut,
schwimmt heute der Planet in Blut.
Für Fertigware und Valuten

muß heut' die ganze Menschheit bluten.
Nehmt Gift für Brot, gebt Gold für Eisen
und laßt den deutschen Gott uns preisen!
Gebt Blut – habt ihr das nicht gewußt? –
für Mark: das ist kein Kursverlust!
Darum erhofft Profit der Deutsche!

Steht unsre Sache mal so so,
gibt Wahrheit uns das Wolffbüro.
Doch geht die andre Wahrheit aus,
verköstigen wir uns doch im Haus.
Fehlt selbst das Fremdwort Surrogat,
wir Deutsche wissen dennoch Rat.
Wir setzen prompt an seinen Platz
das gute deutsche Wort Ersatz.
Auf deutsch gesagt: Ich bin ein Deutscher!

Der Hungerplan wird ausgelacht,
den Willen haben wir zur Macht.
Im U-Boot sitzend lachen wir
und sagen einfach: Machen wir;
um Zeit zu sparen, auch: m.w.
Die Schiffahrt lernt man auf der Spree.
Was nützt den Feinden alle List,
die Mahlzeit machen wir aus Mist.
Nicht unterkriegt der Krieg den Deutschen!

Und wenn die Welt voll Teufel wär',
die Fibel sagt: Viel Feind, viel Ehr.
Drum: Deutschland über alles setzt
sich kühn hinweg zuguterletzt.
Weil bei uns alles schneidig ist,
die ganze Welt uns neidig ist.
Gott weiß allein, wir sind so brav,
wir wünschen, daß er England straf'.
Beim deutschen Gott, ich bin ein Deutscher!

Wir preisen Gott auf unsre Weise
wie vor dem Krieg zum alten Preise.
Zur Ehre Gottes, des gerechten,
woll'n wir auch gern im Schatten fechten.
Gäb's alleweil nur Sonnenschein,

man könnt' des Lebens sich nicht freun.
Das wahre Glück bringt Schießen nur,
drum gaudeamus igitur.
Ein muntrer Bursche bleibt der Deutsche!

Das eine aber weiß ich nur,
wir Deutsche haben mehr Kultur.
Kultur, bei allen andern Gaben,
ist mit das Beste, was wir haben.
Wir schwärmen für die Schlachtenlenker,
doch sind wir auch das Volk der Denker.
Gern woll'n für Schillern und selbst Goethen
wir ein »Denn er war unser« beten.
Mit Bildung schmückt sein Heim der Deutsche!

Deutsch ist das Herz, deutsch der Verstand,
mit Gott für Krupp und Vaterland!
Die Grenzen sichert Hindenburch,
im Innern halt ich selber durch.
Wir Deutsche haben zu viel Glück;
gehn wir bescheiden drum zurück,
nimmt man, des Sieges sich zu freun,
die eigne Siegfriedstellung ein.
Hurra! sagt in dem Fall der Deutsche!

Wir sagen stolz: Viel Feind, viel Ehr'!
Belegte Brötchen gibts nicht mehr.
Und mangels derer unentwegt
die Welt mit Bomben wird belegt.
Uns hilft die deutsche Wissenschaft
nebst Gott, der eben England straft
und der den Menschen nur erschuf,
zu dreschen immer feste druff.
Denn Gottes Ebenbild ist nur der Deutsche!

Noch lieber laßt uns als den Feind
die Phrase dreschen, die uns eint.
Am Ende wird die Wahrheit stehn:
Der Kampf wird bis zum Ende gehn!
Wir sorgen, daß uns nicht entgeh'
das erzne Becken von Briey.
Der Friede uns nicht intressiert,
eh wir die Welt nicht annektiert.
Die wenigstens gehört dem Deutschen!

Es geht uns doch nur um die Ehr'.
Nein, Belgien geben wir nicht her!
Wir halten rein das Ehrenkleid;
in Ehre wissen wir Bescheid.
Der Endsieg unser Recht beweist:
die Welt wird von uns eingekreist!
So muß und wird es uns gelingen,
die Pofelware anzubringen.
Ja, made in Germany ist doch der Deutsche!

Nur weil man etwas Sonne braucht,
haben wir die Welt in Nacht getaucht.
Mit Gift und Gasen, Dunst und Dämpfen
woll'n bis zum jüngsten Tag wir kämpfen.
Denn bis wir Gottes Donner hören,
muß unsrer uns Ersatz gewähren.
Drum überall und auf jeden Fall
braust unser Ruf wie Donnerhall.
Ist das nicht praktisch von dem Deutschen?

Schon brennt die Erde lichterloh
dank unserm Fenrriswolff-Büro.
Solang es andere Völker gibt,
ist leider unsres nicht beliebt.
Wo man nichts auf die Waffe setzt,
wird unsre Leistung unterschätzt.
Die Welt will weniger Krawall,
und unsrer braust wie Donnerhall.
So hört man überall den Deutschen!

Nach'm Krieg wird noch mehr Arbeet sein
und noch mehr Krieg und noch mehr Pein.
Wie freue ich mich heut' schon drauf,
die Liebe höret nimmer auf.
Ach, wenn nur schon der Friede wär',
damit ich seiner müde wär'!
Es gilt die Technik auszubaun.
Zum U-Boot haben wir Vertraun.
Den Fortschritt liebt nun 'mal der Deutsche!

Wir woll'n die Wehrpflicht dann verschärfen,
die Kleinen lehren, Flammen werfen.
Wir woll'n indes auch für die Alten

die Kriegsdienstleistung beibehalten.
Was wir gelernt, nicht zu verlernen,
laßt uns vermehren die Kasernen.
Die Welt vom Frieden zu befrein,
steht fest und treu die Wacht am Rhein.
Aus der Geschichte lernt der Deutsche!

Und wenn die Welt voll Teufel wär',
und wenn sie endlich menschenleer,
wenn's endlich mal verrichtet ist
und jeder Feind vernichtet ist,
und wenn die Zukunft ungetrübt,
weil es dann nur noch Preußen gibt –
nee, darauf fall'n wir nicht herein!
Fest steht und treu die Wacht am Rhein!
Und weiter kriegt und siegt der Deutsche!

BERTOLT BRECHT

Legende vom toten Soldaten

1
Und als der Krieg im vierten Lenz
Keinen Ausblick auf Frieden bot
Da zog der Soldat seine Konsequenz
Und starb den Heldentod.

2
Der Krieg war aber noch nicht gar
Drum tat es dem Kaiser leid
Daß sein Soldat gestorben war:
Es schien ihm noch vor der Zeit.

3
Der Sommer zog über die Gräber her
Und der Soldat schlief schon
Da kam eines Nachts eine militärische
ärztliche Kommission.

4
Es zog die ärztliche Kommission
Zum Gottesacker hinaus
Und grub mit geweihtem Spaten den
Gefallnen Soldaten aus.

5
Der Doktor besah den Soldaten genau
Oder was von ihm noch da war
Und der Doktor fand, der Soldat war k.v.
Und er drückte sich vor der Gefahr.

6
Und sie nahmen sogleich den Soldaten mit
Die Nacht war blau und schön.
Man konnte, wenn man keinen Helm aufhatte
Die Sterne der Heimat sehn.

7
Sie schütteten ihm einen feurigen Schnaps
In den verwesten Leib
Und hängten zwei Schwestern in seinen Arm
Und ein halb entblößtes Weib.

8
Und weil der Soldat nach Verwesung stinkt
Drum hinkt ein Pfaffe voran
Der über ihn ein Weihrauchfaß schwingt
Daß er nicht stinken kann.

9
Voran die Musik mit Tschindrara
Spielt einen flotten Marsch.
Und der Soldat, so wie er's gelernt
Schmeißt seine Beine vom Arsch.

10
Und brüderlich den Arm um ihn
Zwei Sanitäter gehn
Sonst flög er noch in den Dreck ihnen hin
Und das darf nicht geschehn.

11
Sie malten auf sein Leichenhemd
Die Farben Schwarz-Weiß-Rot
Und trugen's vor ihm her; man sah
Vor Farben nicht mehr den Kot.

12
Ein Herr im Frack schritt auch voran
Mit einer gestärkten Brust
Der war sich als ein deutscher Mann
Seiner Pflicht genau bewußt.

13
So zogen sie mit Tschindrara
Hinab die dunkle Chaussee
Und der Soldat zog taumelnd mit
Wie im Sturm die Flocke Schnee.

14
Die Katzen und die Hunde schrein
Die Ratzen im Feld pfeifen wüst:
Sie wollen nicht französisch sein
Weil das eine Schande ist.

15
Und wenn sie durch die Dörfer ziehn
Waren alle Weiber da
Die Bäume verneigten sich, Vollmond schien
Und alles schrie hurra.

16
Mit Tschindrara und Wiedersehn!
Und Weib und Hund und Pfaff!
Und mitten drin der tote Soldat
Wie ein besoffner Aff.

17
Und wenn sie durch die Dörfer ziehn
Kommt's, daß ihn keiner sah
So viele waren herum um ihn
Mit Tschindra und Hurra.

18
So viele tanzten und johlten um ihn
Daß ihn keiner sah.
Man konnte ihn einzig von oben noch sehn
Und da sind nur Sterne da.

19
Die Sterne sind nicht immer da
Es kommt ein Morgenrot.
Doch der Soldat, so wie er's gelernt
Zieht in den Heldentod.

KURT TUCHOLSKY

Krieg dem Kriege

Sie lagen vier Jahre im Schützengraben.
Zeit, große Zeit!
Sie froren und waren verlaust und haben
daheim eine Frau und zwei kleine Knaben,
weit, weit –!

Und keiner, der ihnen die Wahrheit sagt.
Und keiner, der aufzubegehren wagt.
Monat um Monat, Jahr um Jahr . . .

Und wenn mal einer auf Urlaub war,
sah er zu Haus die dicken Bäuche.
Und es fraßen dort um sich wie eine Seuche
der Tanz, die Gier, das Schiebergeschäft.
Und die Horde alldeutscher Skribenten kläfft:
»Krieg! Krieg!
Großer Sieg!
Sieg in Albanien und Sieg in Flandern!«
Und es starben die andern, die andern, die andern . . .

Sie sahen die Kameraden fallen.
Das war das Schicksal bei fast allen:
Verwundung, Qual wie ein Tier, und Tod.
Ein kleiner Fleck, schmutzigrot –
und man trug sie fort und scharrte sie ein.
Wer wird wohl der nächste sein?

Und ein Schrei von Millionen stieg auf zu den Sternen.
Werden die Menschen es niemals lernen?
Gibt es ein Ding, um das es sich lohnt?
Wer ist das, der da oben thront,
von oben bis unten bespickt mit Orden,
und nur immer befiehlt: Morden! Morden! –
Blut und zermalmte Knochen und Dreck . . .
Und dann hieß es plötzlich, das Schiff sei leck.
Der Kapitän hat den Abschied genommen
und ist etwas plötzlich von dannen geschwommen.
Ratlos stehen die Feldgrauen da.
Für wen das alles? Pro patria?

Brüder! Brüder! Schließt die Reihn!
Brüder! das darf nicht wieder sein!
Geben sie uns den Vernichtungsfrieden,
ist das gleiche Los beschieden
unsern Söhnen und euern Enkeln.
Sollen die wieder blutrot besprenkeln
die Ackergräben, das grüne Gras?
Brüder! Pfeift den Burschen was!
Es darf und soll so nicht weitergehn.
Wir haben alle, alle gesehn,
wohin ein solcher Wahnsinn führt –

Das Feuer brannte, das sie geschürt.
Löscht es aus! Die Imperialisten,
die da drüben bei jenen nisten,
schenken uns wieder Nationalisten.
Und nach abermals zwanzig Jahren
kommen neue Kanonen gefahren. –
Das wäre kein Friede.
Das wäre Wahn.
Der alte Tanz auf dem alten Vulkan.
Du sollst nicht töten! hat einer gesagt.
Und die Menschheit hörts, und die Menschheit klagt.
Will das niemals anders werden?
Krieg dem Kriege!
Und Friede auf Erden.

ANONYM

Wem ham'se de Krone jeklaut?
Dem Wilhelm, dem Doofen,
dem Oberjanoven,
dem ham'se de Krone jeklaut.

Wer hat ihm de Krone jeklaut?
Der Ebert, der Helle,
der Sattlerjeselle,
der hat ihm de Krone jeklaut.

Wie jeht's denn jetzt Wilhelm und Sohn?
Der Wilhelm und Sohn,
die jehn jetzt als Clown,
weil se nischt mehr verdien' uff'n Thron.

Wer wird uns die Straßen einst kehrn?
Die Jrünen, die Herrn
mit'n Wichstopp und Stern
die wer'n uns die Straßen einst kehrn.

WERNER MÖLLER

Die deutsche Revolution

Noch warst Du's nicht! Ob auch auf allen Zinnen
Drei Tage lang die rote Fahne stand;
Noch warst Du's nicht! Ob auch der biedrige Bürger
Ins Knopfloch sich das rote Bändchen band.
Ob auch das Herrchen und der Modestutzer
Die rote Farbe prunkend trug zur Schau;
Ob auch die roten Blümchen nickten
Vom Busen und vom Pelz der gnädgen Frau.

Noch warst Du's nicht! Und schon der Michel wieder
Sich nach der Zipfelmütze sehnt.
Noch warst Du's nicht!! Und schon mit den Bedrückten
Hat prächtig sich das Führerpack versöhnt.
Noch warst Du's nicht!! Und schon wirst Du betrogen,

Geschmäht, besudelt und zur Dirn gedingt!
Es macht sich breit um Deine hehren Namen
Ein Lügensumpf, der auf zum Himmel stinkt.

Noch warst Du's nicht! Ob auch in Treu ersterbend
Sich der Lakaienschwarm vor Dir gebeugt;
Noch warst Du's nicht, ob auch die heisern Raben
Schon ängstlich kreischten, aus der Ruh gescheucht,
Noch warst Du's nicht! Ob auch die Krämerseele
Dem neuen Kurs in Eile Rechnung trug;
Ob heute »Republik« schrie, der noch gestern
Schrie »Monarchie« – es war nur Trug, nur Trug.

Noch warst Du's nicht! Es flog durch Deutschlands Gauen
Dein Odem nur und blies den Staub hinaus.
Es fegt die Kronen von durchlauchten Häuptern! –
Zusammenstürzte wie ein Kartenhaus
Was vordem schien so stolz und unerschüttert.
Bis in den Tiefen schwankt der morsche Bau.
Der Freiheitssonne goldne Strahlen blinkten
Schüchtern hervor aus düsterm Nebelgrau.

Noch warst Du's nicht! Doch als um unsre Stirnen
Dein Odem blies, hat unser Herz gebebt.
Vor Freud gebebt; – uns, die wir für Dich stritten,
Verzweifelnd oft, wurd Mut und Kraft belebt.
Dein Hauch schon sprengte auf die Kerkerpforten,
Gab Licht und Freiheit manchem Kampfgenoss;
Von hinnen flohen fluch- und schuldbeladen
Die Hohenzollern und ihr Schergentroß.

Noch warst Du's nicht! Doch nah und immer näher
Schon dröhnt Dein Tritt! Schon schmettert Dein Signal!
Nun gilt es, Volk, die letzte Schlacht zu schlagen,
Dem Erbfeind gilt's, dem Riesen Kapital.
Stürz ihn, der stets das Mark Dir ausgesogen; –
Herbei zum Kampf, – das rote Banner steigt,
Die Revolution – sie kommt geflogen,
Und weh dem Schuldgen, den ihr Arm erreicht.

Zwei Erschlagene

(Liebknecht und Rosa Luxemburg)

Der Garde-Kavallerie-Schützen-Division
zu Berlin in Liebe und Verehrung

Märtyrer . . .? Nein.
Aber Pöbelsbeute.
Sie wagtens. Wie selten ist das heute.
Sie packten zu, und sie setzten sich ein:
sie wollten nicht nur Theoretiker sein.

Er: ein Wirrkopf von mittleren Maßen,
er suchte das Menschenheil in den Straßen.
Armer Kerl: es liegt nicht da.
Er tat das Seine, wie er es sah.
Er wollte die Unterdrückten heben,
er wollte für sie ein menschliches Leben.
Sie haben den Idealisten betrogen,
den Meergott verschlangen die eigenen Wogen.
Sie knackten die Kassen, der Aufruhr tollt –
Armer Kerl, hast du das gewollt?

Sie: der Mann von den zwei beiden.
Ein Leben voll Hatz und Gefängnisleiden.
Hohn und Spott und schwarz-weiße Schikane
und dennoch treu der Fahne, der Fahne!
Und immer wieder: Haft und Gefängnis
und Spitzeljagd und Landratsbedrängnis.
Und immer wieder: Gefängnis und Haft –
Sie hatte die stärkste Manneskraft.

Die Parze des Rinnsteins zerschnitt die Fäden.
Da liegen die beiden am Hotel Eden.
Bestellte Arbeit? Die Bourgeoisie?
So tatkräftig war die gute doch nie . . .
Wehrlos wurden zwei Menschen erschlagen.

Und es kreischen Geier die Totenklagen:
Gott sei Dank! Vorbei ist die Not!

»Man schlug«, schreibt einer, »die Galizierin tot.«
Wir atmen auf! Hurra Bourgeoisie!
Jetzt spiele dein Spielchen ohne die!

Nicht ohne! Man kann die Körper zerschneiden.
Aber das eine bleibt von den beiden:

Wie man sich selber die Treue hält,
wie man gegen eine feindliche Welt
mit reinem Schilde streiten kann,
das vergißt den beiden kein ehrlicher Mann!

Wir sind, weiß Gott, keine Spartakiden.
Ehre zwei Kämpfern!
Sie ruhen in Frieden!

KURT TUCHOLSKY

Preußische Presse

Niemand hat eine so große Fresse
wie die preußische Presse.
Und ehe wir wieder mit bunten Aurikeln
die Harfe umschlingen
und leise singen –
laßt uns ein bißchen leitartikeln.

Vor dem Kriege waren sie da,
schrieen täglich zweimal Hurra,
rasselten mit dem glorreichen Säbel,
schimpften auf Auer und schimpften auf Bebel,
beteten Gott an und die Offiziere,
und rollten sich abends in Rudeln zum Biere.

Soweit war das schön und gut.
Aber Vierzehn, da schwoll ihr Mut!
Endlich war ihre Zeit gekommen,
auf die sie so viel Vorschuß genommen,
von der Bernhardi immer geschrieben –
nun hatten sie uns hineingetrieben.
Und von ihren Freunden, den Offizieren,

ließen sich alle reklamieren,
und schrieben dafür die hübschesten Sachen:
Wie weit da hinten die Mörser krachen,
wie die braven, lieben, ordentlichen, guten
Feldgrauen gar so gerne verbluten,
wie sogar manchmal die Herren Obersten schwitzen,
wenn sie beim Trinken im Stabsquartier sitzen,
und wie so freundlich und loyal
zu ihnen gesprochen der Herr General.
Und so ging das ein, zwei, drei, vier lange Jahre – – –

Aber auch diese wunderbare
große und erhabene Zeit
schien uns allen zu groß und weit . . .
Und plötzlich wurde die Zeit wieder klein –
Ludendorff fiel mit allem herein
und besuchte plötzlich und eiligst Schweden.
(Übrigens, darüber ist nichts zu reden:
Er tat das nur aus Gesundheitsrücksichten.
Denn als hier zu Hause die tollen Geschichten
sich wieder beruhigt und gelegt,
kam er gleich wieder angefegt;
und jetzt sitzt er an einem Geschreibe dran
und wird zur Belohnung ein reicher Mann.)

Aber die Presse!
daß ich die nicht vergesse!
Wir dachten doch nun, jetzt seis mit ihr aus!
Das überlebe sie nicht, dies Gebraus.
Denn nun liegt es doch klar am Tage:
Für wen ertönte die Totenklage?
Wer hat die Mannschaft aufs Blut geschunden?
Wer bereicherte sich noch an Todwunden?
Wer klaute in viereinhalb langen Jahren
Kantinenfonds, Marketenderwaren?
Wem verdanken wir diese Niederlage?
Nun, dachten wir, liegt es klar am Tage . . .

Weit gefehlt!
Sie haben sich gar nicht lange gequält
und spotten schon heute voller Hohn
auf die Revolution!

Und wenn wir in Verhandlungen traten,
so geschah das nur wegen der lumpigen Soldaten,
diesen hundsgemeinen Halunken,
und überhaupt: deshalb sei alles gesunken . . .
Die Kerls sind an allem, allem schuld – – –

Deutschland! hast du eine Lammsgeduld!
Läßt dir heute nach diesem allen
Frechheit von Metzgergesellen gefallen?
Lern ihre eiserne Energie!
Die vergessen nie.
Die setzen ihren verdammten Willen
durch – im lauten und im stillen
Kampf, und sie denken nur an sich.
Deutschland! wach auf und besinne dich!

Nur einen Feind hast du deines Geschlechts!
Der Feind steht rechts!

KURT TUCHOLSKY

Die Objektiven

Beleidigungsklagen dankend verbeten

Wenn so fünf Männer Sonnabend abends
um einen runden Tisch herum
den Bierskat kloppen – und sie habens
auch niemals über (wegen dumm) –;
wenn sie von Politike brummeln,
im Maule die Zigarrenstummel,
von Hindenburg und Ludendorffen,
und wie wir fast Paris geworfen,
vom Präsidenten in der Stadt,
der keinen Bohrt wie Wilhelm hat;
wenn sie so zwischen As und Trümpfen
– (»Wer jibt?«) – auf Kommunisten schimpfen –
  die Welt ist eine Kinderfibel,
  das Morgenblatt ist ihre Bibel –;
wenn Lehmann ansagt: »Knautschke hats!« –:
  Das nennt man einen Stammtischschwatz.

Doch wenn fünf Männer in Talaren
an einem langen Sitzungstisch
ein Menschenkind da im Verfahren
verknacken frisch und künstlerisch –
was sie als Studios schon forcierten,
geführt von ihren Erstchargierten;
was sie als Referendare lernten:
den Glauben an die reich Besternten;
was der Assessor, scheu geduckt,
dem Staatsanwalte abgeguckt –
wenn diese fünf bei den Prozessen
ihr ganzes Leben glatt vergessen,
 weil Orgeschmann und Sozialist
 für das Gericht dasselbe ist!
wenn da was fällt wie'n Donnerkeil –:
 Das nennt man ein Gerichtsurteil.

Justitia! Ich wein bitterlich:
Du gehst auf einen langen ————

KURT TUCHOLSKY

Sozialdemokratischer Parteitag

Wir saßen einst im Zuchthaus und in Ketten,
wir opferten, um die Partei zu retten,
 Geld, Freiheit, Stellung und Bequemlichkeit.
Wir waren die Gefahr der Eisenwerke,
wir hatten Glut im Herzen – unsre Stärke
 war unsre Sehnsucht, rein und erdenweit.

Uns haßten Kaiser, Landrat und die Richter:
Idee wird Macht – das fühlte das Gelichter . . .
  Long long ago –
 Das ist nun heute alles nicht mehr so.

Wir sehn blasiert auf den Ideennebel.
Wir husten auf den alten, starken Bebel –
 Wir schmunzeln, wenn die Jugend revoltiert.
Und während man in hundert Konventikeln
mit Lohnsatz uns bekämpft und Leitartikeln,
 sind wir realpolitisch orientiert.

Ein Klassenkampf ist gut für Bolschewisten.
Einst pfiffen wir auf die Ministerlisten . . .
Long long ago –
Das ist nun heute alles nicht mehr so.

Uns imponieren schrecklich die enormen
Zigarren, Autos und die Umgangsformen –
Man ist ja schließlich doch kein Bolschewist.
Wir geben uns auch ohne jede Freite.
Und unser Scheidemann hat keine Seite,
nach der er nicht schon umgefallen ist.
Herr Weismann grinst, und alle Englein lachen.
Wir sehen nicht, was sie da mit uns machen,
nicht die Gefahren all . . .
Skatbrüder sind wir, die den Marx gelesen.
Wir sind noch nie so weit entfernt gewesen,
von jener Bahn, die uns geführt Lassall'!

KURT TUCHOLSKY

Der selige Noske

Es ist ja beinah Leichenschändung,
wenn man dir, Gustav, eine klebt.
Du sprichst von deiner neuen Sendung . . .
Eisner ist tot.
Und so was lebt.

Die Hände in den Hosentaschen,
hältst du noch einmal Instruktion.
Hast du die Finger dir gewaschen?
Sie sind noch rot . . . Du weißt, wovon.

Nochmal? Nach dieser Kapp-Blamage?
Nochmal? Und wieder mit Hurra?
Die Unteroffiziersvisage
hat jeder dick – Mensch, bleib bloß da!

Blamier nicht die Parteikollegen!
Du Bendlerstraßensozialist!
Geh in Pension mit Gottes Segen!
Wohl dir, daß du Beamter bist!

Brutal und roh zu den Genossen,
beschubst von jedem Lieutenant –
so hast du deutsches Blut vergossen.
Das Maul: dein Rex. Format: Sergeant.

Dann wurden die Kadetten tätlich.
Und Gustav fuhr ums Morgenrot . . .
Bleib in Hannover. Nähr dich redlich.
Und iß nur, garantiert unschädlich,
dein wohlverdientes Gnadenbrot –!

KURT TUCHOLSKY

Drei Minuten Gehör!

Drei Minuten Gehör will ich von euch, die ihr arbeitet –!

Von euch, die ihr den Hammer schwingt,
von euch, die ihr auf Krücken hinkt,
von euch, die ihr die Feder führt,
von euch, die ihr die Kessel schürt,
von euch, die mit den treuen Händen
dem Manne ihre Liebe spenden –
von euch, den Jungen und den Alten –:
Ihr sollt drei Minuten inne halten.
Wir sind ja nicht unter Kriegsgewinnern.
Wir wollen uns einmal erinnern.

Die erste Minute gehöre dem Mann.
Wer trat vor Jahren in Feldgrau an?
Zu Hause die Kinder – zu Hause weint Mutter . . .
Ihr: feldgraues Kanonenfutter –!
Ihr zogt in den lehmigen Ackergraben.
Da saht ihr keinen Fürstenknaben:
der soff sich einen in der Etappe
und ging mit den Damen in die Klappe.
Ihr wurdet geschliffen. Ihr wurdet gedrillt.
Wart ihr noch Gottes Ebenbild?
In der Kaserne – im Schilderhaus
wart ihr niedriger als die schmutzigste Laus.
Der Offizier war eine Perle,

aber ihr wart nur »Kerle«!
Ein elender Schieß- und Grüßautomat.
»Sie Schwein! Hände an die Hosennaht –!«
Verwundete mochten sich krümmen und biegen:
kam ein Prinz, dann hattet ihr stramm zu liegen.
Und noch im Massengrab wart ihr die Schweine:
Die Offiziere lagen alleine!
Ihr wart des Todes billige Ware . . .
So ging das vier lange blutige Jahre.
Erinnert ihr euch –?

Die zweite Minute gehöre der Frau.
Wem wurden zu Hause die Haare grau?
Wer schreckte, wenn der Tag vorbei,
in den Nächten auf mit einem Schrei?
Wer ist es vier Jahre hindurch gewesen,
der anstand in langen Polonaisen,
indessen Prinzessinnen und ihre Gatten
alles, alles, alles hatten – –?
Wem schrieben sie einen kurzen Brief,
daß wieder einer in Flandern schlief?
Dazu ein Formular mit zwei Zetteln . . .
wer mußte hier um die Renten betteln?
Tränen und Krämpfe und wildes Schrein.
Er hatte Ruhe. Ihr wart allein.
Oder sie schickten ihn, hinkend am Knüppel,
euch in die Arme zurück als Krüppel.
So sah sie aus, die wunderbare
große Zeit – vier lange Jahre . . .
Erinnert ihr euch –?

Die dritte Minute gehört den Jungen!
Euch haben sie nicht in die Jacken gezwungen!
Ihr wart noch frei! Ihr seid heute frei!
Sorgt dafür, daß es immer so sei!
An euch hängt die Hoffnung. An euch das Vertraun
von Millionen deutschen Männern und Fraun.
Ihr sollt nicht strammstehn. *Ihr* sollt nicht dienen!
Ihr sollt frei sein! Zeigt es ihnen!
Und wenn sie euch kommen und drohn mit Pistolen –:
Geht nicht! Sie sollen euch erst mal holen!
Keine Wehrpflicht! *Keine* Soldaten!

Keine Monokel-Potentaten!
Keine Orden! *Keine* Spaliere!
Keine Reserveoffiziere!
Ihr seid die Zukunft!
Euer das Land!
Schüttelt es ab, das Knechtschaftsband!
Wenn ihr nur wollt, seid ihr alle frei!
Euer Wille geschehe! Seid nicht mehr dabei!
Wenn ihr nur wollt: bei euch steht der Sieg!
– *Nie wieder Krieg* – *!*

KURT TUCHOLSKY

An einen Bonzen

Einmal waren wir beide gleich.
Beide: Proleten im deutschen Kaiserreich.
Beide in derselben Luft,
beide in gleicher verschwitzter Kluft;
dieselbe Werkstatt – derselbe Lohn –
derselbe Meister – dieselbe Fron –
beide dasselbe elende Küchenloch . . .
Genosse, erinnerst du dich noch?

Aber du, Genosse, warst flinker als ich.
Dich drehen – das konntest du meisterlich.
Wir mußten leiden, ohne zu klagen,
aber du – du konntest es sagen.
Kanntest die Bücher und die Broschüren,
wußtest besser die Feder zu führen.
Treue um Treue – wir glaubten dir doch!
Genosse, erinnerst du dich noch?

Heute ist das alles vergangen.
Man kann nur durchs Vorzimmer zu dir gelangen.
Du rauchst nach Tisch die dicken Zigarren,
du lachst über Straßenhetzer und Narren.
Weißt nichts mehr von alten Kameraden,
wirst aber überall eingeladen.
Du zuckst die Achseln beim Hennessy
und vertrittst die deutsche Sozialdemokratie.
Du hast mit der Welt deinen Frieden gemacht.

Hörst du nicht manchmal in dunkler Nacht
eine leise Stimme, die mahnend spricht:
»Genosse, schämst du dich nicht –?«

JOACHIM RINGELNATZ

Angstgebet in Wohnungsnot

Ach, lieber Gott, gib, daß sie nicht
Uns aus der Wohnung jagen.
Was soll ich ihr denn noch sagen –
Meiner Frau – in ihr verheultes Gesicht!?

Ich ringe meine Hände.
Weil ich keinen Ausweg fände,
Wenn's eines Tags so wirklich wär:
Bett, Kleider, Bücher, mein Sekretär, –
Daß das auf der Straße stände.

Sollt ich's versetzen, verkaufen?
Ist all doch nötigstes Gerät.
Wir würden, einmal, die Not versaufen,
Und dann: wer weiß, was ich tät.

Ich hänge so an dem Bilde,
Das noch von meiner Großmama stammt.
Gott, gieße doch etwas Milde
Über das steinerne Wohnungsamt.

Wie meine Frau die Nacht durchweint,
Das barmt durch all meine Träume.
Gott, laß uns die lieben zwei Räume
Mit der Sonne, die vormittags hineinscheint.

ERICH WEINERT

Sozialdemokratisches Mailiedchen

Stell auf den Tisch das Bild von Vater Bebel,
Den »Vorwärts«, Jahrgang 13, hol herbei,
Und klirre wieder mit dem Schutzmannssäbel
Wie einst im Mai!

Lies mir noch mal die alten Manifeste,
Der ersten Jugend holde Schwärmerei,
Und reich mir wieder die gestrickte Weste
   Wie einst im Mai!

Noch einmal singt die Internationale,
Doch macht nicht wieder solchen Krach dabei,
Und nicht mit so pathetischem Finale
   Wie einst im Mai!

Noch einmal tragt die feierlichen Fackeln!
(Die Reichswehr mit Musik ist auch dabei.)
Wer weiß, ob uns nicht doch die Ärsche wackeln
   Dereinst im Mai!

ERICH WEINERT

Die große Zeit

Bänkellied für ein Kabarett

Kaiser Wilhelm fuhr ganz heiter
Nach Rominten und so weiter
Von der Etsch bis an den Belt.
Deutsch im Dichten, deutsch im Trachten,
Sang an Ägir, malte Schlachten
Als ein Kaiser und ein Held.

Ein augustisch Alter blühte
Unter Wilhelms Messingtüte.
Dieses war die kleine Zeit.
Und auch Östreichs greiser Kaiser
Pflanzte nichts als Friedensreiser.
Das erweckte Feindbundneid.

Schon umkreisten, mit Geheulen,
Unsre ehrnen Friedenssäulen
Russenbär und gallscher Hahn.
Wilhelm schwur's dem Franz aufs neue,
Denn die Nibelungentreue
Ist kein Oberlehrerwahn.

Ha, wie zog der Friedenskaiser
Gegen alle Deutscheinkreiser
Siegreich in den Heldentod.
Jeder, der sich redlich nährte,
Griff zur Leier und zum Schwerte,
Gegen sichres Höchstgebot.

Während man den Feind zerfetzte,
Brachte jedermann das letzte
Oberhemd, was nicht mehr ganz.
Und den opferwill'gen Kreisen
Gab der Kaiser Gold für Eisen
Am Altar des Vaterlands.

Ludendorff, der edle Ritter,
Mähte als ein Kaiserschnitter
Ganze Divisionen ab,
Die das Feindland bis zum letzten
Hauch von Mann und Roß besetzten
Bis ins kühle Massengrab.

Und so wurden sechs bis sieben
Neue Feinde aufgetrieben,
Endlich auch Amerika.
Wilhelm dankte, Tirpitz lachte,
Der uns X für U-Boot machte,
Und der Sieg war schrecklich nah.

Doch so dicht vor dem Patentsieg,
Fünf Minuten vor dem Endsieg
Wurden, schon im Feindesherz,
Unsre unentwegten Stürmer
Durch entdeutschte Hinterwürmer
Angefault und rückenwärts.

Düster tragisch war das Ende.
Die erdolchten Schlachtverbände
Kehrten um und allerseits.
Wilhelm nur mit seinen Besten
Schlug sich siegreich durch gen Westen
Bis nach Holland und der Schweiz.

Kinder, so ist das gewesen!
Fragt die Leute mit Prothesen!
Wer was andres sagt, der lügt.
Deutschland steht in jeder Branche
Fest geschlossen zwecks Revanche,
Hinterdolcht, doch unbesiegt.

ERICH MÜHSAM

Appell

Ihr habt euch geplagt, und euch plagte die Not,
und Plage war, was das Leben euch bot.
Ihr littet, ihr fluchtet, ihr hofftet, ihr sannt,
bis ihr den Grund zu begreifen begannt,
bis ihr gelernt, warum Weib, warum Kind
bei all euerm Fleiße so elend sind.
Und ihr fragtet ins Herz euch: muß das so sein?
und ihr wußtet die Antwort: die Antwort hieß: Nein!
Und Lehrer und Weise brachten euch Rat.
Ihr erkanntet euch selbst: Wir Proletariat!
Und Kampflust gebar sich aus Hunger und Groll.
Ihr spürtet, wie euch der Muskel schwoll;
und ihr schriet in die Welt mit gewaltigem Ton:
Ihr Fürsten seid Mörder! Herunter vom Thron!
Ihr Priester, herab von den Kanzeln! Ihr logt!
Heraus aus der Werkstatt, du Sklavenvogt!
Wir waren Knechte die längste Zeit;
die Stunde ist da, wo das Volk sich befreit.
Die Kette zerreißt, die den Willen uns band.
Uns Brot und Maschinen! Uns Freiheit und Land!
Doch ihr plagtet euch weiter, euch plagte die Not,
und dem Herrn blieb das Land, die Maschine, das Brot,
Noch immer darben euch Weib und Kind,
und ihr wißt doch, warum sie so elend sind.
Noch nie war der Jammer so groß und das Leid,
und ihr wißt doch, daß ihr die Stärkeren seid;
und ihr wißt doch, ihr Volk, ihr Proletariat:
die Zukunft der Menschen harrt eurer Tat! –
Wo blieb eure Tat? Oh, fragt euch laut:
habt ihr stets nur den eigenen Kräften getraut?

Nein, nein, ihr bautet auf flüchtigen Sand,
Ihr gabt euer Schicksal in fremde Hand.
Ihr habt nicht gekämpft, ihr habt nur gewählt
und habt voll Stolz eure Stimmen gezählt, –
und statt euch von jedem Herrn zu befrein,
nahmt Herren ihr an aus den eigenen Reihn –
und wähltet und priest eurer Stimmen Zahl
und ließet die Taten dem Kapital . . .
Oh, zählt nicht länger, wie viele ihr seid, –
zerreißt die Ketten! Zerbrecht das Leid!
Im Sturmesbrausen der Revolution
ist ein Mann stärker als eine Million!
Der Ruf ertönt: Auf, Proletariat!
Millionenmal Einer! Zum Sturm! Zur Tat!

JOHANNES R. BECHER

Die Wahlschlacht

Fröhlich quietschen die Stimmenfänger:
»Das Volk zu betrügen –
Gott Lob und Dank! Halb schon wieder
Ist's uns gelungen! . . .
Seht! Da rennen sie hin,
In der Hand so ein Stimmzettelchen –
Knurren ganz wundergläubig:
Wir wählen uns heute die Freiheit – – –
Wahrlich:
Viel Dummheit des Volkes tut not,
Damit wir regieren!« –

Mit bunten Plakaten
Über und über beklebt
Wackeln sie an
Die Heldengestalten der Wahlschlacht.
Lackieren neu auf ihre patenten wahlschlachterprobten Köder:
»Volksgemeinschaft!«
»Schwarz-rot-schwefelgelb!«
»Christlicher Geist!«
Einer überzeugungsgesalbter wie der andere.
Tuten aus einem Sprachrohr:

»Hört! Hört!
Ich bin's, der euch rettet!
Auf! Ins Gelobte Land!
Wählt mich!«
»Zwar:
Was das Sachverständigengutachten anbetrifft:
Angenommen bleibt angenommen.

Man verschachert ein Sechzig-Millionen-Volk nicht zum Spaß,
Und beinah
Wär auch die Hand uns verdorrt
Beim Unterzeichnen des Räuberdiktats.
Aber:
Insofern ihr Volksgenossen, Arbeiter,
Ihr lebendigen Profitquellen,
Nicht versiegt:
Wir schaffen's schon –
Und führen Deutschland dem Tag der Erhebung entgegen . . .
Vorerst aber: geduldig hungern!
Vorerst aber: geduldig sich ausbeuten lassen!
Kurz gesagt:
Vertrauen gefaßt!
Abwarten! . . .«

»O heilige pazifistische Ära!
Der ganze Weltraum trieft ja von Friedensgeläuten!
›Halleluja‹ donnern hinweg über den Ozean
Die Kanonenschlünde der Dreadnoughts:
Friede auf Erden!
Ach, nur in den stillen Kämmerleins
Unserer Staatslaboratorien
Fabrizieren wir gutes Giftgas,
Seht: den Staat haben wir uns geschaffen
Als unsere beste Waffe –
Und wenn es wieder mal losgeht,
Diesmal wird der Konkurrenzkampf geführt
Als chemischer Krieg . . .
(Sachbeschädigung so gut wie ausgeschlossen!)
Phosphorbomben. Flugtorpedos. Elektrische Wellen –
Fünf Minuten –
Und, jede Pore exakt durchgiftet,
Liegt leblos so ein Riese

Wie z.B. Chicago da . . .
Und wer bezahlt dann die Zeche!?
Zuviel Menschen sind ja sowieso auf der Welt.
Darüber sind wir uns einig.
Tastet inzwischen die Erde ab:
Wo riecht's nach Petroleum!?
Schade nur,
Daß der Mars noch nicht zu kolonisieren ist! . . .«

Und am Morgen des Wahlkampfs
Marschierten aus den Proletariervierteln
Die Arbeiter
In Kolonnen.
15000 ermordete Arbeiter wählen nicht.
Die Millionen-Blutopfer des imperialistischen Weltkriegs:
Sie wählen nicht . . .
Es marschiert heran
Die Proletarier-Armee
Als Zuchthausaufgebot.
»Heraus mit den Gefangenen!«
»Nieder mit jeder Ausbeuterherrschaft!«
Wir wählen –
Aber mit einem mörderischen Fluch
Stecken wir in die Wahlurne den Papierfetzen – – –
Wie lange noch –
Bis die feindliche Stellung sturmreif ist –
Und das Kommando ertönt:
»Heraus aus den Betrieben!«
Und eine Panzerweste schnallt um sich
Papa Ebert
Und kraxelt (vielleicht noch) in einem Flugzeug
Hoch hinauf durch die Luft
Nach Paris oder nach Schweden . . .
Und, millionenstimmig gesungen,
Knallt heraus wieder aus den Plätzen Berlins
Unser Klassenkriegslied.

An diese Zeit

In dieser Zeit, in der Gespenster thronen
Auf Schädeltürmen, und die Leichen hängen
Heraus zum Fenster, zwinkern von Balkonen –
Und unten grölt's: »Herrschaften, nur nicht drängeln!

's kommt jeder dran!« Dort stehn schon in der Reih
Gewehr bei Fuß und stahlbehelmt gepanzerte Gerippe.
»Die Hände hoch!« Metallene Fratzen hauen dich zu Brei,
Wenn du nicht Hurra schreist . . . Elastisch wippend

Der Präsident, er schreitet ab die Front. Die Flieger
Sie surren, unsichtbar lackiert. Bald hagelt's Gasgranaten.
Ein neuer Krieg! Bazillenkrieg! Mechanischer Krieg!
  Krieg ohne Krieger!
Sturmpuppen, ferngelenkt. Speit Giftmord, Apparate!

Tanks, Eisenkröten gleich; Dreadnoughtsgeschwader.
Ein Pülverchen, das langsam dich zerjuckt,
Bläst's durch die Luft: gleich platzt aus deinen Adern
Der neue Tod: ein jeder krampft sich ein, rutscht auf den Knien
  und spuckt –

In dieser Zeit, in der, geschäftig schwätzend
In Weisheitsschulen, und gehüllt
In traumigen Dunst: Propheten zukunftkrächzen
– Hirnkästen sind es, vollgestopft mit Müll –

Wie eine goldne Flechte ist der Saum
Am Meßgewand der Priester, und sie pressen
Gebete aus: die Backen fleischiger Schaum –
Ein Rattenschwanz bleckt schwarz aus Gottes Fresse . . .

»Ich gründe nächstens einen neuen Stern!
Erde, fahr wohl! Ich werd den Mars anknabbern . . .«
Vollbusig wackelt ein Konzern,
Ein draller Kerl. Fett blühn die Hinterbacken

Im Parlament: nur Bäuche und Gesäße
Regieren hier ... Ihr Heldenpack der Erde!
Der Lungensack: ein künstliches Gebläse ...
Heil euch, heil euch! Verehrte Schaukelpferde!

In dieser Zeit, in der die Völkerschlächter,
Sich selbst weihräuchernd, feiern der Gefallenen
Totenopferfest.
Ein Leichenschmaus!? Millionen Opfer, mörderisch
gelächternd,
Verfluchten dich, verruchte Menschheitspest ...

In Kerkerlöchern wälzt sich Rumpf an Rumpf.
Zehntausend sind's. »Nicht mehr?! Und wenn schon ...
Wir bedauern.«
Die Richter grinsen: »Ho, Betrug ist Trumpf!«
Doch der Gefangenen Blut, es wächst rot aus den Mauern.

Wie viele hungern!? Nein – wie viele strecken
Zum Tod sich aus!? Kommando, Peitschenknall:
Das ist Musik, Prolet! Bunt wird dein Leib sich flecken!
Deutschland, o Deutschland! Großer Sklavenstall!

Mit einer Zeit wie dieser: Was tut not!?
Mit Friedenspsaltern sich das Ohr verkleistern?
Anbiedern sich mit jenseitssüchtigen Geistern?
Hinfaulen in dem Tümpel, wie der Kot?

In einer Zeit, wie dieser: weich wie Wachs
Soll flehen ich: »Erlöse uns vom Übel!?«
In einer Zeit wie dieser: Nimm die Axt,
Durchhau den Knoten! Rotte aus das Übel!

Kehr Schutt zu Schutt! Zynismus, geile Witze,
Verfilztes Pathos ... Euer Sakrament
Es heißt Profit ... Laßt euch Stichflammen kitzeln –
Ein Stoß durchs Herz, damit ihr schmerzlos pennt! ...

Es ist die Zeit: bald flattert's wieder auf von Minen.
Mit Leuchtraketen ist die Nacht durchstreut.
Schon kurbelt's unterirdisch an die Riesensprengmaschinen ...
Aus diesem Menschheitsgrab aufzuerstehn – 's ist Zeit!

JOHANNES R. BECHER

An Hindenburg

Heraufgestiegen nun wieder bist du
Aus den Menschenabfallgruben des Weltkriegs,
Du irrlichternd säbelrasselnd Gespenst,
Eidverbunden dem vertriebnen Wilhelm.
Von Leichenmoder umwittert,
Ein wandelnder Grabhaufen,
An dem schon die Würmer kleben –
Schöpfer genial organisierter Hungersnöte –
Blutige Knäuel umkneten dich.
Wie Gerümpel
Zweier Millionen Gerippe.
Präsident von des heiligen Blutgotts Gnaden,
Der Stahlgewitter wachsen ließ . . .

Die verwirrten Seelen der Kleinbürger
Haben neues Leben
Künstlich dir eingehaucht.
Und es klopfen sich ihre Schenkel
Vor Triumphheulen
Die Herren der Montankonzerne:
»Der alte Hindenburg,
Das ist's, was wir brauchen.
Das ist ein Mann,
Der über den Parteien steht . . .
Rettet Deutschlands, Deutschlands Ekkehard.
Wir lassen ein wenig fuchteln ihn
Wie mit einer Zauberrute mit dem Marschallstab –
Das ist Magie,
Das wirkt als Schreck-Hypnose, meine Herrn!
Lebt er nicht als Legende noch fort
In dem Herz all unserer braven Frontkrieger!?
Auf drum
– unter Hindenburgs Schirm und Schutz –
Zu neuen Greuel-Schlachten gegen die Arbeiter!«

O Deutschland!
Land der Blutrichter und Henker!
Ihr schwarz-rot-goldenen Henker der Republik:

Laßt sehen uns bald solch ein Schauspiel:
Wie hündisch-devot ihr wieder strammsteht,
Eckig aus Hüftgelenken heraus
Paradebeine schmeißt,
Rechts schwenkt marsch –
Sechs Jahre lang
Haben ja Ebert und ihr
Die Stufen zum Thron ihm behauen . . .
Den patriotischen Zylinder aufgestülpt
Und »Treue um Treue« salbadernd
Leckt dem greisen Großhenker aller Deutschen
Die stahlbadgehärtete Hand! –
»Heil dir im Siegerkranz«
Donnern jetzt Kirchenorgeln.
Die Stahlhelmbrust bläht sich.
Eisenkreuze und Ordenssterne
Klimpern in der Luft . . .

Schwarz dreht sich heute die Sonne am Himmel empor
Über Deutschlands Arbeitsstätten,
Ein leuchtender Todeswirbel.
Fabrik-Sirenen alarm-trillert!
Maschinen stürmt!
Blase, Prolet, deine Lunge mit hin
In den roten Aufruhr-Wind,
Der klirrend über die Pflaster pfeift! . . .
Rote Herz-Flut steigt.
Das rote Herz-Lied der Völker reift. –

Dies
Dem Neugewählten zum Gruß!

KURT TUCHOLSKY

400000 Invaliden und 1 Gesunder

Dein eines Bein ist in Flandern,
das andre mit dir in Berlin;
du kannst aber mit dem andern
nicht die Bettelwege ziehn.
Du hast keine gute Prothese.

Deine Lungen sind dir zerschossen
du brauchtest eine Kur,
auf Inseln, meerumflossen,
und sei es auf Monate nur . . .
   Du hast aber kein Geld.

Du tastest dich tappend weiter,
Blinder. Du lachst nie mehr, und
du ersehnst so einen Begleiter –
du hast nur deinen Hund.
   Mit dem sprichst du.

Eure Gesundheit, Kuren, Prothesen
frißt einer für sich allein.
Er ist euer Kaiser gewesen
und (von hinten) die Wacht am Rhein.

Hört ihr die Zahl, Verdammte?
Sechshunderttausend im Jahr
zahlen kaisertreue Beamte
dem Feigling mit Kaiseraar!

Er führt sein altes Leben,
er ist der alte Fex,
von teuern Nullen umgeben:
Imperator Rex.

Er kann sich Pelze kaufen,
sein Vermögen steigt hoch, hoch, hoch!
Ist einer von euch entlaufen,
der sitzt im Zuchthausloch.

Ihr und eure Frauen,
elender Abfall vom Krieg –:
Bedankt euch bei dieser flauen
bei dieser Republik –!

ERICH WEINERT

Denkt daran

Schon fangen sie wieder an zu schrei'n,
Es wird Reklame geblasen.
Schon blöken sie wieder in jedem Verein
Die abgeleierten Phrasen.
Ob Schwarzweißrot, ob Schwarzrotgold,
Sie reiten denselben Gaul.
Sie haben immer das Beste gewollt
Und schmieren euch Honig ums Maul.
  Schon fängt es an,
  Programme, Plakate.
  Immer ran!
  Es geht um Mandate!
Freiheit, Gleichheit, Gerechtigkeit,
Hurra und Volksinteressen!
Nicht wahr, Prolet, was uns entzweit,
Das wollen wir wieder vergessen!

Das Vaterland blühte gewaltig auf
Im Glanze der Trustmagnaten.
Die schnappten beim großen Ausverkauf
Die fett'sten Devisenbraten.
Die Patriotenschnauze ist groß
Bei den schmatzenden Ungeziefern.
Und geht es mal wieder irgendwo los,
Dann gibt es Granaten zu liefern.
  Freund oder Feind,
  Egal wen's trefft,
  Die steh'n vereint:
  Geschäft ist Geschäft!
Zehnstundentag und Lohnabbau!
Was braucht das Gesindel zu fressen?
Von wegen Streik? Da gibts Drahtverhau!
Das wollen wir nicht vergessen!

In der Mitte, in schönster Harmonie
Mit Pfaffen und Professoren,
Die Bank- und Börsendemokratie,
Die deutschen Finanzdiktatoren.

Die verehren den Generalfeldmarschall
Als heilige Vogelscheuche
Und wölben vor jedem Donnerhall
Die demokratischen Bäuche.
  Sie sind die Sahne
  Der Politik
  Und schwenken die Fahne
  Der Republik.
Sie denken natürlich immer sozial,
Wenn sie sich sattgefressen.
Doch obenan steht das Kapital.
Das wollen wir nicht vergessen!

Noch weiter links – Prolet, steh' stramm! –
Da kommen die Hurramarxisten
Mit dem »revolutionären« Programm,
Die Klubsesselsozialisten.
Die machen jetzt wieder ein großes Geschrei
Und brüllen: Rot muß siegen!
Doch sind die Wahlen wieder vorbei,
Dann lassen sie euch links liegen!
  Dann treten sie an
  Mit der Pfaffenpartei
  Und mit Stresemann
  In einer Reih.
Die haben sich nach der Decke gestreckt
Und immer im Warmen gesessen.
Dich aber hat man ins Zuchthaus gesteckt!
Das wollen wir nicht vergessen!

JOHANNES R. BECHER

Euch erschüttert nur –

Euch erschüttert nicht,
Wenn ihr im Nachtlokal seht
Ein Kind mit Streichhölzern und Blumen –
Draußen Bettler an Bettler steht.

Euch erschüttert nicht,
Wie der Arbeiter wohnt.
»Soll er verrecken, der Hund.
Er versäuft seinen Lohn.«

Euch erschüttert nicht,
Wenn stille steht eine Fabrik.
Euch, weiß Gott,
Kostet es nicht das Genick.

Euch erschüttert nicht,
Wenn Tanks, Flugzeuge, Gas
Sich auf die Streikenden stürzen –
Euch, was kümmert euch das!

Nicht erschüttert euch,
Wenn ihr im Auto fahrt
Über die Gräber Frankreichs –
Die Toten schweigen ja.

Euch erschüttert nicht,
Ihr Richter im hohen Talar,
Daß der, den ihr henkt,
Nicht der Mörder war.

Euch, erschüttert euch,
Ihr Priester, daß Jesus Christ
Heute, täglich und stündlich
Von euch gekreuzigt ist?!

Euch, euch erschüttert nicht
– Denn ihr seid am Herzen träg –,
Wenn man euch sagt:
Überlegt, was ihr tut, überlegt!

Euch erschüttert nicht
– Denn ihr seid lahm an Verstand –,
Wenn man euch sagt:
Ihr selbst, ihr selbst legt den Brand!

Euch erschüttert nur,
Wenn eure Aktie fällt,
Der Proleten Ruf donnert
»Unser die Welt!«

Dann, dann seid ihr erschüttert
Bis zur Raserei!
Raubtier, dem man die Beute entreißt,
Zu Mord und Totschlag bereit.

ERICH KÄSTNER

Knigge für Unbemittelte

Ans deutsche Volk, von Ulm bis Kiel:
Ihr eßt zu oft! Ihr eßt zuviel!
Ans deutsche Volk, von Thorn bis Trier:
Ihr seid zu faul! Zu faul seid ihr!

Und wenn sie euch den Lohn entzögen!
Und wenn der Schlaf verboten wär!
Und wenn sie euch so sehr belögen,
daß sich des Reiches Balken bögen!
Seid höflich und sagt Dankesehr.

Die Hände an die Hosennaht!
Stellt Kinder her! Die Nacht dem Staat!
Euch liegt der Rohrstock tief im Blut.
Die Augen rechts! Euch geht's zu gut.

Ihr sollt nicht denken, wenn ihr sprecht!
Gehirn ist nichts für kleine Leute.
Den Millionären geht es schlecht.
Ein neuer Krieg käm ihnen recht.
So macht den Ärmsten doch die Freude!

Ihr seid zu frech und zu begabt!
Seid taktvoll, wenn ihr Hunger habt!
Rasiert euch besser! Werdet zart!
Ihr seid kein Volk von Lebensart.

Und wenn sie euch noch tiefer stießen
und würfen Steine hinterher!
Und wenn sie euch verhaften ließen
und würden nach euch Scheibe-schießen!
Sterbt höflich und sagt Dankesehr.

MAX KOLPE

Die alte Burschenherrlichkeit

Es hat sich nichts geändert . . .
Sie toben buntbebändert
  auch in der Republik.
Sie hau'n sich in die Fressen
Und woll'n ihn nicht vergessen,
  den frisch-fromm-forschen Krieg.

Sie dünken sich stramm erwachsen
Und treiben nur kindische Faxen,
  jeder Kultur zum Hohn.
Sie mästen ererbte Bäuche,
So pflegt man altdeutsche Bräuche
  aus Liebe zur Tradition.

Sie sind die Elite des Geistes,
Der Schmiß und die Klappe beweist es,
  Wenn man auch gar nicht studiert.
Doch soll an ihrem Wesen
Die Republik genesen,
  Wenn sie nicht vorher dran krepiert!

Es sind die gleichen Paraden,
Die Jahrmarktsmaskeraden.
  Sei deutsch in Kleidung und Gruß!
Sie tragen die Fastnachtskappen,
Die alten Landsknechtslappen,
  Weil sowas doch imponieren muß!

Sie bilden mit Kegelvereinen,
mit Jungfrau'n, die nur so scheinen,
  Das nationale Spalier.

An Gräbern und fürstlichen Wiegen
Träumt man von kommenden Kriegen,
  Und gegenwartet in Bier.

Ob grüne, ob blaue Mützen . . .
Sie wollen den Rhein beschützen,
  Mit Hurra, dran und druff!
Sie reden vom Trutzen und Trotzen
Und müssen so schrecklich viel kotzen . . .
  Es lebe der deutsche Suff!

ERICH WEINERT

Die Himmelsmarxisten

In Matternburg, in Österreich dahinten,
Da machten die sozialistisch gesinnten
Gemeinderäte Revolution
Bei der Fronleichnamsprozession.

Es waren die Sozialdemokraten
Mit dem Pfaffen in die Haare geraten.
Schon denkt man: Aha, die SPOe,
Geht gegen das Pfaffentum in die Höh!

Doch war es keine Aktion der Rache.
Es war eine tragikomische Sache.
Die Sozis machten Skandal in der Stadt,
Weil sie der Herr Pfarrer beleidigt hat.

Und das kam so: die Gemeinderäte,
Die durften bei jeder katholischen Fête
Den Baldachin überm Herrn Pfarrer tragen.
Das war ein Ehrenamt sozusagen.

Da man nun seit einiger Zeit in der Stadt
Auch rote Gemeinderäte hat,
Hat der Pfaff den strikten Befehl erlassen:
Kein Sozi darf seinen Himmel anfassen!

Damit ist er den neugebackenen Räten
Doch sehr empfindlich zu nahe getreten.
Sie hätten Anspruch auf diese Ehren,
Auch wenn sie Sozialdemokraten wären!

Darum hatten sie sich kurzerhand
An den Wiener Fürsterzbischof gewandt.
Der hat sehr ernst die Stirne gerunzelt.
(Doch innerlich hat er sicher geschmunzelt).

Dann schrieb er nach Matternburg einen Brief:
Des Pfarrers Erlaß verletzte ihn tief.
Es machte ihm ein besondres Vergnügen,
Wenn Sozialdemokraten den Himmel trügen!

Nun sieht man sie durch die Straßen ziehn;
Sie tragen voll Würde den Baldachin,
Und kriegen vom Papst die heiligen Weihen,
Gott erhalte ihm diese braven Lakaien!

WALTER MEHRING

Oratorium von Krieg, Frieden und Inflation

Rezitativ:
So begann es: Im Jahre des Herrn 1914 schien des Wohlstands kein Ende und Mehrwert lohnte die Herren in solchem Überfluß, daß sie sprachen: Unsere Kräfte erlahmen, und es sprach das Militär: Man achtet unsrer nicht mehr.
Amen!

Chor:
So zogen wir mit der eisernen Ration,
Um im Stahlbad vom Wohlstand zu gesunden –
So zogen wir, von der Mordkommission
Zum Erschießen tauglich befunden –
So zogen wir durch das Brandenburger Tor
Mit Haubitzen, mit Tanks und Granaten –
So zogen aus allen Winkeln von Europa hervor
Soldaten – Soldaten – Soldaten.

So stampfte ein Erdteil in gleichem Schritt und Tritt,
Und es zogen Seuchen, Mord und Hunger mit uns mit –
In der schönen, in der neuen, in der schönen, in der neuen
In der schönen, neuen, grauen Felduniform.

Rezitativ:
Da jammerten die Bürger, wir gaben Gold für Eisen, aber die Herren antworteten: Gott wird es Euch tausendfach vergelten und die Feinde es heimzahlen milliardenfach. Da weinten alle Mütter: Unsere Männer sind erschossen, unsere Kinder sterben unterernährt! Aber die Herren antworteten: Wir liefern! Da begehrte das Volk auf: Wie lange noch? Aber der Kaiser antwortete: Bis mir Gott den Endsieg beschert.

Chor:
So zogen wir Helden, auch das Frontschwein genannt,
In die Siegfriedstellung ein.
Des Kaisers Rock verwanzt und die Lungen gasverbrannt,
Und die Krüppel gruben ihre Kameraden ein.
So zogen wir herrlichen Zeiten entgegen,
Um drei Millionen Tote in das Massengrab zu legen,
In der schönen, in der neuen, in der schönen, in der neuen,
In der schönen, neuen, grauen Felduniform.

Rezitativ:
Aber im Jahre des Heils 1918 geschah es, daß die Generale sprachen: Die Partie ist verloren. Da liefen die Bürger zum Feinde und bettelten: Frieden! Da revoltierte das Volk und die Matrosen und das ganze Heer: Her mit den Schuldigen! Aber die Herren sprachen und antworteten nicht mehr.

Chor:
Die roten Fahnen in Prothesen,
So zogen wir zum Schlosse ein.
Die Lungen, kaum von Gas genesen,
Die konnten nicht mehr Freiheit schrein –
So kamen sie, den Weg zu sperren,
So hat die Heimat uns bekriegt,
Der Krieg besiegte unsere Herren,
Das Vaterland hat uns besiegt!

Rezitativ:
Da erschien der Feind und sprach: Ihr müßt zahlen!
Aber da war alles Gold gewandelt zu Papier. Da besetzte der Feind das Land und sprach zum zweiten Male:
Ihr müßt zahlen! Und da waren alle Nahrung, alle Kleidung gewandelt zu Papier. Und alles Volk litt Hungerqualen.
Da erschienen die Herren der Feinde und die Herren der Heimat Hand in Hand und sprachen zum Volke: Ihr müßt zahlen. Zahlen müßt Ihr!

Chor:
Da fuhren die fremden Valuten,
Die toten Stationen durchbrausend,
Von Schiebern geschoben, geplündert,
Und wuchsen papieren die Fluten,
Und der Dollar sprang hundert und tausend
Millionen, Milliarden,
Sprang zur Billion.

Rezitativ:
Und soweit der Hunger reichte und so hoch der Dollar stand,
Bedeckte Öde und Inflation das Land.

Chor:
Da fuhren mit Notenmaschinen
Die Völker der Erde auf Reisen,
Da fuhren auf toten Geleisen
Waggons voll verschobener Schienen,

Rezitativ:
Da hielt der Zug, wo hoch der Dollar schien,
Da stieg der Mann aus, denn da lag Berlin.

DAVID WEBER

Stempellied

Keenen Sechser in der Tasche,
bloß'n Stempelschein.
Durch die Löcher der Kledaasche
kiekt de Sonne rein.

Mensch, so stehste vor der Umwelt
jänzlich ohne was;
wenn dein Leichnam plötzlich umfällt,
wird keen Ooge naß.
Keene Molle
schmeißt der Olle,
wenn er dir so sieht . . .
Tscha die Lage sieht sehr flau aus,
bestenfalls im Leichenschauhaus
haste noch Kredit.

Stellste dir zum Stempeln an
wird det Elend nich behoben. –
Wer hat dir, du armer Mann,
abjebaut so hoch da droben?

Ohne Arbeit, ohne Bleibe
biste null und nischt.
Wie 'ne Fliege von der Scheibe
wirste wegjewischt.
Ohne Pinke an der Panke
stehste machtlos da,
und der Burschoa sagt: Danke!
rückste ihm zu nah.
Äußerst schnell schafft
die Jesellschaft
Menschen uff'n Müll –
Wenn de hungerst, halt de Fresse;
denn sonst kriegste 'ne Kompresse –
und das mit Jebrüll.

Stellste dir zu pampich an,
setzt et jleich'n Wink von oben –
Denn es hab'n dich armen Mann
abjebaut die hoch da droben.

Und so kieken dir die Knochen
sachte aus der Haut.
Und du bist in wen'gen Wochen
völlig abjebaut.
Und du koofst dir een paar Latten
für 'ne letzte Mark;
denn für eenen dünnen Schatten

reicht'n dünner Sarg.
Nur nich drängeln
zu die Engeln
kommste noch zur Zeit.
»Holde Rationalisierung«
singt dir de Jewerkschaftsführung
sinnig zum Geleit.

Stell dir vorsichtshalber dann
Jleich zum Stempeln an auch oben –
denn du bleibst, als armer Mann,
abjebaut auch hoch da droben.

ERICH KÄSTNER

Sergeant Waurich

Das ist nun ein Dutzend Jahre her,
da war er unser Sergeant.
Wir lernten bei ihm: »Präsentiert das Gewehr!«
Wenn einer umfiel, lachte er
und spuckte vor ihm in den Sand.

»Die Knie beugt!« war sein liebster Satz.
Den schrie er gleich zweihundertmal.
Da standen wir dann auf dem öden Platz
und beugten die Knie wie die Goliaths
und lernten den Haß pauschal.

Und wer schon auf allen vieren kroch,
dem riß er die Jacke auf
und brüllte: »Du Luder frierst ja noch!«
Und weiter ging's. Man machte doch
in Jugend Ausverkauf . . .

Er hat mich zum Spaß durch den Sand gehetzt
und hinterher lauernd gefragt:
»Wenn du nun meinen Revolver hättst –
brächtst du mich um, gleich hier und gleich jetzt?«
Da hab ich »Ja!« gesagt.

Wer ihn gekannt hat, vergißt ihn nie.
Den legt man sich auf Eis!

Er war ein Tier. Und er spie und schrie.
Und Sergeant Waurich hieß das Vieh,
damit es jeder weiß.

Der Mann hat mir das Herz versaut.
Das wird ihm nie verziehn.
Es sticht und schmerzt und hämmert laut.
Und wenn mir nachts vorm Schlafen graut,
dann denke ich an ihn.

ERICH KÄSTNER

Zitat aus großer Zeit

(Etwas für Stammtische)

Ein Pastor, der in der Heimat klebte,
sagte seinerzeit ungefähr:
»Wenn unser Herr Jesus heute lebte,
bediente er ein Maschinengewehr!«

Kann keiner des Pastors Adresse besorgen?
Weiß sie denn niemand? Wo wohnt der Mann?
Wenn ich wüßte – ich führe noch morgen
zu ihm und böte ihm Ohrfeigen an.

Wir müßten Kette vor seinem Haus stehn!
Hier unsre Hände, dort sein Gesicht.
Sie können meinen Vorschlag nicht ausstehn?
Er ist nicht fein? Nein, fein ist er nicht.

*

Sie glauben, der Ausspruch sei nie gefallen,
sondern erfunden oder entstellt?
Das Schlimmste an diesen Zitaten allen
ist, daß man sie für möglich hält.

Proletarische Selbstkritik

Vier Treppen links im Hinterhause
als Oberhaupt und Haustyrann
herrscht der Familienvater Krause
und sieht sich seine Bude an:
een Haufen Nipps – der Schönheit wejen –
zwee Engel überm Ehebett
mit joldjesticktem Morjensejen
und eene Venus im Klosett.
Und neben Militärandenken
mit schönem, schwarzweißrotem Band
und Hochzeits- und Vereinsjeschenken
hängt einsam Lenin an der Wand.
Bloß wenn er an der Theke steht,
ist Krause Sozialist:
Da schwitzt er Klassenkämpfertum
und schimpft uff Bürgermist.
Sonst frißt er sich 'ne Plauze 'ran,
ist fromm und gottergeben . . .
Doch 's kommt nicht
auf die Schnauze an,
ihr müßt auch danach leben!

Und Mutter liest bei Radiowellen
den Mottenpost-Kriminalroman
und schaudert bei den schönen Stellen
vom Blutrausch und vom Liebeswahn.
Und Vater Lehmann ordnet wichtig
die Zigarettenbilder ein.
Ick glob, bei dem ist's nich janz richtig –
Und det will nu'n Betriebsrat sein.
Selbst nachts quietscht leise noch im Traume
det heißjeliebte Jrammofon
det Lied vom Kaktus und der Flaume,
und Mutter träumt von dem Baron.
Bloß wenn er an der Theke steht,
hat Lehmann 'n jroßen Rand –
Er quatscht von Arbeiterkultur
und noch so allerhand –

Sonst frißt er sich 'ne Plauze 'ran
uns säuft sein Bier daneben . . .
Doch 's kommt nicht
auf die Schnauze an,
ihr müßt auch danach leben!

Kollege Schulz hat andre Sorjen,
sein Mädel kriegt jetzt eenen Mann.
Der ist Beamter und rückt morjen
mit seinem Heiratsantrag an.
Die Jrete quatscht von Kirchentrauung,
vom Schleier und vom Traurigsein
und tritt von wejen die Erbauung
rasch wieder in die Kirche ein.
Und nach dem großen Hochzeitsmahle
ist Schulze blau wie so'ne Sau;
er grölt die Internationale –
Und dann versohlt er seine Frau.
Bloß wenn er an der Theke steht,
ist Schulze wieder echt;
da rülpst er Gotteslästerung
und kämpft für Frauenrecht.
Sonst frißt er sich 'ne Plauze 'ran,
ist still dem Suff ergeben . . .
Doch 's kommt nicht
auf die Schnauze an,
ihr müßt auch danach leben!

Genossen Schulze, Lehmann, Krause,
die könnt ihr überall mal sehn.
Die wohnen auch bei euch zu Hause,
da braucht ihr nicht so weit zu gehn.
Mit Mottenpost und Sammelmappen,
mit Kirche, Schnaps und Weihrauchdampf
und Zigarettenbilderwappen
gewinnt man keinen Klassenkampf.
Was Rußland hat, wolln wir erreichen:
Die rote Sowjetrepublik!
Hinweg mit Kitsch und Bockbierleichen!
Übt proletarische Selbstkritik!
Dann pfeift auf Schnaps und Kanzel
und auf die Nippsfigur;

kämpft gegen Volksverdummung
für Arbeiterkultur!
Verzichtet auf die Plauze dann
und auf die rhein'schen Reben ...
Denn 's kommt nicht
auf die Schnauze an,
wir wolln auch danach leben!

KURT TUCHOLSKY

Bürgerliche Wohltätigkeit

Sieh! Da steht das Erholungsheim
einer Aktiengesellschafts-Gruppe;
morgens gibt es Haferschleim
und abends Gerstensuppe.
  Und die Arbeiter dürfen auch in den Park ...
  Gut. Das ist der Pfennig.
  Aber wo ist die Mark –?

Sie reichen euch manche Almosen hin
unter christlichen frommen Gebeten;
sie pflegen die leidende Wöchnerin,
denn sie brauchen ja die Proleten.
  Sie liefern auch einem Armensarg ...
  Das ist der Pfennig. Aber wo ist die Mark –?

Die Mark ist tausend- und tausendfach
in fremde Taschen geflossen;
die Dividende hat mit viel Krach
der Aufsichtsrat beschlossen.
  Für euch die Brühe. Für sie das Mark.
  Für euch der Pfennig. Für sie die Mark.

Proleten!
  Fallt nicht auf den Schwindel rein!
Sie schulden euch mehr als sie geben.
Sie schulden euch alles! Die Länderein,

die Bergwerke und die Wollfärberein ...
sie schulden euch Glück und Leben.
Nimm, was du kriegst. Aber pfeif auf den Quark.
Denk an deine Klasse! Und die mach stark!
Für dich der Pfennig! Für dich die Mark!
Kämpfe –!

KURT TUCHOLSKY

Die freie Wirtschaft

Ihr sollt die verfluchten Tarife abbauen.
Ihr sollt auf euern Direktor vertrauen.
Ihr sollt die Schlichtungsausschüsse verlassen.
Ihr sollt alles Weitere dem Chef überlassen.
Kein Betriebsrat quatsche uns mehr herein,
wir wollen freie Wirtschaftler sein!
Fort die Gruppen – sei unser Panier!
Na, ihr nicht.
Aber wir.

Ihr braucht keine Heime für eure Lungen,
keine Renten und keine Versicherungen.
Ihr solltet euch allesamt was schämen,
von dem armen Staat noch Geld zu nehmen!
Ihr sollt nicht mehr zusammenstehn –
wollt ihr wohl auseinandergehn!
Keine Kartelle in unserm Revier!
Ihr nicht.
Aber wir.

Wir bilden bis in die weiteste Ferne
Trusts, Kartelle, Verbände, Konzerne.
Wir stehen neben den Hochofenflammen
in Interessengemeinschaften fest zusammen.
Wir diktieren die Preise und die Verträge –
kein Schutzgesetz sei uns im Wege.
Gut organisiert sitzen wir hier ...
Ihr nicht.
Aber wir.

Was ihr macht, ist Marxismus.
Nieder damit!
Wir erobern die Macht, Schritt für Schritt.
Niemand stört uns. In guter Ruh
sehn Regierungssozialisten zu.
Wir wollen euch einzeln. An die Gewehre!
Das ist die neuste Wirtschaftslehre.
Die Forderung ist noch nicht verkündet,
die ein deutscher Professor uns nicht begründet.
In Betrieben wirken für unsere Idee
die Offiziere der alten Armee,
die Stahlhelmleute, Hitlergarden . . .

Ihr, in Kellern und in Mansarden,
merkt ihr nicht, was mit euch gespielt wird?
mit wessen Schweiß der Gewinn erzielt wird?
Komme, was da kommen mag.
Es kommt der Tag,
da ruft der Arbeitspionier:
»Ihr nicht.
Aber Wir. Wir. Wir.«

KURT TUCHOLSKY

Das dritte Reich

Es braucht ein hohes Ideal
der nationale Mann,
daran er morgens allemal
ein wenig turnen kann.
Da hat denn deutsche Manneskraft
in segensreichen Stunden
als neueste Errungenschaft
ein Ideal erfunden:
Es soll nicht sein das erste Reich,
es soll nicht sein das zweite Reich . . .

Das dritte Reich?
Bitte sehr! Bitte gleich!

Wir dürfen nicht mehr massisch sein –
wir müssen durchaus rassisch sein –

und freideutsch, jungdeutsch, heimatwolkig
und bündisch, völkisch, volkisch, volkig . . .
und überhaupt.
Wers glaubt,
wird selig. Wer es nicht glaubt, ist
ein ganz verkommener Paz- und Bolschewist.

Das dritte Reich?
Bitte sehr! Bitte gleich!

Im dritten Reich ist alles eitel Glück.
Wir holen unsre Brüder uns zurück:
die Sudetendeutschen und die Saardeutschen
und die Eupendeutschen und die Dänendeutschen . . .
Trutz dieser Welt! Wir pfeifen auf den Frieden.
Wir brauchen Krieg. Sonst sind wir nichts hienieden.
Im dritten Reich haben wir gewonnenes Spiel.
Da sind wir unter uns.
Und unter uns, da ist nicht viel.
Da herrscht der Bakel und der Säbel und der Stock –
da glänzt der Orden an dem bunten Rock,
da wird das Rad der Zeit zurückgedreht –
wir rufen »Vaterland!«, wenns gar nicht weiter geht . . .
Da sind wir alle reich und gleich
im dritten Reich.
Und wendisch und kaschubisch reine Arier.

Ja, richtig . . . Und die Proletarier!
Für die sind wir die Original-Befreier!
Die danken Gott in jeder Morgenfeier –
Und merken gleich:
Sie sind genau so arme Luder wie vorher,
genau solch schuftendes und graues Heer,
genau so arme Schelme ohne Halm und Haber –
Aber:
im dritten Reich.

Und das sind wir.
Ein Blick in die Statistik:
Wir fabrizieren viel. Am meisten nationale Mistik.

Die andre Möglichkeit

Wenn wir den Krieg gewonnen hätten,
mit Wogenprall und Sturmgebraus,
dann wäre Deutschland nicht zu retten
und gliche einem Irrenhaus.

Man würde uns nach Noten zähmen
wie einen wilden Völkerstamm.
Wir sprängen, wenn Sergeanten kämen,
vom Trottoir und stünden stramm.

Wenn wir den Krieg gewonnen hätten,
dann wären wir ein stolzer Staat.
Und preßten noch in unsern Betten
die Hände an die Hosennaht.

Die Frauen müßten Kinder werfen.
Ein Kind im Jahre. Oder Haft.
Der Staat braucht Kinder als Konserven.
Und Blut schmeckt ihm wie Himbeersaft.

Wenn wir den Krieg gewonnen hätten,
dann wär der Himmel national.
Die Pfarrer trügen Epauletten.
Und Gott wär deutscher General.

Die Grenze wär ein Schützengraben.
Der Mond wär ein Gefreitenknopf.
Wir würden einen Kaiser haben
und einen Helm statt einem Kopf.

Wenn wir den Krieg gewonnen hätten,
dann wäre jedermann Soldat.
Ein Volk der Laffen und Lafetten!
Und ringsherum wär Stacheldraht!

Dann würde auf Befehl geboren.
Weil Menschen ziemlich billig sind.
Und weil man mit Kanonenrohren
allein die Kriege nicht gewinnt.

Dann läge die Vernunft in Ketten.
Und stünde stündlich vor Gericht.
Und Kriege gäb's wie Operetten.
Wenn wir den Krieg gewonnen hätten –
zum Glück gewannen wir ihn nicht!

ERICH KÄSTNER

Ansprache an Millionäre

Warum wollt ihr solange warten,
bis sie euren geschminkten Frauen
und euch und den Marmorpuppen im Garten
eins über den Schädel hauen?

Warum wollt ihr euch denn nicht bessern?
Bald werden sie über die Freitreppen drängen
und euch erstechen mit Küchenmessern
und an die Fenster hängen.

Sie werden euch in die Flüsse jagen.
Sinnlos werden dann Schrei und Gebet sein.
Sie werden euch die Köpfe abschlagen.
Dann wird es zu spät sein.

Dann wird sich der Strahl der Springbrunnen röten.
Dann stellen sie euch an die Gartenmauern.
Sie werden kommen und schweigen und töten.
Niemand wird über euch trauern.

Wie lange wollt ihr euch weiter bereichern?
Wie lange wollt ihr aus Gold und Papieren
Rollen und Bündel und Barren speichern?
Ihr werdet alles verlieren.

Ihr seid die Herrn von Maschinen und Ländern.
Ihr habt das Geld und die Macht genommen.
Warum wollt ihr die Welt nicht ändern,
bevor sie kommen?

Ihr sollt ja gar nicht aus Güte handeln!
Ihr seid nicht gut. Und auch sie sind's nicht.
Nicht euch, aber die Welt zu verwandeln,
ist eure Pflicht!

Der Mensch ist schlecht. Er bleibt es künftig.
Ihr sollt euch keine Flügel anheften.
Ihr sollt nicht gut sein, sondern vernünftig.
Wir sprechen von Geschäften.

Ihr helft, wenn ihr halft, nicht etwa nur ihnen.
Man kann sich, auch wenn man gibt, beschenken.
Die Welt verbessern und dran verdienen –
das lohnt, darüber nachzudenken.

Macht Steppen fruchtbar. Befehlt. Legt Gleise.
Organisiert den Umbau der Welt!
Ach, gäbe es nur ein Dutzend Weise
mit sehr viel Geld . . .

Ihr seid nicht klug. Ihr wollt noch warten.
Uns tut es leid. Ihr werdet's bereuen.
Schickt aus dem Himmel paar Ansichtskarten!
Es wird uns freuen.

ERICH KÄSTNER

Große Zeiten

Die Zeit ist viel zu groß, so groß ist sie.
Sie wächst zu rasch. Es wird ihr schlecht bekommen.
Man nimmt ihr täglich Maß und denkt beklommen:
So groß wie heute war die Zeit noch nie.

Sie wuchs. Sie wächst. Schon geht sie aus den Fugen.
Was tut der Mensch dagegen? Er ist gut.
Rings in den Wasserköpfen steigt die Flut.
Und Ebbe wird es im Gehirn der Klugen.

Der Optimistfink schlägt im Blätterwald.
Die guten Leute, die ihm Futter gaben,
sind glücklich, daß sie einen Vogel haben.
Der Zukunft werden sacht die Füße kalt.

Wer warnen will, den straft man mit Verachtung.
Die Dummheit wurde zur Epidemie.
So groß wie heute war die Zeit noch nie.
Ein Volk versinkt in geistiger Umnachtung.

ERICH KÄSTNER

Brief an den Weihnachtsmann

Lieber, guter Weihnachtsmann,
weißt du nicht, wie's um uns steht?
Schau dir mal den Globus an.
Da hat einer dran gedreht.

Alle stehn herum und klagen.
Alle blicken traurig drein.
Wer es war, ist schwer zu sagen.
Keiner will's gewesen sein.

In den Straßen knallen Schüsse.
Irgendwer hat uns verhext.
Laß den Christbaum und die Nüsse
diesmal, wo der Pfeffer wächst.

Auch um Lichter wär es schade.
Hat man es dir nicht erzählt?
Und bring keine Schokolade,
weil uns ganz was andres fehlt.

Uns ist gar nicht wohl zumute.
Kommen sollst du, aber bloß
mit dem Stock und mit der Rute.
(Und nimm beide ziemlich groß.)

Breite deine goldnen Flügel
aus, und komm zu uns herab.
Dann verteile deine Prügel.
Aber, bitte, nicht zu knapp.

Lege die Industriellen
kurz entschlossen übers Knie.
Und wenn sie sich harmlos stellen,
glaube mir, so lügen sie.

Ziehe denen, die regieren,
bitteschön, die Hosen stramm.
Wenn sie heulen und sich zieren,
zeige ihnen ihr Programm.

Und nach München lenk die Schritte,
wo der Hitler wohnen soll.
Hau dem Guten, bitte, bitte,
den Germanenhintern voll!

Komm, und zeige dich erbötig,
und verhau sie, daß es raucht!
Denn sie haben's bitter nötig.
Und sie hätten's längst gebraucht.

Komm, erlös uns von der Plage,
weil ein Mensch das gar nicht kann.
Auch, das wären Feiertage,
lieber, guter Weihnachtsmann!

WALTER MEHRING

Verrat militärischer Geheimnisse

Der Rentenempfänger Otto Liesch
  Hat Deutschland an Polen verraten.
Man hat ihm zwei Jährchen aufgebrummt
  Für seine abscheulichen Taten.

Ich hab es gesehen! ganz genau!
Und ich dulde das nicht länger!
Das eine war eine pollackische Sau
Und das andre ein Rentenempfänger! Pscht!
Und die beiden saßen bei Kaviar und Sekt
Und der Pole hat dem Liesch eine Mark zugesteckt!
Und da sah ich ihn was aus der Brieftasche ziehn,
So einen mächtigen Bogen,
Das war ein Modell vom Zeppelin
Beziehungsweise die Forts von Berlin,
Direkt aus den Fingern gesogen! Pscht!

Der Rentenempfänger Otto Liesch
  Hat Deutschland an Polen verraten!
Und hätte man ihn nicht gleich erwischt,
  Wärn wir längst schon gehenkt und gebraten!

Ich hab es gehört! Und ganz genau!
Er hat dem Polen verraten,
Die Zukunft von Deutschland sei nebelgrau,
Und es gebe 'ne Masse Soldaten! Pscht!
Und zu Aachen in seiner Kaiserpracht,
Da sei auch jetzt Barbarossa erwacht,
Der sei gleich zu Hitler hin als Pg
In vollem Ornate gezogen,
Und organisierte grad an der Spree
Eine große Rentenempfängerarmee,
Und das Ganze ist mächtig gelogen! Pscht!

Der Rentenempfänger Otto Liesch
  Hat Deutschland an Polen verraten!
Und deswegen sieht doch wohl jeder ein:
  Wir brauchen noch mehr Soldaten!
Wir brauchen auch einen neuen Krieg,
  Wir wollen es ihnen schon zeigen!
Ein frisch-fromm-fröhlicher Krieg allein
Befreit uns von allen Verräterein,
Denn die Toten, die Toten schweigen!

Ballade von Karl Schmidt aus der grauen Stadt, der am Weihnachtsabend die Stadt der Reichen besuchen ging

Karl Schmidt wohnt in der grauen Stadt.
Er wollte einmal die Stadt der Reichen besuchen.
In der grauen Stadt wird keiner mehr satt.
Am Weihnachtsabend ist er aufgebrochen,
Und als er ging, sah er, es gingen noch mehr,
Sie schlichen zuerst die Häuser entlang,
– in Röcken dünn, der Magen leer –
Auf einmal war an der Spitze ein großer Gesang –
Eine rote Fahne flog dem Zug voran!

Sie gingen, die Zähne vor Kälte zusammengepreßt,
Zehntausend Mann,
Zu besuchen die Stadt der Reichen am Weihnachtsfest.

Durch ein Warenhaus zogen sie. Es war wie im Sommer der Himmel
So warm, von flüssigem Licht durchstrahlt.
Ein Büblein schaukelt auf einem Schimmel.
Ein Grammophon singt einen Weihnachtschoral.
Vor den Portalen, in dicken Pelzen,
Standen die Reichen, sie standen warm,
Mit Paketen beladen,
Standen sie und winkten Autos heran . . .

Karl Schmidt denkt vor sich hin: »Du Stadt der Reichen!
Felsengleich! Kein Tränenstrom kann dich erweichen!
Du Stadt der Reichen, du reiche Stadt!
Die noch nie in ihrem Leben gehungert hat!
Wir alle würden hier reichlich satt!« . . .

Zehntausend Münder schreien sich heiß:
»Wir wollen wissen –«
Es zieht um den Platz sich ein Hungerkreis –
»Warum die Reichen feiern, und die Armen hungern müssen . . .«

Und als die Polizisten kamen
Und sprangen von ihren Lastkraftwagen herab,
Die Offiziere kommandierten: »Auseinanderhauen!«
Da nahmen die Hungernden ihre Mützen ab

Und sangen die Internationale.
Karl Schmidt stand vorn, er sah dem Offizier ins Gesicht.
Der zog die Pistole und schrie: »Marsch, weiter, Hund!«
Karl Schmidt aber sagte: »Ich steh. Ich gehe nicht!
Keinen Schritt!«

Und als sie sangen: »Völker, hört die Signale!«
Da fiel der Schuß.
Genossen haben Karl Schmidt in einen Hauseingang getragen.
Es lag ihm wie ein Stein auf der Brust.

Es wurde ihm leicht, wie er so dalag. Er war schon im Traum.
Er sah die Stadt der Reichen,
Und über der Stadt der Reichen wuchs mächtig ein
Wunderbaum
Mit Früchten so voll . . . Er konnte sie auch im Traum nicht
erreichen.

Aber da kam in den Baum gefahren ein Wind, der blies –
Aus der Stadt, der grauen, kam der Wind hergeblasen –
Wie ein Stern lautlos fällt, so fiel
Frucht um Frucht von dem Baum, und die Früchte lagen
dicht auf den Straßen . . .

– – –

Karl Schmidt lag still . . . Der Boden unter ihm war kalt.
Ganz in der Ferne hörte er, wie jemand rief:
Erschossen!
Er suchte seine Hand. Hat sie zur Faust geballt.
Er schlug noch einmal die Augen weit auf und sagte:
»Genossen!« –

– – –

Das ist die Geschichte von Karl Schmidt aus der grauen Stadt,
Der sich vorgenommen,
Am Weihnachtsabend die Stadt der Reichen zu besuchen . . .
Wir aber wissen: Er wird wiederkommen –

Und mit ihm zusammen: Proleten, zehntausend mal zehn,
Sie werden durch die Stadt der Reichen gehn,
Fahnen, rote, werden sie tragen,
Die aus den Häusern heraus als Flammen schlagen.
Hunderttausend fangen zu singen an.
Ihre Münder, der Gewehre Mündungen, sind aufgetan –

Tage werden sein und Nächte und Tage,
Da werden viele auf den Knieen liegen.
Mit Kolben werden die Türen eingeschlagen.
Schüsse werden über den Dächern fliegen –

Und die Stadt der Reichen, die reiche Stadt,
Die noch nie in ihrem Leben gehungert hat:

Zehntausend mal zehn macht sie warm und satt!

ERICH WEINERT

Korps in Wichs

Nun seht euch mal die blöden Nulpen
In ihrer ganzen Schönheit an,
Mit Röhrenstiefeln, steifen Stulpen
Und Zirkusjacken angetan!

Sie gehn mit ihren Stammtischfahnen
Spazieren und markieren Kraft.
Das sind die Bockbierpartisanen
Der deutschen Kunst und Wissenschaft.

Sie reden Blech, wenn sie was reden.
Auch ihre Stimmen sind aus Blech.
Dies noble Zeug behandelt jeden
Nichtstandesmäß'gen vornehm frech.

Das hat fürs Vaterland zu sterben
Auf jedem Sauf- und Freßbankett.
Das haut sich lange Säbelkerben
Ins angesoffne Backenfett.

Ein Blick auf diese Staatsgesichter,
Da überläuft's dich heiß und kalt:
Das wird nun mal Assessor, Richter,
Regierungsrat und Staatsanwalt!

Das wird mit Stumpfsinn großgezüchtet
Zum Massenhaß, wie ehemals,
Das wird dressiert und abgerichtet
Zum Schutz des heiligen Kapitals.

Und wenn sie von Proleten sprechen,
Dann sprechen sie vom roten Schwein.
Bald kommt der Tag, wo sie sich rächen;
Da werden sie ja Richter sein!

Ihr seht ja, wie sie heut schon wüten!
Drum Proletarier, unbeirrt:
Ihr müßt um jeden Preis verhüten,
Daß das noch einmal Richter wird!

ERICH WEINERT

Gesang der Edellatscher

Der Frühling braust; wir ziehn fürbaß
  Und zupfen unsre Geigen.
Wir hüpfen froh ins nasse Gras
  Und tanzen unsre Reigen.
Die Klampfe klirrt im Schritt und Tritt.
Die Kochgeschirre klirren mit.
  Der Wald ist voll Akustik.
  Wir sind so schrecklich lustig.

Und sitzen wir am Waldesrand,
  Dann schweigen unsre Klampfen.
Dann lassen wir durchs stille Land
  Die Hafergrütze dampfen.
Die Maggisuppe duftet weit
In Wald und Bergeseinsamkeit.
  Wie lustig schmort die Soße
  In der Konservendose!

Und ist die Grütze aufgekaut,
  Dann wird in blau und rosa
Das Seelenleben aufgebaut,
  Teils lyrisch, teils in Prosa.
Hoch in die Wolken flieht der Blick.
Wir ziehn uns aus der Welt zurück
  Und sprechen leis im Chore
  Rabindranath Tagore.

Wir fühlen uns nicht bürgerlich
  Und auch nicht proletarisch.
Wir wandeln auf dem Himmelsstrich
  Und leben literarisch.
Die schnöde Welt, wir hassen sie.
Nur abgeklärte Poesie
  Ist unsre Seelenspeise.
  Wir sind so schrecklich weise.

Pfui Klassenkampf! Wie ordinär!
  Wir kennen nicht Tarife.
Der Reichtum kommt von innen her
  Aus unsrer Seelentiefe.
Wer sich von innen her beschaut
Und Nietzsche liest und Rüben kaut,
  Was kümmen den die andern?
  Juchhu! Wir müssen wandern!

ERICH WEINERT

Was sagt ihr zu § 218?

Ich frage den Papst:
Was für ein Gott ist das, nach dessen Gebot
Du dem Elend Befehl zu gebären gabst
Und es dann mit billigem Segen labst
Anstatt mit Brot?
Wenn die Gläubigen dich anzurühren nicht wagen,
Dann müssen dich eben die Gottlosen fragen.
Was sind denn das für sittliche Lehren,
In deren Namen du Mütter zwingst,

Das Elend ins Endlose zu vermehren?
Und die einzige Nahrung, die du bringst,
Ist der Psalm, den du am Wochenbett singst.

Ich frage die lauen und trägen Bürger,
Die Pharisäer aus Dummheit und Heuchler sind:
Wer von euch kümmert sich um das arme Kind,
Das der Hunger, der entsetzliche Würger,
An vertrocknete Brüste preßt
Und am Herzen der Mutter verkümmern läßt?
Ihr flucht, wenn Mütter vor Mitleid und Schrecken
Ihr Ungeborenes nie zum Leben erwecken.
Aber ihr segnet, was lebendig verdorrt!
Warum segnet ihr Heuchler nicht gleich den Mord?

Ich frage die Sozialdemokraten:
Was habt ihr im Parlament getan,
Als man die Gesetzreform beraten?
Stimmtet ihr gegen den Kirchenwahn?
Habt ihr den Schandparagraphen zertreten?
Standet ihr auf in Empörung? Nein!
Das Zentrum hatte es sich verbeten;
Und da mußtet ihr wieder gehorsam sein.
Dann habt ihr dem Volk was vorgeschwätzt,
Ihr hättet eine Milderung durchgesetzt.
Habt ihr nicht hundertmal geschrieben:
Nieder der Wahnsinnsparagraph!?
Und wo ist die große Aktion geblieben?
Die habt ihr euch heimlich abgetrieben,
Die schläft den parlamentarischen Schlaf.
Eure lahmen Proteste, wer fragt nach ihnen!
Man kann nicht dem Volk und den Pfaffen dienen.

Und nun frag' ich das Volk, die Arbeiterklasse:
Was soll geschehn?
Sollen Frauen und Kinder weiter in Masse
Unter diesem Gesetz vor die Hunde gehn?
Fragt ihr die Kirche in eurer Not,
Sie wird euch trösten mit geistlichen Speisen.
Fragt die Bürger: Wer gibt denn den Kindern Brot?
Sie werden euch wieder auf Gott verweisen.
Fragt die Herrn, die sich Sozialisten nennen!

Sie werden sagen: Ja, diese Schmach
Werden wir so schnell nicht beseitigen können.
Das kommt ja alles erst nach und nach.
Jawohl, das geht alles seinen Gang,
Das geht auch noch Jahre, jahrzehntelang!

Und nun frag' ich euch, ihr Arbeiterfrauen:
Wer von euch hat noch zu denen Vertrauen?
Und nun sag' ich euch:
Ihr werdet so lange verbluten müssen
In dieses Gesetzes Dornengesträuch,
Eh es nicht mit der Wurzel herausgerissen!

Und das kann das Volk nur selber schaffen,
Das alle Macht in den Händen trägt,
Und geschlossen, wenn seine Stunde schlägt,
Die Volksverräter, Bürger und Pfaffen
Beiseite fegt!

BERTOLT BRECHT

Lied vom Flicken und vom Rock

Immer, wenn unser Rock zerfetzt ist
Kommt ihr gelaufen und sagt: so geht das nicht weiter
Dem muß abgeholfen werden und mit allen Mitteln!
Und voll Eifer rennt ihr zu den Herren
Während wir, stark frierend, warten.
Und ihr kommt zurück, und im Triumphe
Zeigt ihr uns, was ihr für uns erobert:
Einen kleinen Flicken.
  Gut, das ist der Flicken
  Aber wo ist
  Der ganze Rock?

Immer wenn wir vor Hunger schreien
Kommt ihr gelaufen und sagt: so geht das nicht weiter
Dem muß abgeholfen werden und mit allen Mitteln!
Und voll Eifer rennt ihr zu den Herren
Während wir, voll Hunger, warten.

Und ihr kommt zurück, und im Triumphe
Zeigt ihr uns, was ihr für uns erobert:
Ein Stücklein Brot.
   Gut, das ist das Stück Brot
   Aber wo ist
   Der Brotlaib?

Wir brauchen nicht nur den Flicken
Wir brauchen den ganzen Rock.
Wir brauchen nicht nur das Stück Brot
Wir brauchen den Brotlaib selbst.
Wir brauchen nicht nur den Arbeitsplatz
Wir brauchen die ganze Fabrik.
Und die Kohle und das Erz und
Die Macht im Staat.
   So, das ist, was wir brauchen.
   Aber was
   Bietet ihr uns an?

BERTOLT BRECHT

Drei Paragraphen der Weimarer Verfassung

PARAGRAPH 1

1
Die Staatsgewalt geht vom Volke aus.
– Aber wo geht sie hin?
Ja, wo geht sie wohl hin
Irgendwo geht sie doch hin!
Der Polizist geht aus dem Haus.
– Aber wo geht er hin?
usw.

2
Seht, jetzt marschiert das große Trumm.
– Aber wo marschiert es hin?
Ja, wo marschiert es wohl hin?
Irgendwo marschiert das doch hin!
Jetzt schwenkt es um das Haus herum.
– Aber wo schwenkt es hin?
usw.

3
Die Staatsgewalt macht plötzlich halt.
Da sieht sie etwas stehn.
– Was sieht sie denn da stehn?
Da sieht sie etwas stehn.
Und plötzlich schreit die Staatsgewalt
Sie schreit: Auseinandergehn!
– Warum auseinandergehn?
Sie schreit: Auseinandergehn!

4
Da steht so etwas zusammengeballt
Und etwas fragt: warum?
Warum fragt es denn warum?
Da fragt so was warum!
Da schießt natürlich die Staatsgewalt
Und da fällt so etwas um.
Was fällt denn da so um?
Warum fällt es denn gleich um?

5
Die Staatsgewalt sieht: da liegt was im Kot.
Irgendwas liegt im Kot!
Was liegt denn da im Kot?
Irgendwas liegt doch im Kot.
Da liegt etwas, das ist mausetot
Aber das ist ja das Volk!
Ist denn das wirklich das Volk?
Ja, das ist wirklich das Volk.

PARAGRAPH 111

1
Lauf, lauf, Prolet, du hast das Recht
Ein Grundstück zu erwerben
Dazu hast du das Recht.
Du hast das Recht am Wannsee
Du hast das Recht am Nikolassee.
Jetzt braucht kein Prolet mehr Hungers zu sterben
Er hat das Recht, ein Grundstück zu erben.
Er hat ein Recht
Das ist nicht schlecht
Er darf etwas erwerben.

2
Halt, halt, Prolet, das Grundstück da
Das hat schon einer erworben.
Dazu hat er das Recht.
Er hat das Recht am Wannsee
Er hat das Recht am Nikolassee.
Da mußt du schon warten, bis er gestorben.
Dann hat es wieder ein anderer erworben
Der hat geblecht
Und das war sein Recht
Sonst hättest du was erworben!

PARAGRAPH 115

1
Auch für einen Deutschen gibt es freie Stätten
Denn die sind in unserm Sklavendasein unersetzlich
Unersetzlich.
Wenn wir eine Wohnung hätten
Wäre diese Wohnung unverletzlich
Unverletzlich.

2
Niemand dürfte uns in unserer Wohnung stören
Er bekäm sofort die Strafe, welche ihm gebührte
Gebührte.
Diese Wohnung würde uns gehören
Wenn 'ne Wohnung uns gehören würde
Würde.

3
Da wir leider keine Wohnung kriegen
Sind uns Kellerloch und Brückenbogen unersetzlich
Unersetzlich.
Wenn wir aber auf der Straße liegen
Sind wir dann natürlich auch verletzlich
Verletzlich.

Das Lied vom SA-Mann

Als mir der Magen knurrte, schlief ich
Vor Hunger ein.
Da hört ich sie ins Ohr mir
Deutschland erwache! schrein.

Da sah ich viele marschieren
Sie sagten: ins Dritte Reich.
Ich hatte nichts zu verlieren
Und lief mir, wohin war mir gleich.

Als ich marschierte, marschierte
Neben mir ein dicker Bauch
Und als ich »Brot und Arbeit« schrie
Da schrie der Dicke das auch.

Der Staf hatte hohe Stiefel
Ich lief mit nassen Füßen mit
Und wir marschierten beide
In gleichem Schritt und Tritt.

Ich wollte nach links marschieren
Nach rechts marschierte er
Da ließ ich mich kommandieren
Und lief blind hinterher.

Und die da Hunger hatten
Marschierten matt und bleich
Zusammen mit den Satten
In irgendein drittes Reich.

Sie gaben mir einen Revolver
Und sagten: Schieß auf unsern Feind!
Und als ich auf ihren Feind schoß
Da war mein Bruder gemeint.

Jetzt weiß ich: drüben steht mein Bruder.
Der Hunger ist's, der uns eint
Und ich marschiere, marschiere
Mit seinem und meinem Feind.

So stirbt mir jetzt mein Bruder
Ich schlacht' ihn selber hin
Und weiß doch, daß, wenn er besiegt ist
Ich selber verloren bin.

BERTOLT BRECHT

Das Lied vom Klassenfeind

1
Als ich klein war, ging ich zur Schule
Und ich lernte was mein und was dein
Und als da alles gelernt war
Schien es mir nicht alles zu sein.
Und ich hatte kein Frühstück zu essen
Und andre, die hatten eins:
Und so lernte ich doch noch alles
Vom Wesen des Klassenfeinds.
  Und ich lernte, wieso und weswegen
  Da ein Riß ist durch die Welt!
  Und der bleibt zwischen uns, weil der Regen
  Von oben nach unten fällt.

2
Und sie sagten mir: wenn ich brav bin
Dann werd ich dasselbe wie sie.
Doch ich dachte: wenn ich ihr Schaf bin
Dann werd ich ein Metzger nie.
Und manchen von uns sah ich
Der ging ihnen auf den Strich
Und geschah ihm, was dir und was mir geschah
Dann wunderte er sich.
  Mich aber, mich nahm es nicht wunder
  Ich kam ihnen frühzeitig drauf:
  Der Regen fließt eben herunter
  Und fließt eben nicht hinauf.

3
Da hört ich die Trommel rühren
Und alle sprachen davon:
Wir müßten jetzt Kriege führen

Um ein Plätzlein an der Sonn.
Und heisere Stimmen versprachen
Uns das Blaue vom Himmel herab
Und herausgefressene Bonzen
Schrien: Macht jetzt nicht schlapp!
  Und wir glaubten: Jetzt sind's nur mehr Stunden
  Dann haben wir dies und das.
  Doch der Regen floß wieder nach unten
  Und wir fraßen vier Jahre lang Gras.

4
Und einmal, da hieß es auf einmal:
Jetzt machen wir Republik!
Und der eine Mensch ist da dem andern gleich
Ob er mager ist oder dick.
Und was vom Hungern matt war
War so voll Hoffnung nie.
Doch was vom Essen satt war
War hoffnungsvoll wie sie.
  Und ich sagte: Da kann was nicht stimmen
  Und war trüber Zweifel voll:
  Das stimmt doch nicht, wenn der Regen
  Nach aufwärts fließen soll.

5
Sie gaben uns Zettel zum Wählen
Wir gaben die Waffen her
Sie gaben uns ein Versprechen
Und wir gaben unser Gewehr.
Und wir hörten: die es verstehen
Die würden uns helfen nun
Wir sollten an die Arbeit gehen
Sie würden das übrige tun.
  Da ließ ich mich wieder bewegen
  Und hielt, wie's verlangt wurd, still
  Und dachte: das ist schön von dem Regen
  Daß er aufwärts fließen will.

6
Und bald darauf hörte ich sagen
Jetzt sei alles schon eingerenkt
Wenn wir das kleinere Übel tragen

Dann würd uns das größere geschenkt.
Und wir schluckten den Pfaffen Brüning
Damit's nicht der Papen sei.
Und wir schluckten den Junker Papen
Denn sonst war am Schleicher die Reih.
   Und der Pfaffe gab es dem Junker
   Und der Junker gab's dem General.
   Und der Regen floß nach unten
   Und er floß ganz kolossal.

7
Während wir mit Stimmzetteln liefen
Sperrten sie die Fabriken zu
Wenn wir vor Stempelstellen schliefen
Hatten sie vor uns Ruh.
Wir hörten Sprüche wie diese:
Immer ruhig! Wartet doch nur!
Nach einer größeren Krise
Kommt eine größere Konjunktur!
Und ich sagte meinen Kollegen:
So spricht der Klassenfeind!
Wenn der von guter Zeit spricht
Ist seine Zeit gemeint.
   Der Regen kann nicht nach aufwärts
   Weil er's plötzlich gut mit uns meint.
   Was er kann, das ist: er kann aufhörn
   Nämlich dann, wenn die Sonne scheint.

8
Eines Tags sah ich sie marschieren
Hinter neuen Fahnen her
Und viele der Unsrigen sagten:
Es gibt keinen Klassenfeind mehr.
Da sah ich an ihrer Spitze
Fressen, die kannte ich schon
Und ich hörte Stimmen brüllen
In dem alten Feldwebelton.
   Und still durch die Fahnen und Feste
   Floß der Regen Nacht und Tag
   Und jeder konnte ihn spüren
   Der auf der Straße lag.

9
Sie übten sich fleißig im Schießen
Und sprachen laut vom Feind
Und zeigten wild über die Grenze
Und uns haben sie gemeint.
Denn wir und sie, wir sind Feinde
In einem Krieg, den nur einer gewinnt
Denn sie leben von uns und verrecken
Wenn wir nicht mehr die Kulis sind.
  Und das ist es auch, weswegen
  Ihr euch nicht wundern dürft
  Wenn sie sich werfen auf uns, wie der Regen
  Sich auf den Boden wirft.

10
Und wer von uns verhungert ist
Der fiel in einer Schlacht
Und wer von uns gestorben ist
Der wurde umgebracht.
Den sie holten mit ihren Soldaten
Dem hat Hungern nicht behagt
Dem sie den Kiefer eintraten
Der hatte nach Brot gefragt.
Dem sie das Brot versprochen
Auf den machen sie jetzt Jagd
Und den sie im Zinksarg bringen
Der hat die Wahrheit gesagt.
  Und wer ihnen da geglaubt hat
  Daß sie seine Freunde sind
  Der hat eben dann erwartet
  Daß der Regen nach oben rinnt.

11
Denn wir sind Klassenfeinde
Was man uns auch immer sagt:
Wer von uns nicht zu kämpfen wagte
Der hat zu verhungern gewagt.
Wir sind Klassenfeinde, Trommler!
Das deckt dein Getrommel nicht zu!
Fabrikant, General und Junker
Unser Feind, das bist du!

Davon wird nichts verschoben
Da wird nichts eingerenkt!
Der Regen fließt nicht nach oben
Und das sei ihm auch geschenkt!

12
Da mag dein Anstreicher streichen
Den Riß streicht er uns nicht zu!
Einer bleibt und einer muß weichen
Entweder ich oder du.
Und was immer ich auch noch lerne
Das bleibt das Einmaleins:
Nichts habe ich jemals gemeinsam
Mit der Sache des Klassenfeinds.
Das Wort wird nicht gefunden
Das uns beide jemals vereint:
Der Regen fließt von oben nach unten
Und du bist mein Klassenfeind.

ERICH WEINERT

Der große Flicklappen

Das Reich subventioniert den Großkapitalisten Flick
mit 100 Millionen Mark

Ein aufgeblasener Kapitalist
Ist so auf Macht und Geld versessen,
Daß er im Umkreis alle Aktien frißt.
Doch wie's im Leben manchmal ist:
Hier hat sich einer gründlich überfressen!

Und das kam so: sein Herz begehrte
Ein Stahlwerk, das ihm nicht gehörte.
Doch diesen Brocken zu erraffen,
Muß er die Aktienmehrheit sich verschaffen.

Doch da er so viel Geld in bar
Nicht flüssig hat im Kassenschrank,
So pumpt er sich's bei einer Auslandsbank
Und frißt den Stahlkonzern mit Haut und Haar.

Der Fraß ist ihm nicht gut bekommen;
Er hat sich etwas übernommen.
Die Aktien fallen wie die faulen Pflaumen,
Und er sitzt da mit trocknem Gaumen.

Die eine Pleite reißt die andere mit.
Der Auslandsgläubiger kündigt den Kredit
Und ist schon mächtig drauf versessen,
Nun den Konzern auch seinerseits zu fressen.

Ein deutscher Unternehmer wird nicht bange,
Er schreit: Regierung! Hilfe! Feind im Land!
Die deutsche Industrie in fremder Hand!
Es geht um Nationalbelange!

Der Schrei hat seine Wirkung nicht verfehlt.
Das Reich, von deutschem Gottvertrauen
Und Wohlfahrtsgeist beseelt,
Erlöst ihn aus den welschen Klauen.
Es macht die Rechnung wieder glatt
Und schenkt dem Mann, was er verpulvert hat,
Um nun auch das noch auf den Kopf zu hauen.

Der ist versorgt, der kann sich freuen!
Jedoch: wie kommt das Reich zu soviel Geld?
Das hat doch für die Arbeitsscheuen
Die Unterstützung abgestellt!
Das hört nun auf mit der Verschwendung
Für Wohlfahrts- und für Rentenschinder
Und überflüssige Arbeitslosenkinder!
Das Reich hat dafür bessere Verwendung.

Und meinst du, das sei ungerecht, Prolet,
So sage das nicht offen auf der Straße!
Bescheide dich bei deinem magern Fraße!
Wer dieser heiligen Ordnung widersteht,
Verfängt sich in der Notverordnungsschlinge.
Halt's Maul und karre Sand fürs Vaterland!
Das ist, wie Herr von Papen es genannt,
Die gottgewollte Regelung der Dinge!

FRITZ GUMBEL

Kampf dem Hunger

Korn verkommt in vollen Speichern,
viele Zentner ungezählt,
daß die Reichen sich bereichern,
während uns der Hunger quält.
  Kämpft, Proleten, schließt die Reihen,
  setzt euch kühn zur Wehr!
  Fordre, Arbeitslosenheer:
  Brot, Kartoffeln, Kohle her!
  Brot, Kartoffeln, Kohle her!

Berge von Kartoffelhaufen
lagern und verfaulen schon.
Der Prolet kann nichts mehr kaufen
von der Stütze und dem Lohn!
  Kämpft, Proleten . . .

Auf den Halden lagert Kohle,
doch wir friern bei Hungerskost!
Drum folgt alle der Parole:
Kampf dem Hunger, Kampf dem Frost!
  Kämpft, Proleten . . .

Darbt das Volk bei vollen Scheunen,
friert bei Kohlenüberfluß,
muß der Kampf uns alle einen,
macht mit diesem Irrsinn Schluß!
  Kämpft, Proleten . . .

JURA SOYFER

Kommentar zur Weimarer Verfassung

Uns ist in alten Mären
Wunders viel geseit
Von der Verfassung und deren
Bedrohter Sicherheit.
Sie und den etwas geschmeidigen

Boden, der sie trug,
Schwor man zu verteidigen
Bis zu ihrem leidigen
Letzten Atemzug.
Da stand eines Tages im Deutschen Reich
Die Staatsmacht ergriffen da.
Und zwar von Hitler. Sie wußte nicht gleich,
Ob's ihr legal geschah.
Doch Hindenburgs Jawort verlieh diesem Akt
Die Weimarer Garantie –
Ein altes Berliner Wahrwort fragt:
Nu rin mit der Verfassung oder raus mit der Verfassung,
Oder wie?

Es sagte Herr Hindenburg: »Amen . . .«
Der Spruch des Verfassungsgerichts
Verschwand vor seinem Namen
Zu einem glatten Nichts.
Dann seufzte Herr Hindenburg: »Bitte . . .«
Schrieb einige Zeilen, und
Der Presse von links bis zur Mitte
Knebelte Hitler den Mund.
Drauf stöhnte Herr Hindenburg: »Bitte sehr,
Mir bleibt nichts erspart«, schrieb »m. p.«,
Und Papen diktierte in Preußen, als wär'
Es so seit Anno Schnee.
Da staunt der Laie: »Die Freiheit ging
Ja futsch. Das sowieso.
Man jagte sie weg, wie den Severing,
Aber – innerhalb der Verfassung oder außerhalb der
  Verfassung,
Oder wo?

Auf, auf, schmeißt Blumengarben
Und eure Beine im Takt!
Die IG-Landesfarben
Laßt steigen! Die Häuser beflaggt!
Klopft im Kasernenhof Griffe!
Friede ist Hirngespinst!
Hoch die Gasoffensive!
Nieder die Lohntarife,
Her mit dem Arbeitsdienst!

Demokratie? Faschistischer Trupp?
Wer hat gewonnen das Spiel?
Herr Oldenburg-Januschau und Herr Krupp,
Die fragen danach nicht viel.
Sie sitzen im Herrenklub am Kamin
Und träumen von Stahlbad und Kolonien,
Gott, Kaiser, Somaliland.
Und Herr Papen hält auf dem Knie
Der deutschen Verfassung erneuten sowie
Verbesserten vierzehnten Band.
Es gähnt ein Papierkorb, empfangsbereit,
Es gähnt mit sprichwörtlicher Höflichkeit
Herr Papen: »Was meinen Sie?
Nu rin mit der Verfassung oder raus mit der Verfassung.
Oder wie?«

ERICH KÄSTNER

Das Führerproblem, genetisch betrachtet

Als Gott am ersten Wochenende
die Welt besah, und siehe, sie war gut,
da rieb er sich vergnügt die Hände.
Ihn packte eine Art von Übermut.

Er blickte stolz auf seine Erde
und sah Tuberkeln, Standard Oil und Waffen.
Da kam aus Deutschland die Beschwerde:
»Du hast versäumt, uns Führer zu erschaffen!«

Gott war bestürzt. Man kann's verstehn.
»Mein liebes deutsches Volk«, schrieb er zurück,
»es muß halt ohne Führer gehn.
Die Schöpfung ist vorbei. Grüß Gott. Viel Glück.«

Nun standen wir mit Ohne da,
der Weltgeschichte freundlichst überlassen.
Und: Alles, was seitdem geschah,
ist ohne diesen Hinweis nicht zu fassen.

Frühlingsheil: 1932

Nun strömt die Scholle Erdgeruch. Und harsch und rauh
Mobilisiert April zwei Frühlingsstürme –
Der Auslandsdeutsche Storch besetzt die Türme –
Und Pirol, Amsel, Drossel schlägt im Gau:
Wählthitler!
Wählthitler!
Wählthitler!

Weithin deckt sich mit Grün der Aufmarschplan –
Gen West und Ost steht strammer Eichwald Wache –
Veilchen! sei deutsch! Orientgewächsen Rache!
Wolln Sie jefälligst Haltung annehm, Sie Schwan!
Frühling erwache!
Frühling erwache!

Es stäubt der Pollen – und die Hirsche röhrn –
Was Mensch und Vieh in tiefster Brust beseligt –
Was girrt und seufzt – was sich da kreuzt und ehelicht:
Mal strammjestann! Euch werdn wir schon betörn!
  Der Geist ist schwach – doch Rasse stark
  Die deutsche Ähre reift autark.
  Zur Paarung kehrt! Im gleichen Tritt!
    Daß von der Erde schwindet
    was völkisch nicht empfindet –
  Macht endlich Schluß damit!

Pflanzt jedes Rosenbeet im Hakenkreuz!
Wenn es der Osaf fordert, daß es lenze,
Laßt keine Sonne über Deutschlands Grenze!
Vernichtung rings! Zum Heil der Mannen Teuts!
  Das Erdreich düngt mit fremdem Blut!
  Wächst auch kein Halm – wächst doch der Mut!
  Durch Brache auf gen Ost zum Ritt!
  Gott schenkt nicht Frühlingsgaben,
  Daß sich Marxisten laben!
  Macht endlich Schluß damit!

Fragt nicht, wer diesen Kampf gewann!
Wenn längst verhaucht das Heilgekeuch,
Rauscht Wald noch auf. Ihr geht voran.
Baum, welsch und deutsch, setzt Früchte an
Auch ohne euch! Auch ohne euch!
Häuft für die Zukunft Stein auf Stein
Für Deutschlands Zuchthausmauern!
Saat senkt ins dritte Reich sich ein
Und wird es überdauern!

WALTER MEHRING

Das Wahlresultat

Deutsche!
  Es geht um das Schicksal! Wählt!
Jeder ist Stimme – und jedermann zählt!
Brecht die Ketten – schmiedet das Band!
19 Parteien
19 Programme schreien:
Wir retten das Vaterland!
Vater und Sohn
Greise, Kinder, Mütter, 60 Millionen
Das Land
Bienen und Drohnen –
»Wir geben Ihnen anschließend die Wahlresultate bekannt«
36 Millionen lauern gespannt:
Das Resultat!
Bauern am Pflug –
Saat, die keimte, und Erde, die trug –
Kumpel im Schacht und Piloten im Flug –
Denker und Dichter
Greise und Kinder
Und Schinder und Richter
Menschengewimmel
Und Menschen privat
Monopole und Macht
Kunst und Kohle und
Giftgas!
Menschen, wählt!
Jede Stimme zählt!

Und über allen Stimmen ein Himmel
Über allen der Staat –
Wer ist das?
»Wir geben Ihnen jetzt das Wahlresultat:
8 Millionen achttausend zwohundertneunzehn
Nationalsozialistische Arbeiterpartei!«
Müller! Pg.!
Da bin ich dabei.
Schicksal ist jüdischer Dreh.
Schicksal ist Masse – und der tägliche Fraß!
Ich stehe allein.
»Ein rheinisches Mädchen
Beim rheinischen Wein . . .«
Nein!
Kein Aas fragt nach mir!
Aber wir sind die Partei
Und wir sind die Rasse
Und wir sind der Staat!
»Wir geben Ihnen anschließend das Wahlresultat:
4 Millionen 674 943
Sozialdemokratische Partei!«
Müller, Schlosser! Ich bin dabei
Seit zwanzig Jahren –
In allen Zellen –
Wir waren
Die vaterlandslosen Gesellen –
Wir standen parat
Diesen Staat einmal umzukrempeln –
Zwanzig Jahre geschindet –
Zwanzig Jahr unter preußischem Säbel!
Ich hörte noch Bebel
reden
vom Morgenrot:
Brot und Arbeit für jeden!
Jetzt bin ich erblindet –
Jetzt geh ich stempeln.
Ach, bitte, mein Herr! Wo ist das Gelobte Land?
»Wir geben Ihnen anschließend die Wahlresultate bekannt:
2 Millionen 869602
Kommunisten!«
Müller! Rotfront! Ich bin dabei!
Neger, Chinesen und Christen!

Traktoren sind Schicksal – Glaube ist Wahn!
Schicksal ist
Fünfjahresplan!
»Ein rheinisches Mädchen
Beim rheinischen Wein . . .«
Nein!
Es wird nicht um eine gehn!
Gefühle sind kapitalistischer Dreh!
Wer henkt wen?
Für uns dcnkt
Das Zentralkomitee!
»Wir geben Ihnen anschließend die Zahlen der andern Partein:
Deutschnationale: Eine Million 500000!«
Müller! Hauptmann a.D.
Büro-
Vorstand in Firma Müller und Co.
Eintritt verboten!
Stramm national
Bis auf die Knochen.
Gedenket der Toten!
Uns haben die Feinde das Rückgrat gebrochen.
Nieder die Roten – und rettet das Kapital!
»Ein rheinisches Mädchen
Beim rheinischen Wein,
Das muß doch der Himmel . . .«
»Wir geben Ihnen anschließend die andern Partein:
Zentrum: 3 Millionen 374tausend!«
Brausend in Prozessionen!
Glaube!
Es wird sich im Himmel lohnen!
»332 Tausend!
121 Tausend!«
Hausend in Städten
In Lauben und Zillen
In Spitälern – in Villen,
Stimmen, die beten – und Stimmen, die brüllen –
Stimmen von Sterbenden – Stimmen von Wählern –
Vier Jahre Krieg
Vier Jahre Blut,
Müller: ein Mensch, der sich quält –
Und Müller: ein Katholik –
Müller: ein dreckiger Jud –

Müller: ein krummer Hund –
von Müller – General
Müller, Armierungssoldat!
Deutsche: wählt!
Jede Stimme zählt!
Schicksal ist Zahl,
Und was ist der Staat?
Dies Wahlresultat!

JURA SOYFER

Wahlen im dritten Reich

Das ist die Zeit der großen Wahl.
Der vielgeliebte Führer nimmt
Zuflucht beim Volke wieder mal
Und spricht, das Herz rein wie Kristall:
Wir woll'n mal sehn, wo wer nicht stimmt!
Der heldische Säbelschüttler
Will nichts sein als Willensvermittler.
Er fragt, von Rechtsgefühl beseelt:
Wollt Adolf ihr oder Hitler?
    Deutsche, wählt!

Das ist die Wahl der großen Zeit.
(Die Zeit ist groß. Die Wahl ist klein.)
Weil ihn Diktieren nicht mehr freut,
Wird Hitler voll Entschlossenheit
Ein Demokrat auf »ja und nein!«
Er stutzte der Freiheit die Flügel,
Jetzt lockert er wieder die Zügel,
Daß jeder frei die Entscheidung fällt!
Wollt Hitler ihr oder Prügel?
    Deutsche, wählt!

Das ist die große Zeit der Wahl:
(Auch Krupp wählt sorgsam schon für euch
Den allerbesten Mörserstahl.)
Die Wahl ist listenarm? Egal:
Herr Goebbels macht sie listenreich.
Wähl: Krieg oder Frieden! Doch lerne

Jedenfalls töten! Nicht ferne
Steht dein Heldengrab, längst bestellt.
Sterbt ungern ihr oder gerne?
Deutsche, wählt!

Das ist die große Wahl der Zeit:
Tragt ruhig ihr das braune Joch,
Steigt morgen unsagbar das Leid
Der Welt – und treibt die Kurse hoch.
Doch lernt ihr zur Zeit euch empören,
Ist Deutschland euer und unser die Welt.
Verrecken – oder euch wehren:
Deutsche, wählt!

JURA SOYFER

Rassische Liebesballade

Es waren zwei Nazikinder,
Die hatten einander so lieb.
Sie konnten zusammen nicht kommen,
Denn sie war ein ostischer Typ.

Ihr Schädel nämlich war rundlich,
Ihr Busen hingegen oval,
(Statt umgekehrt) – rassenkundlich
War dieses Weib ein Skandal.

Sein Haupthaar war siegfriedisch,
Sein Auge preußischblau:
Kein Partner für die negroidisch-
Mongolisch gemixte Frau.

Und als er trotzdem dämlich
Beim Rassenamt angesucht,
Da hieß es: »Du bist unabkömmlich
Als Bulle für arische Zucht.«

Sie weinten sehr selbander,
Die Lage war äußerst trist.
Da plötzlich – ha! – erfand er
Eine echt nordische List.

Er ließ sich die Haare schwärzen
Und kräuseln, dann – husch – husch –
Strich, wenn auch mit blutendem Herzen,
Den Leib er sich mit Tusch.

Dann trat er zum Bürotisch
Im Rassenamt und bat
Sehr höflich auf hottentottisch
Um ein Ehezertifikat.

Er frug: »Stört die Herr'n meine Rasse?«
Da schrien sie höhnisch: »Nein!
Ihr Glück, daß sie keine blasse
Und nordische Wunschmaid frei'n!«

So fanden die beiden sich eh'lich.
Und weil er sich fleißig wusch,
Verschwand mit den Jahren allmählich
Von seinem Leibe der Tusch ...

Nun frage ich euch auf Ehre,
Ob das, was jener getan
So kühn, gelungen wäre
Einem mischrassigen Mann?
Nein! – Also: Die Rassenlehre
Ist doch kein leerer Wahn!

WIELAND HERZFELDE

Pro patria

Aus Anlaß meiner Expatriierung

Schickt dem Fisch einen Brief,
er sei ab morgen ein Wurm.
Hört er dann auf zu schwimmen?

Deutscher ist:
dessen Werden, Fühlen und Denken,
dessen Sprechen und Handeln
unlöslich verknüpft ist
(sei er auch verjagt in die Fremde)

mit den Millionen Händen und Hirnen,
die Deutschland schufen
und stündlich erschaffen.

Nicht die seine Burgen und Fürsten,
seine Schlachten und Schlächter besingen
sind Deutsche. Nicht seine Schänder und Totengräber.

Deutsche sind:
deren Väter den Fürsten und Herren trotzten,
ihre Burgen stürmten.
Deutsche sind,
die den Mißbrauch der Ehre und Arbeit des Menschen
nicht dulden,
noch Knechtschaft, noch Raub.

Deutsche sind:
die Deutschlands Verrätern den Krieg erklärten –
auf daß Friede sei!

BERTOLT BRECHT

Gegen die Objektiven

1
Wenn die Bekämpfer des Unrechts
Ihre verwundeten Gesichter zeigen
Ist die Ungeduld derer, die in Sicherheit waren
Groß.

2
Warum beschwert ihr euch, fragen sie
Ihr habt das Unrecht bekämpft! Jetzt
Hat es euch besiegt: schweigt also!

3
Wer kämpft, sagen sie, muß verlieren können
Wer Streit sucht, begibt sich in Gefahr
Wer mit Gewalt vorgeht
Darf die Gewalt nicht beschuldigen.

4
Ach, Freunde, die ihr gesichert seid
Warum so feindlich? Sind wir
Eure Feinde, die wir Feinde des Unrechts sind?
Wenn die Kämpfer gegen das Unrecht besiegt sind
Hat das Unrecht doch nicht recht!!

5
Unsere Niederlagen nämlich
Beweisen nichts, als daß wir zu
Wenige sind
Die gegen die Gemeinheit kämpfen
Und von den Zuschauern erwarten wir
Daß sie wenigstens beschämt sind!

BERTOLT BRECHT

Die Ballade vom Wasserrad

1
Von den Großen dieser Erde
Melden uns die Heldenlieder:
Steigend auf so wie Gestirne
Gehn sie wie Gestirne nieder.
Das klingt tröstlich und man muß es wissen.
Nur: für uns, die wir sie nähren müssen
Ist das leider immer ziemlich gleich gewesen.
Aufstieg oder Fall: wer trägt die Spesen?
  Freilich dreht das Rad sich immer weiter
  Daß, was oben ist, nicht oben bleibt.
  Aber für das Wasser unten heißt das leider
  Nur: daß es das Rad halt ewig treibt.

2
Ach, wir hatten viele Herren
Hatten Tiger und Hyänen
Hatten Adler, hatten Schweine
Doch wir nährten den und jenen.
Ob sie besser waren oder schlimmer:
Ach, der Stiefel glich dem Stiefel immer
Und uns trat er. Ihr versteht: ich meine
Daß wir keine andern Herren brauchen, sondern keine!

Freilich dreht das Rad sich immer weiter
Daß, was oben ist, nicht oben bleibt.
Aber für das Wasser unten heißt das leider
Nur: daß es das Rad halt ewig treibt.

3
Und sie schlagen sich die Köpfe
Blutig, raufend um die Beute
Nennen andre gierige Tröpfe
Und sich selber gute Leute.
Unaufhörlich sehn wir sie einander grollen
Und bekämpfen. Einzig und alleinig
Wenn wir sie nicht mehr ernähren wollen
Sind sie sich auf einmal völlig einig.
Freilich dreht das Rad sich immer weiter
Daß was oben ist, nicht oben bleibt.
Aber für das Wasser unten heißt das leider
Nur: daß es das Rad halt ewig treibt.

BERTOLT BRECHT

In finsteren Zeiten

Man wird nicht sagen: Als da der Nußbaum sich im Wind
schüttelte
Sondern: Als da der Anstreicher die Arbeiter niedertrat.
Man wird nicht sagen: Als das Kind den flachen Kiesel über
die Stromschnelle springen ließ
Sondern: Als da die großen Kriege vorbereitet wurden.
Man wird nicht sagen: Als da die Frau ins Zimmer kam
Sondern: Als da die großen Mächte sich gegen die Arbeiter
verbündeten.
Aber man wird nicht sagen: Die Zeiten waren finster
Sondern: Warum haben ihre Dichter geschwiegen?

Der Zweifler

Immer wenn uns
Die Antwort auf eine Frage gefunden schien
Löste einer von uns an der Wand die Schnur der alten
Aufgerollten chinesischen Leinwand, so daß sie herabfiel und
Sichtbar wurde der Mann auf der Bank, der
So sehr zweifelte.

Ich, sagte er uns
Bin der Zweifler, ich zweifle, ob
Die Arbeit gelungen ist, die eure Tage verschlungen hat.
Ob was ihr gesagt, auch schlechter gesagt, noch für einige Wert
hätte.
Ob ihr es aber gut gesagt und euch nicht etwa
Auf die Wahrheit verlassen habt dessen, was ihr gesagt habt.
Ob es nicht vieldeutig ist, für jeden möglichen Irrtum
Tragt ihr die Schuld. Es kann auch eindeutig sein
Und den Widerspruch aus den Dingen entfernen; ist es zu
eindeutig?
Dann ist es unbrauchbar, was ihr sagt. Euer Ding ist dann
leblos.
Seid ihr wirklich im Fluß des Geschehens? Einverstanden mit
Allem, was wird? Werdet i h r noch? Wer seid ihr? Zu wem
Sprecht ihr? Wem nützt es, was ihr da sagt? Und nebenbei:
Läßt es auch nüchtern? Ist es am Morgen zu lesen?
Ist es auch angeknüpft an Vorhandenes? Sind die Sätze, die
Vor euch gesagt sind, benutzt, wenigstens widerlegt? Ist alles
belegbar?
Durch Erfahrung? Durch welche? Aber vor allem
Immer wieder vor allem andern: Wie handelt man
Wenn man euch glaubt, was ihr sagt? Vor allem: Wie handelt
man?

Nachdenklich betrachteten wir mit Neugier den zweifelnden
Blauen Mann auf der Leinwand, sahen uns an und
Begannen von vorne.

BERTOLT BRECHT

Über die Gewalt

Der reißende Strom wird gewalttätig genannt
Aber das Flußbett, das ihn einengt
Nennt keiner gewalttätig.

Der Sturm, der die Birken biegt
Gilt für gewalttätig
Aber wie ist es mit dem Sturm
Der die Rücken der Straßenarbeiter biegt?

BERTOLT BRECHT

Der Anstreicher spricht von kommenden großen Zeiten.
Die Wälder wachsen noch.
Die Äcker tragen noch.
Die Städte stehen noch.
Die Menschen atmen noch.

BERTOLT BRECHT

Auf der Mauer stand mit Kreide:
Sie wollen den Krieg.
Der es geschrieben hat
Ist schon gefallen.

BERTOLT BRECHT

Deutsches Lied

Sie sprechen wieder von großen Zeiten
(Anna, weine nicht)
Der Krämer wird uns ankreiden.

Sie sprechen wieder von Ehre
(Anna, weine nicht)
Da ist nichts im Schrank, was zu holen wäre.

Sie sprechen wieder von Siegen
(Anna, weine nicht)
Sie werden mich schon nicht kriegen.

Es ziehen die Heere
(Anna, weine nicht)
Wenn ich wiederkehre
Kehr ich unter andern Fahnen wieder.

BERTOLT BRECHT

Ballade von der »Judenhure« Marie Sanders

1
In Nürnberg machten sie ein Gesetz
Darüber weinte manches Weib, das
Mit dem falschen Mann im Bett lag.
»Das Fleisch schlägt auf in den Vorstädten
Die Trommeln schlagen mit Macht
Gott im Himmel, wenn sie etwas vorhätten
Wäre es heute nacht.«

2
Marie Sanders, dein Geliebter
Hat zu schwarzes Haar.
Besser, du bist heute zu ihm nicht mehr
Wie du zu ihm gestern warst.
»Das Fleisch schlägt auf in den Vorstädten
Die Trommeln schlagen mit Macht
Gott im Himmel, wenn sie etwas vorhätten
Wäre es heute nacht.«

3
Mutter, gib mir den Schlüssel
Es ist alles halb so schlimm.
Der Mond sieht aus wie immer.
»Das Fleisch schlägt auf in den Vorstädten
Die Trommeln schlagen mit Macht
Gott im Himmel, wenn sie etwas vorhätten
Wäre es heute nacht.«

4
Eines Morgens, früh um neun Uhr
Fuhr sie durch die Stadt
Im Hemd, um den Hals ein Schild, das Haar geschoren.
Die Gasse johlte. Sie
Blickte kalt.
»Das Fleisch schlägt auf in den Vorstädten
Der Streicher spricht heute nacht.
Großer Gott, wenn wir ein Ohr hätten
Wüßten wir, was man mit uns macht.«

BERTOLT BRECHT

Gleichnis des Buddha vom brennenden Haus

Gothama, der Buddha, lehrte
Die Lehre vom Rade der Gier, auf das wir geflochten sind, und empfahl
Alle Begierde abzutun und so
Wunschlos einzugehen ins Nichts, das er Nirwana nannte.
Da fragten ihn eines Tags seine Schüler:
Wie ist dies Nichts, Meister? Wir alle möchten
Abtun alle Begierde, wie du empfiehlst, aber sage uns
Ob dies Nichts, in das wir dann eingehen
Etwa so ist wie dies Einssein mit allem Geschaffenen
Wenn man im Wasser liegt, leichten Körpers, im Mittag
Ohne Gedanken fast, faul im Wasser liegt oder in Schlaf fällt
Kaum noch wissend, daß man die Decke zurechtschiebt
Schnell versinkend, ob dies Nichts also
So ein fröhliches ist, ein gutes Nichts, oder ob dies dein
Nichts nur einfach ein Nichts ist, kalt, leer und bedeutunglos.
Lange schwieg der Buddha, dann sagte er lässig:
Keine Antwort ist auf euere Frage.
Aber am Abend, als sie gegangen waren
Saß der Buddha noch unter dem Brotbaum und sagte den andern
Denen, die nicht gefragt hatten, folgendes Gleichnis:
Neulich sah ich ein Haus. Es brannte. Am Dache
Leckte die Flamme. Ich ging hinzu und bemerkte
Daß noch Menschen drin waren. Ich trat in die Tür und rief ihnen

Zu, daß Feuer im Dach sei, sie also auffordernd
Schnell hinauszugehen. Aber die Leute
Schienen nicht eilig. Einer fragte mich
Während ihm schon die Hitze die Braue versengte
Wie es draußen denn sei, ob es auch nicht regne
Ob nicht doch Wind gehe, ob da ein anderes Haus sei
Und so noch einiges. Ohne zu antworten
Ging ich wieder hinaus. Diese, dachte ich
Müssen verbrennen, bevor sie zu fragen aufhören.
Wirklich, Freunde
Wem der Boden noch nicht so heiß ist, daß er ihn lieber
Mit jedem andern vertauschte, als daß er da bliebe, dem
Habe ich nichts zu sagen. So Gothama, der Buddha.
Aber auch wir, nicht mehr beschäftigt mit der Kunst des Duldens
Eher beschäftigt mit der Kunst des Nichtduldens und vielerlei Vorschläge
Irdischer Art vorbringend und die Menschen lehrend
Ihre menschlichen Peiniger abzuschütteln, meinen, daß wir denen, die
Angesichts der heraufkommenden Bombenflugzeuggeschwader des Kapitals noch allzulang fragen
Wie wir uns dies dächten, wie wir uns das vorstellten
Und was aus ihren Sparbüchsen und Sonntagshosen werden soll nach einer Umwälzung
Nicht viel zu sagen haben.

BERTOLT BRECHT

An den Schwankenden

Du sagst:
Es steht schlecht um unsere Sache.
Die Finsternis nimmt zu. Die Kräfte nehmen ab.
Jetzt, nachdem wir so viele Jahre gearbeitet haben
Sind wir in schwierigerer Lage als am Anfang.

Der Feind aber steht stärker da denn jemals.
Seine Kräfte scheinen gewachsen. Er hat ein unbesiegliches Aussehen angenommen.
Wir aber haben Fehler gemacht, es ist nicht zu leugnen.

Unsere Zahl schwindet hin.
Unsere Parolen sind in Unordnung. Einen Teil unserer Wörter
Hat der Feind verdreht bis zur Unkenntlichkeit.

Was ist jetzt falsch von dem, was wir gesagt haben
Einiges oder alles?
Auf wen rechnen wir noch? Sind wir Übriggebliebene, herausgeschleudert
Aus dem lebendigen Fluß? Werden wir zurückbleiben
Keinen mehr verstehend und von keinem verstanden?

Müssen wir Glück haben?

So fragst du. Erwarte
Keine andere Antwort als die deine!

ERICH ARENDT

Das Beispiel

Wenn du verzagen willst; nächtlich in Berge fliehst;
wenn in Berlin und Rom grausame Schergen schrecken;
wenn eingekreist du bist und kein Entkommen siehst;
wenn schon der Tod an allen Straßenecken

den Lauf hebt – deine Freunde starben längst im Kerker –,
wenn aus dem Schlaf du fährst, es hält der Mörderschritt
vor deiner Tür, die dunkle Angst braust um dich stärker;
wenn du verzagen willst: dann blicke fernhin nach Madrid!

das allem Tod zum Hohn aus seiner Kehle lacht,
ein Lachen stählern, groß, das Panzer beben macht.
Dort recken noch die toten Fäuste sich aus Steinen.

Stehst du vorm Blutgericht, beug nicht zuletzt dein Knie.
Mit großem Blick umfaß noch einmal sie,
die kühne Stadt: Madrid kämpft seinen Kampf und deinen!

HANS DRACH

Mein Vater wird gesucht

Mein Vater wird gesucht,
er kommt nicht mehr nach Haus.
Sie hetzen ihn mit Hunden,
vielleicht ist er gefunden –
und kommt nicht mehr nach Haus.

Oft kam zu uns SA
und fragte, wo er sei.
Wir konnten es nicht sagen,
sie haben uns geschlagen,
wir schrien nicht dabei.

Die Mutter aber weint,
wir lasen im Bericht,
der Vater sei gefangen
und hätt' sich aufgehangen –
das glaub' ich aber nicht.

Er hat uns doch gesagt,
so etwas tät' er nicht.
Es sagten die Genossen,
SA hätt' ihn erschossen –
ganz ohne ein Gericht.

Heut weiß ich ganz genau,
warum sie das getan.
Wir werden doch vollenden,
was er nicht konnt' beenden –
und Vater geht voran!

Das Dachaulied

(Über dem Eingang zum KZ Dachau stand die Inschrift:
»Arbeit macht frei«)

Stacheldraht, mit Tod geladen,
Ist um unsre Welt gespannt.
Drauf ein Himmel ohne Gnaden
Sendet Frost und Sonnenbrand.
Fern von uns sind alle Freuden,
Fern die Heimat und die Fraun,
Wenn wir stumm zur Arbeit schreiten,
Tausende im Morgengraun.
Doch wir haben die Losung von Dachau gelernt
Und wir wurden stahlhart dabei.
Bleib ein Mensch, Kamerad,
Sei ein Mann, Kamerad,
Mach ganze Arbeit, pack an, Kamerad:
Denn Arbeit, denn Arbeit macht frei,
denn Arbeit, denn Arbeit macht frei!

Vor der Mündung der Gewehre
Leben wir bei Tag und Nacht.
Leben wird uns hier zur Lehre,
Schwerer, als wir's je gedacht.
Keiner mehr zählt Tag' und Wochen,
Mancher schon die Jahre nicht.
Und so viele sind zerbrochen
Und verloren ihr Gesicht.
Doch wir haben . . .

Heb den Stein und zieh den Wagen,
Keine Last sei dir zu schwer.
Der du warst in fernen Tagen,
Bist du heut schon längst nicht mehr.
Stich den Spaten in die Erde,
Grab dein Mitleid tief hinein,
Und im eignen Schweiße werde
Selber du zu Stahl und Stein.
Denn wir haben . . .

Einst wird die Sirene künden:
Auf zum letzten Zählappell!
Draußen dann, wo wir uns finden,
Bist du, Kamerad, zur Stell.
Hell wird uns die Freiheit lachen,
Schaffen heißt's mit großem Mut.
Und die Arbeit, die wir machen,
Diese Arbeit, sie wird gut.
Denn wir haben . . .

WOLF BIERMANN

Ein deutscher Kommunist

Es floh ein Genosse aus Buchenwald
Im Februar Neununddreißig
Verhungert, zerschlagen und hundekalt
Ein guter Genosse, das weiß ich

Die Nazis jagten ihn, fingen ihn fast
Im Februar Neununddreißig
Im Lager war für ihn ein dicker Ast
Zum Hängen dran, das weiß ich

Er hatte Glück, die Flucht gelang
Im Februar Neununddreißig
Der Genosse über die Grenze sprang
Ins Sowjetland, das weiß ich
Es hat keine Kugel ihn fangen gekonnt
Im Februar Neununddreißig
Die Nazis schickten ein' Brief nach Moskau
Was darin stand, das weiß ich:

Da stand: »Genossen, ein Nazi kommt zu euch
Im Februar Neununddreißig
Verkleidet als Häftling aus Buchenwald«
– und sie glaubten dem Brief, das weiß ich

Im Februar Neununddreißig, da wars
In Moskau hallten die Schüsse
Der Genosse starb als Naziagent
Und es ist, als ob mein Hirn ausbrennt
Und mein Herz zerspringen müsse

Im Februar Neununddreißig!

BERTOLT BRECHT

Es ist Nacht
Die Ehepaare
Legen sich in die Betten. Die jungen Frauen
Werden Waisen gebären.

BERTOLT BRECHT

Die Literatur wird durchforscht werden

Für Martin Andersen Nexö

1
Die auf die goldenen Stühle gesetzt sind, zu schreiben
Werden gefragt werden nach denen, die
Ihnen die Röcke webten,
Nicht nach ihren erhabenen Gedanken
Werden ihre Bücher durchforscht werden, sondern
Irgendein beiläufiger Satz, der schließen läßt
Auf eine Eigenheit derer, die Röcke webten
Wird mit Interesse gelesen werden, denn hier mag es sich um
Züge
Der berühmten Ahnen handeln.

Ganze Literaturen
In erlesenen Ausdrücken verfaßt
Werden durchsucht werden nach Anzeichen
Daß da auch Aufrührer gelebt haben, wo Unterdrückung war.
Flehentliche Anrufe überirdischer Wesen
Werden beweisen, daß da Irdische über Irdischen gesessen sind.
Köstliche Musik der Worte wird nur berichten
Daß da für viele kein Essen war.

2
Aber in jener Zeit werden gepriesen werden
Die auf dem nackten Boden saßen, zu schreiben
Die unter den Niedrigen saßen
Die bei den Kämpfern saßen.
Die von den Leiden der Niedrigen berichten
Die von den Taten der Kämpfer berichteten
Kunstvoll. In edlen Sprache
Vordem reserviert
Der Verherrlichung der Könige.

Ihre Beschreibungen der Mißstände und ihre Aufrufe
Werden noch den Daumenabdruck
Der Niedrigen tragen. Denn diesen
Wurden sie übermittelt, diese
Trugen sie weiter unter dem durchschwitzten Hemd
Durch die Kordone der Polizisten
Zu ihresgleichen.

Ja, es wird eine Zeit geben, wo
Diese Klugen und Freundlichen
Zornigen und Hoffnungsvollen
Die auf dem nackten Boden saßen, zu schreiben
Die umringt waren von Niedrigen und Kämpfern
Öffentlich gepriesen werden.

BERTOLT BRECHT

An die deutschen Soldaten im Osten

1
Brüder, wenn ich bei euch wäre
Auf den östlichen Schneefeldern einer von euch wäre
Einer von euch Tausenden zwischen den Eisenkärren
Würde ich sagen, wie ihr sagt: Sicher
Muß da ein Weg nach Haus sein.

Aber, Brüder, liebe Brüder
Unter dem Stahlhelm, unter der Hirnschale
Würde ich wissen, was ihr wißt: Da
Ist kein Weg nach Haus mehr.

Auf der Landkarte im Schulatlas
Ist der Weg nach Smolensk nicht größer
Als der kleine Finger des Führers, aber
Auf den Schneefeldern ist er weiter
Sehr weit, zu weit.

Der Schnee hält nicht ewig, nur bis zum Frühjahr.
Aber auch der Mensch hält nicht ewig. Bis zum Frühjahr
Hält er nicht.

Also muß ich sterben, das weiß ich.
Im Rock des Räubers muß ich sterben
Sterbend im Hemd des Mordbrenners.
Als einer der vielen, als einer der Tausende
Gejagt als Räuber, erschlagen als Mordbrenner.

2
Brüder, wenn ich bei euch wäre
Mit euch trottete über die Eiswüsten
Würde ich fragen, wie ihr fragt: Warum
Bin ich hierhergekommen, von wo
Kein Weg mehr nach Haus führt?

Warum habe ich den Rock des Räubers angezogen?
Warum habe ich das Hemd des Mordbrenners angezogen?
Das war doch nicht aus Hunger
Das war doch aus Mordlust nicht.

Nur weil ich ein Knecht war
Und es mir geheißen wurd
Bin ich ausgezogen zu morden und zu brennen
Und muß jetzt gejagt werden
Und muß jetzt erschlagen werden.

3
Weil ich eingebrochen bin
In das friedliche Land der Bauern und Arbeiter
Der großen Ordnung, des unaufhörlichen Aufbaus
Niedertrampelnd und niederfahrend Saat und Gehöfte
Auszurauben die Werkstätten, die Mühlen und Dammbauten
Abzubrechen den Unterricht der tausend Schulen
Aufzustören die Sitzungen der unermüdlichen Räte:

Darum muß ich jetzt sterben wie eine Ratte
Die der Bauer ertappt hat.

4
Daß von mir gereinigt werde
Das Gesicht der Erde
Von mir Aussatz! Daß ein Exempel statuiert werde
An mir für alle Zeiten, wie verfahren werden soll
Mit Räubern und Mordbrennern
Und den Knechten von Räubern und Mordbrennern.

5
Daß da Mütter sagen, sie haben keine Kinder.
Daß da Kinder sagen, sie haben keine Väter.
Daß da Erdhügel sind, die keine Auskünfte geben.

6
Und ich werde nicht mehr sehen
Das Land, aus dem ich gekommen bin
Nicht die bayrischen Wälder, noch das Gebirge im Süden
Nicht das Meer, nicht die märkische Heide, die Föhre nicht
Noch den Weinhügel am Fluß im Frankenland.
Nicht in der grauen Frühe, nicht am Mittag
Und nicht, wenn der Abend herabsteigt.

Noch die Städte und die Stadt, wo ich geboren bin.
Nicht die Werkbänke, und auch die Stube nicht mehr
Und den Stuhl nicht.

All das werde ich nie mehr sehen.
Und keiner, der mit mir ging
Wird das alles noch einmal sehen.
Und ich nicht und du nicht
Werden die Stimme der Frauen und Mütter hören
Oder den Wind über dem Schornstein der Heimat
Oder den fröhlichen Lärm der Stadt oder den bitteren.

7
Sondern ich werde sterben in der Mitte der Jahre
Ungeliebt, unvermißt
Eines Kriegsgeräts törichter Fahrer.

Unbelehrt, außer durch die letzte Stunde
Unerprobt, außer beim Morden
Nicht vermißt, außer von den Schlächtern.

Und ich werde unter der Erde liegen
Die ich zerstört habe
Ein Schädling, um den es nicht schad ist.
Ein Aufatmen wird an meiner Grube sein.

Denn was wird da eingescharrt?
Ein Zentner Fleisch in einem Tank, das bald faul wurde.
Was kommt da weg?
Ein dürrer Strauch, der erfroren ist
Ein Dreck, der weggeschaufelt wurde
Ein Gestank, den der Wind wegwehte.

8
Brüder, wenn ich jetzt bei euch wäre
Auf dem Weg zurück nach Smolensk
Von Smolensk zurück nach nirgendwohin

Würde ich fühlen, was ihr fühlt: immer schon
Habe ich es gewußt unter dem Stahlhelm, unter der Hirnschale
Daß schlecht nicht gut ist
Daß zwei mal zwei vier ist
Und daß sterben wird, wer mit ihm ging
Dem blutigen Brüllenden
Dem blutigen Dummkopf.

Der nicht wußte, daß der Weg nach Moskau lang ist
Sehr lang, zu lang.
Daß der Winter in den östlichen Ländern kalt ist
Sehr kalt, zu kalt.
Daß die Bauern und Arbeiter des neuen Staates
Ihre Erde und ihre Städte verteidigen würden
So daß wir alle vertilgt werden.

9
Vor den Wäldern, hinter den Kanonen
In den Straßen und in den Häusern
Unter den Tanks, am Straßenrand
Durch die Männer, durch die Weiber, durch die Kinder
In der Kälte, in der Nacht, im Hunger

Daß wir alle vertilgt werden
Heute oder morgen oder am nächsten Tag
Ich und du und der General, alles
Was hier gekommen ist, zu verwüsten
Was von Menschenhand errichtet wurde.

10
Weil es eine solche Mühe ist, die Erde zu bebauen
Weil es soviel Schweiß gekostet, ein Haus aufzustellen
Die Balken zu fällen, den Plan zu zeichnen
Die Mauer aufzuschichten, das Dach zu decken.
Weil es so müde machte, weil die Hoffnung so groß war.

11
Tausend Jahre war da nur ein Gelächter
Wenn die Werke von Menschenhand angetastet wurden.
Aber jetzt wird es sich herumsprechen auf allen Kontinenten:
Der Fuß, der die Felder der neuen Traktorenfahrer zertrat
Ist verdorrt.
Die Hand, die sich gegen die Werke der neuen Städtebauer
  erhob
Ist abgehauen.

BERTHOLD VIERTEL

Ode an Deutschland

I
Zertrümmertes Land!
Zu Narben geschrumpfte Städte!
Denkmäler, zu Schutt geschlagen!
Aber auch die Brand- und Schädelstätte
Ist ein Mal des Gedenkens
Bösen Ausgangs, böseren Beginns.
Die Wüste rufe euch auf
Zu neuer, gesünderer Pflanzung!
So halte Zerstörung Schule
Mit den verstört Überlebenden!

II
Unvergiftet sind euch Brunnen im Lande geblieben,
Wascht mit dem klaren Wasser die Augen der Kinder,
Daß sie sehend werden,
Deren Eltern blind gewesen!
Holt Heilkraft auch aus spät bekehrten Herzen!
Entzündet im zugigen Aschenherde des Hasses
Die erloschene Flamme der Liebe!
Bald blühen wieder die Apfelbäume.

III
Noch sind viele betäubt
Vom selbstverschuldeten Unglück.
Falsche Hoffnung mißriet,
Noch keimt die wahre verborgen.
Hört endlich auf die lange verschmähten
Warner!
Entdeckt und ehrt
Eure wahren Märtyrer!
Entsühnt euch
Von den Verbrechen der verwüstenden Epoche,
Ehe ein langsam grauender Tag
Euch wieder zur Arbeit erweckt,
Und das Brot und die Milch euch bedeuten:
Ihr bliebt am Leben!

ERICH WEINERT

Genauso hat es damals angefangen!

Kaum war das tausendjährige Reich kaputt,
Da krochen sie behend, die Hakenrune
Rasch aus dem Knopfloch polkend, aus dem Schutt
Und machten, etwas vorschnell, auf Kommune.

Mit vollen Hosen standen sie parat,
Mit jeder Sorte Plebs sich zu verbrüdern,
Und drängelten sich vor, dem neuen Staat
Sich anzubieten oder anzubiedern.

Auf einmal gabs in Deutschland nichts als Opfer,
Bereit zum Eintritt in die Heilsarmee,
Und schon erschienen auch die Schulterklopfer
Und tremolierten ihr absolve te!

Wer konnte wohl auf soviel Nachsicht hoffen!
Sie stiegen wieder ins Geschäft mit ein,
Denn alle Hintertüren standen offen,
Und jeder hatte den Entlausungsschein.

Sieg-Heil! Der erste Schock ist überwunden.
Die Amnestie begießt man auf Banketts.
Und man entschädigt sich für Schrecksekunden
Und sucht und findet Löcher im Gesetz.

Schon gehn die meisten wieder durch die Maschen.
Wie lange noch? Dann steht der Schießverein.
Denn statt das Land von Nazis reinzuwaschen,
Wäscht man die ganzen Nazis wieder rein.

Das darf sich heut' schon wieder frech vermessen
Und sein Bedauern fassen ins Gebet,
Daß viel zu wenig im KZ gesessen
Und daß es nicht noch mal nach Moskau geht.

Das darf heut immer noch Soldaten spielen,
Wohin kein unberufenes Auge guckt,
Und lernt auf unbequeme Köpfe zielen,
Bereit zum Einsatz, wenn die Straße muckt.

Das läßt schon wieder Meuchelmörder frei,
Nach denen sie jahrzehntelang gefahndet,
Als ob inzwischen nichts geschehen sei.
Doch Fahnenflucht wird immer noch geahndet.

Das macht, im Schatten der Vergeßlichkeit,
In seiner Klaue noch den Stil von gestern,
Schon wieder sich in Leitartikeln breit,
Und darf, was heut sich redlich müht, verlästern.

Das darf sich wieder vor Kathedern flegeln
Und wird nicht gleich mit Prügeln relegiert.
Das spielt sich wieder auf nach Standesregeln,
Statt Schutt zu karren, wie es ihm gebührt.

Ja, haben dafür unsere kühnsten Herzen
Gekämpft, gelitten und ihr Blut verströmt,
Daß, die wir einst geschworen, auszumerzen,
Heut nicht einmal mehr öffentlich verfemt?

Genauso hat es damals angefangen!
Und wo es aufhört, ist euch bekannt.
Verschlaft ihr noch einmal, die zu belangen,
Dann reicht bestimmt kein Volk uns mehr die Hand.

ALFRED ANDERSCH

An die Deutschen

noch in den rauchenden
ebenen
unseres ausgelöschten landes
werden die letzten von uns
blind tappen
die worte

wehr wehr
macht pflicht

zungenlos
lallend

wollen wir uns
eh es zu spät ist
nicht
ein neues wort
einfallen lassen

irgendeins

FRIEDRICH WOLF

Auch du

Wir haben diesen Krieg nicht gewollt,
So hört ich die Mütter einst klagen,
Da der Geschützdonner über die Felder gerollt
Und so mancher Junge in den Tod getrollt
Und konnt doch das Leben wagen.
Doch ihr, die ihr den Krieg nicht gewollt,
Sagt an:
Was habt ihr gegen den Krieg getan?

Und mancher Mann, der wieder heut spricht:
Ich hab nie eine Kugel verschossen;
Und als man schoß, kehrt ich ab mein Gesicht,

Ich war auf das Schießen nicht erpicht,
Hab zu Hause mich eingeschlossen.
  Du, Mann, der du auf den Krieg nicht erpicht,
  Sag an:
  Was hast du gegen den Krieg getan?

Denn heut, da die Frage riesengroß steht,
Kannst du dein Gesicht nicht abkehren;
Der Bauer, der hinter dem Pfluge geht,
Der Dreher, der sein Gewinde dreht,
Sie alle stehn auf, sich zu wehren.
  Auch du, da unser Wille die Welt durchweht,
  Schließ dich an,
  Und der Krieg ist beendet, eh' er begann.

GÜNTER EICH

Wacht auf, denn eure Träume sind schlecht!
Bleibt wach, weil das Entsetzliche näher kommt.

Auch zu dir kommt es, der weit entfernt wohnt von den Stätten, wo Blut vergossen wird,
auch zu dir und deinem Nachmittagsschlaf,
worin du ungern gestört wirst.
Wenn es heute nicht kommt, kommt es morgen,
aber sei gewiß.

»Oh, angenehmer Schlaf
auf den Kissen mit roten Blumen,
einem Weihnachtsgeschenk von Anita, woran sie drei Wochen gestickt hat,
oh, angenehmer Schlaf,
wenn der Braten fett war und das Gemüse zart.
Man denkt im Einschlummern an die Wochenschau von gestern abend:
Osterlämmer, erwachende Natur, Eröffnung der Spielbank in Baden-Baden,
Cambridge siegte gegen Oxford mit zweieinhalb Längen, –
das genügt, das Gehirn zu beschäftigen.

Oh, dieses weiche Kissen, Daunen aus erster Wahl!
Auf ihm vergißt man das Ärgerliche der Welt, jene Nachricht zum Beispiel:
Die wegen Abtreibung Angeklagte sagte zu ihrer Verteidigung:
Die Frau, Mutter von sieben Kindern, kam zu mir mit einem Säugling,
für den sie keine Windeln hatte und der
in Zeitungspapier gewickelt war.
Nun, das sind Angelegenheiten des Gerichtes, nicht unsre.
Man kann dagegen nichts tun, wenn einer etwas härter liegt als der andere,
Und was kommen mag, unsere Enkel mögen es ausfechten.«

»Ah, du schläfst schon? Wache gut auf, mein Freund!
Schon läuft der Strom in den Umzäunungen, und die Posten sind aufgestellt.«

Nein, schlaft nicht, während die Ordner der Welt geschäftig sind!
Seid mißtrauisch gegen ihre Macht, die sie vorgeben für euch erwerben zu müssen!
Wacht darüber, daß eure Herzen nicht leer sind, wenn mit der Leere eurer Herzen gerechnet wird!
Tut das Unnütze, singt die Lieder, die man aus eurem Mund nicht erwartet!
Seid unbequem, seid Sand, nicht das Öl im Getriebe der Welt!

PAUL CELAN

Todesfuge

Schwarze Milch der Frühe wir trinken sie abends
wir trinken sie mittags und morgens wir trinken sie nachts
wir trinken und trinken
wir schaufeln ein Grab in den Lüften da liegt man nicht eng
Ein Mann wohnt im Haus der spielt mit den Schlangen der schreibt
der schreibt wenn es dunkelt nach Deutschland dein goldenes Haar Margarete
er schreibt es und tritt vor das Haus und es blitzen die Sterne er pfeift seine Rüden herbei

er pfeift seine Juden hervor läßt schaufeln ein Grab in der Erde
er befiehlt uns spielt auf nun zum Tanz

Schwarze Milch der Frühe wir trinken dich nachts
wir trinken dich morgens und mittags wir trinken dich abends
wir trinken und trinken
Ein Mann wohnt im Haus der spielt mit den Schlangen der schreibt
der schreibt wenn es dunkelt nach Deutschland dein goldenes Haar Margarete
Dein aschenes Haar Sulamith wir schaufeln ein Grab in den Lüften da liegt man nicht eng

Er ruft stecht tiefer ins Erdreich ihr einen ihr andern singet und spielt
er greift nach dem Eisen im Gurt er schwingts seine Augen sind blau
stecht tiefer die Spaten ihr einen ihr andern spielt weiter zum Tanz auf

Schwarze Milch der Frühe wir trinken dich nachts
wir trinken dich mittags und morgens wir trinken dich abends
wir trinken und trinken
ein Mann wohnt im Haus dein goldenes Haar Margarete
dein aschenes Haar Sulamith er spielt mit den Schlangen

Er ruft spielt süßer den Tod der Tod ist ein Meister aus Deutschland
er ruft streicht dunkler die Geigen dann steigt ihr als Rauch in die Luft
dann habt ihr ein Grab in den Wolken da liegt man nicht eng

Schwarze Milch der Frühe wir trinken dich nachts
wir trinken dich mittags der Tod ist ein Meister aus Deutschland
wir trinken dich abends und morgens wir trinken und trinken
der Tod ist ein Meister aus Deutschland sein Auge ist blau
er trifft dich mit bleierner Kugel er trifft dich genau
ein Mann wohnt im Haus dein goldenes Haar Margarete
er hetzt seine Rüden auf uns er schenkt uns ein Grab in der Luft

er spielt mit den Schlangen und träumet der Tod ist ein Meister
aus Deutschland

dein goldenes Haar Margarete
dein aschenes Haar Sulamith

WIELAND HERZFELDE

An die Kleinmütigen

Du klagst
du traust dem Menschen nicht,
er ist ein Tier.
Du bist ein Mensch.
Mißtraust du dir?

Du lagst
im Schlaf. Die Angst vor Krieg
nahm dir die Ruh.
Du standest auf.
Was tatest du?

Du plagst
dich für der Lieben Wohl
um Hab und Gut.
Zerstört's der Krieg,
Was nützt dein Mut?

Du fragst
»Liegt nicht des Menschen Los
in Gottes Händen?«
Sei eine Hand,
Das Los zu wenden.

Du wagst
zu wenig, wenn du nur
grollst: »Ohne mich.«
Beschütz den Frieden,
Denn er schützt dich.

Du sagst
man hat dich nicht gefragt,
ob Krieg soll sein, ob Frieden.
Jetzt fragt man dich.
Jetzt wird's von dir entschieden.

BERTOLT BRECHT

Die Lösung

Nach dem Aufstand des 17. Juni
Ließ der Sekretär des Schriftstellerverbands
In der Stalinallee Flugblätter verteilen
Auf denen zu lesen war, daß das Volk
Das Vertrauen der Regierung verscherzt habe
Und es nur durch verdoppelte Arbeit
Zurückerobern könne. Wäre es da
Nicht doch einfacher, die Regierung
Löste das Volk auf und
Wählte ein anderes?

HANS MAGNUS ENZENSBERGER

bildzeitung

du wirst reich sein
markenstecher uhrenkleber:
wenn der mittelstürmer will
wird um eine mark geköpft
ein ganzes heer beschmutzter prinzen
turandots mitgift unfehlbarer tip
tischlein deck dich:
du wirst reich sein.

manitypistin stenoküre
du wirst schön sein:
wenn der produzent will
wird dich druckerschwärze salben
zwischen schenkeln grober raster
mißgewählter wechselbalg
eselin streck dich:
du wirst schön sein.

sozialvieh stimmenpartner
du wirst stark sein:
wenn der präsident will
boxhandschuh am innenlenker

blitzlicht auf das henkerlächeln
gib doch zunder gib doch gas
knüppel aus dem sack:
du wirst stark sein.

auch du auch du auch du
wirst langsam eingehn
an lohnstreifen und lügen
reich, stark erniedrigt
durch musterungen und malz-
kaffee, schön besudelt mit straf-
zetteln, schweiß,
atomarem dreck:
deine lungen ein gelbes riff
aus nikotin und verleumdung
möge die erde dir leicht sein
wie das leichentuch
aus rotation und betrug
das du dir täglich kaufst
in das du dich täglich wickelst.

HANS MAGNUS ENZENSBERGER

verteidigung der wölfe gegen die lämmer

soll der geier vergißmeinnicht fressen?
was verlangt ihr vom schakal,
daß er sich häute, vom wolf? soll
er sich selber ziehen die zähne?
was gefällt euch nicht
an politruks und an päpsten,
was guckt ihr blöd aus der wäsche
auf den verlogenen bildschirm?

wer näht denn dem general
den blutstreif an seine hose? wer
zerlegt vor dem wucherer den kapaun?
wer hängt sich stolz das blechkreuz
vor den knurrenden nabel? wer
nimmt das trinkgeld, den silberling,
den schweigepfennig? es gibt

viel bestohlene, wenig diebe; wer
applaudiert ihnen denn, wer
steckt die abzeichen an, wer
lechzt nach der lüge?

seht in den spiegel: feig,
scheuend die mühsahl der wahrheit,
dem lernen abgeneigt, das denken
überantwortend den wölfen,
der nasenring euer teuerster schmuck,
keine täuschung zu dumm, kein trost
zu billig, jede erpressung
ist für euch noch zu milde.

ihr lämmer, schwestern sind,
mit euch verglichen, die krähen:
ihr blendet einer den andern.
brüderlichkeit herrscht
unter den wölfen:
sie gehn in rudeln.

gelobt sein die räuber: ihr,
einladend zur vergewaltigung,
werft euch aufs faule bett
des gehorsams. winselnd noch
lügt ihr. zerrissen
wollt ihr werden. ihr
ändert die welt nicht.

KARL MICKEL

Die Friedensfeier

Zuerst werden wir uns blütenweiße Hemden kaufen
Dann lassen wir uns drei Tage lang vollaufen

Wenn wir wieder nüchtern und kalt abgeduscht sind
Machen wir unseren Frauen jeder ein Kind

Dann starrn wir rauchend den sternvollen Himmel an.
Morgens dann, viertel nach vier, geht der run

Auf Schneidbrenner los, die begehrten Artikel
Einen davon nimmt Mickel.

Dann verteilen wir uns über Luft, Land und Meer
Und machen uns über das Kriegsgerät her

Und alles hackt und schneidet, zerrt, reißt, schweißt
Spuckt an, pißt dran, sitzt oben drauf und scheißt

Und schmeißt mit Steinen, sprengt mit Sprengstoff weg:
Das ist des Sprengstoffs *höchsterrungner* Zweck!

In Geschützrohre bohren wir kleine Löcher hinein
Dort ziehen dann Spechte und Stare ein

Wers kann, kann auf ausgeblasnen Raketen
Wie auf Taminos Zauberflöte flöten

Mit U-Booten fangen wir Haie und andere Fische
Die Frauen decken die Generalstabstische

An Schlagbäumen werden Ochsen und Hammel gebraten
Von nackten Männern, die waren Soldaten

Und besser als die Uniformen können
Wärmt sie das Feuer, drin die Uniformen brennen.

Rot glühn die Martinöfen auf, in ihren Bäuchen
Vergehn, entstehen Welten! Wie wir keuchen

Vor Wollust, wenn wir sehen: hart wird weich
Und wenn sichs wieder härtet, wird zugleich

Das Krumme grad. Wir waren krumm und dumm!
Wir schleppen Schrott, wir schmieden, pflügen um:

Wenn wir dann die müd-müden Rücken recken
Durchstoßen die Köpfe die Zimmerdecken

Nur in den Nächten jahrein, jahraus
Wir träumen uns ins Mauseloch als Maus.

RAINER KIRSCH

Meinen Freunden, den alten Genossen

Wenn ihr unsre Ungeduld bedauert
Und uns sagt, daß wirs heut leichter hätten
Denn wir lägen in gemachten Betten
Denn ihr hättet uns das Haus gemauert –

Schwerer ist es heut, genau zu hassen
Und im Freund die Fronten klar zu scheiden
Und die Unbequemen nicht zu meiden
Und die Kälte nicht ins Herz zu lassen.

Denn es träumt sich leicht von Glückssemestern;
Aber Glück ist schwer in diesem Land.
Anders lieben müssen wir als gestern
Und mit schärferem Verstand.

Und die Träume ganz beim Namen nennen;
Und die ganze Last der Wahrheit kennen.

WOLF BIERMANN

Gegen diese Angst

Wie lange, sag, kannst du
im Lügenmeer leben, ohne daß du
ein Fisch wirst?

Wie lange kannst du
unter den Menschen schnüffeln
ohne daß du Schwein wirst?

Wie lange kann einer krumm gehn?
Wie lange mußt du krumm gehn, sag
Wirst nicht eines Tages auch du
Knurrend in die Hundehütte kriechen?

Wann endlich, Hund! wann, Unmensch
endlich kläffst du?
Wann endlich nimmst du die Gestalt an
der deine Seele lange schon gleicht?
Warum laufen die Wölfe als Wölfe nicht
herum, und Schafe, warum nicht als Schafe?

W e i l
sich der Mensch doch ändert
D a r u m!

Und darum, weil noch immer auch
ein Fünkchen Hoffnung ist
beläßt Natur uns in der menschlichen Gestalt

Das Volk hat seinen Himmel blankgeputzt
– der Mensch wird Mensch: aufrecht
nicht nur sein Gang, sein Denken auch, sein Fühlen

Wir scheiden uns
vom Affen immer mehr:
Der Kopf verläßt die Bäume
  das Herz kriegt Hände
    die Träume werden Brot

ERICH FRIED

Die Zeit der Steine

Die Zeit der Pflanzen
dann kam die Zeit der Tiere
dann kam die Zeit der Menschen
nun kommt die Zeit der Steine

Wer die Steine reden hört
weiß
es werden nur Steine bleiben

Wer die Menschen reden hört
weiß
es werden nur Steine bleiben

GERD SEMMER

Ich vermisse Nationalgefühl

Kanzlerwort

Gestern abend, plötzlich im Gewühl
kam abhanden mir mein Nationalgefühl.
Eben hatt ich's noch, auf einmal war es weg.
Ach, wo war es nur? Lag es vielleicht im Dreck?
Oder hatte es ein Taschendieb geklaut?
Fiel's in den Kaffee und ist da aufgetaut?
Ich vermisse, oh, mir wird ganz schwül,
ich vermisse so mein Nationalgefühl.

Ob ich es beim Autofahrn verlor?
Kam es etwa schon zu Hause nicht mehr vor?
Ist ins Telefon, den Mixer mir geflutscht,
in den Staubsauger, den Kühlschrank reingerutscht?
Wurde es vielleicht beim Fernsehn eingelullt?
Oder sind die Kommunisten daran schuld?
Ich vermisse, oh, mir wird ganz schwül,
ich vermisse so mein Nationalgefühl.

Es war schon ein wenig strapaziert,
denn wir sind ein bißchen viel damit marschiert.
Zogen damit hin und zogen wieder her
einst vom Nordkap bis ans Schwarze Meer.
Ja, ein Nationalgefühl ist wirklich gut:
nie kriegt man auf sich, nur auf die andern Wut!
Ich vermisse, oh, mir wird ganz schwül,
ich vermisse so mein Nationalgefühl.

Früher war ich immer auf uns stolz,
die Geschichte war aus deutschem Eichenholz.
Da war Willi zwo, den man auch Lehmann hieß,
und der Alte Fritz, der soviel Flöten blies.
Ferner mußte man auch stolz auf Bismarck sein,
heute fällt mir dazu nur noch – Bückling ein.
Ich vermisse, oh, mir wird ganz schwül,
ich vermisse so mein Nationalgefühl.

DIETER SÜVERKRÜP

Kleine Anfragen

Wie soll man den Bunker erreichen,
wenn es knallt, wenn noch finstere Nacht ist,
wenn man tot ist, bevor man erwacht ist.
Wie soll man den Bunker erreichen?

CHORUS:
Das ist wieder so eine Frage,
die noch unbeantwortet ist,
aber sitzt man erst drin in der Lage,
sieht man plötzlich: die Lage ist trist.

Wie ist denn im Bunker die Liebe,
wenn der Bunker entschieden zu klein ist,
und wenn man zu zweit nicht allein ist.
Wie macht man im Bunker die Liebe?

Wann kann man den Bunker verlassen?
Wenn da oben erst alles entzwei ist,
bleibt ja keiner, der sagt, wann's vorbei ist.
Wann kann man den Bunker verlassen?

HANNES STÜTZ

Ein Bomben ist gefallen

Ein Bomben ist gefallen
wohl in den kühlen Tag.
Mit ihrer scharfen Krallen
man sie nicht spüren mag.
Die Blümelein sie sprießen
nun gar nicht mehr so schnell
und alle Flüßlein fließen
zurück zu ihrem Quell.

Auch Export-Import-Meyern
ging in den Untergrund.
Sein Bunker der ist bleiern

und seine Seel' gesund.
Der Rentner Gottlob Führe
sein Chancen hat er gern,
er blättert die Broschüre
und strahlt als wie ein Stern.

Wie Heu und wagenweise
der Schnitter lädt Gebein.
Herr Meyer schaudert leise
er zieht sein Fernrohr ein.
Der Bunker der war teuer,
verseuchte Nachbarn nahn:
da gibt Frau Meyer Feuer
und zieht den Abzugshahn.

O lieber Herre Christe
sei gnädig diesen Leut,
schenk Meyern Brot und Würste
und uns die Sicherheit,
Halunken die zu heißen,
die predigen diesen Krieg,
die mit der ganzen Scheißen
noch treiben Politik.

In ihrem Haus da wohnen
nur Haß und Lug und Trug.
Da wohnen große Drohnen,
die kriegen nie genug.
Die lassen Bomben fallen
wohl in den kühlen Tag,
wenn keiner von uns allen
sie daran hindern mag.

ERICH FRIED

Die Händler

Sie sind nicht feilschende Juden
und das ist leicht zu erkennen
denn sie leben
und sechs Millionen feilschende Juden sind tot

Sie leben und protestieren:
Man tut uns Unrecht
Es waren nicht sechs Millionen
es waren nur fünfeinhalb

Sie leben und wehren sich
gegen das bittere Unrecht:
Es waren nicht fünfeinhalb
es waren nur fünf

Nur fünf Millionen –
man tut uns millionenfach Unrecht
nur fünf Millionen –
Wer bietet weniger?

HILDE DOMIN

Beklemmung

Mich ängstigt
die Arroganz
diese Sicherheit
ohne Sicherheit
derer die beim Gasometer wohnen
und den Flieder hassen.
Finger
ohne Fingerspitzen
immer in Tuchfühlung
Staunen
künstlich
produzierend
fischherzig
wie die Fischer in Schwärmen
hinter dem Leitwort
flitzend.

Es ist wahr, ich ängstige mich
vor der Kathode
im Gehirn
vor dem Druck dieses Knopfs

der den Hahn
(einen Hahn in New York,
einen Hahn in Frankfurt)
zur gleichen Minute
krähen macht.

HELGA M. NOVAK

vom Deutschen und der Polizei

zwei Freunde schwatzten die sich herkannten
von den Kinderschuhen saßen bei Beern und Sahne
gossen da Spott auf Polizei Gericht und Staat
ernst und grinsend verhöhnten sie die Knebel

riefen die Polizei: Schmerbacken Kinderträumespuk
Industriellenbüttel die haussuchen bei Dichtern
Telefon abhören Denunzianten und Spitzel liebkosen
flüchtigen Zech-Brüdern und Nazis Blumen streuen

auch sagten die Freunde: die Gehirnfaltlosen
blühen bei Befehl zum Knüppeln Knuten wetzen Gelenke
knicken
Nachjagen Wehrdienstfeinden Atomwaffengegnern Roten
mit Gas und Wasserstrahlen Menschenknoten lichten

am nächsten Tag sieht der eine die Polizei den andern
grob in die grüne Minna stoßen und sagt deutlich:
irgend etwas wird der schon verbrochen haben umsonst
holen die keinen verschließe Fensterläden und Flügel

VOLKER BRAUN

Anspruch

Kommt uns nicht mit Fertigem! Wir brauchen Halbfabrikate.
Weg mit dem faden Braten – her mit dem Wald und dem
Messer!
Hier herrscht das Experiment und keine steife Routine.
Hier schreit eure Wünsche aus: Empfang beim Leben.

Zwischen die Kontinente, zu allen Ufern
Spannt seine Muskeln das Meer unserer Erwartungen
An alle Küsten trommeln seine Finger die Brandung
Über die Uferklinge läßt es die Wogen springen und
aufschlagen
Immer erneut hält es die Flut hoch und gibt es sie auf:
Hier wird täglich das alte Leben abgeblasen.

Für uns sind die Rezepte nicht ausgeschrieben, mein Herr.
Das Leben ist kein Bilderbuch mehr, Mister, und keine
peinliche Partitur, Fräulein
Nix zum Herunterdudeln! Hier wird ab sofort Denken verlangt.
Raus aus den Sesseln, Jungs! Feldbett – meinetwegen.
Nicht so feierlich, Genossen, das Denken will heitere Stirnen!
Wer sehnt sich hier nach wilhelminischem Schulterputz?
Unsere Schultern tragen einen Himmel voll Sternen.

Alles Alte prüft: her, Kontrollposten Jugend!
Hier wird Neuland gegraben und Neuhimmel angeschnitten –
Hier ist der Staat für Anfänger, Halbfabrikat auf Lebenszeit.
Hier schreit eure Wünsche aus: an alle Ufer
Trommelt die Flut eurer Erwartungen!
Was da an deine Waden knallt, Mensch, die tosende Brandung:
Das sind unsere kleinen Finger, die schießen nur
Bißchen Zukunft vor, Spielerei.

WOLF BIERMANN

Frühzeit

Heute morgen, als ich noch wohlig im Bett lag
riß mich ein grober Klingler aus dem Schlaf.
Wütend und barfuß lief ich zur Tür und öffnete
meinem Sohn, der
da Sonntag war
sehr früh nach Milch gegangen war.

Die Zufrühgekommenen sind nicht gern gesehn.
Aber ihre Milch trinkt man dann.

WOLF BIERMANN

Frage und Antwort und Frage

Es heißt: Man kann nicht mitten im Fluß
die Pferde wechseln
Gut. Aber die alten sind schon ertrunken

Du sagst: Das Eingeständnis unserer Fehler
nütze dem Feind
Gut. Aber wem nützt unsere Lüge?

Manche sagen: Auf die Dauer ist der Sozialismus
gar nicht vermeidbar
Gut. Aber wer setzt ihn durch?

WOLF BIERMANN

Ermutigung

Peter Huchel gewidmet

Du, laß dich nicht verhärten
In dieser harten Zeit
Die all zu hart sind, brechen
Die all zu spitz sind, stechen
und brechen ab sogleich

Du, laß dich nicht verbittern
In dieser bittren Zeit
Die Herrschenden erzittern
– sitzt du erst hinter Gittern –
Doch nicht vor deinem Leid

Du, laß dich nicht erschrecken
In dieser Schreckenszeit
Das wolln sie doch bezwecken
Daß wir die Waffen strecken
Schon vor dem großen Streit

Du, laß dich nicht verbrauchen
Gebrauche deine Zeit
Du kannst nicht untertauchen
Du brauchst uns, und wir brauchen
Grad deine Heiterkeit

Wir wolln es nicht verschweigen
In dieser Schweigezeit
Das Grün bricht aus den Zweigen
Wir wolln das allen zeigen
Dann wissen sie Bescheid

WOLF BIERMANN

Vier sehr verschiedene Versuche, mit den alten Genossen neu zu reden

Für Lou und Ernst Fischer

Erster Versuch
Ihr alten Genossen, geschmückt mit den blutigen Narben
Des herrlichen Sklaven Spartakus, geblendet auch
Mit jener trotzigen Weitsicht geblendeter Bauern
Verblüht sodann in den Fabriken der Armut
Zerfetzt vor Madrid, als Moorsoldaten gefallen
Und bleichgeglüht in den Öfen von Auschwitz
Überrollt von dem eigenen Karrn des Parteiapparats
Gerädert seid Ihr und dreifach gebrochen, geschleift
Vom rasenden Karrn des bärtigen Kutschers Stalin
Genossen! Ein offenes Wort! Wir melden uns an

Was?
Keine Zeit?
Staatsempfang?
Wartet der Wagen unten?
Wir warten auch

Zweiter Versuch
Wie wir auch immer Euch entgegentraten
In Ehrfurcht, Furcht und Zorn sodann
Ihr schiebt uns ab wie Kinder oder Feinde
Wärn wir nur Neger, Blumenzüchter, Christen
Devisenbringer, Spezialisten, Sportler
Ihr hättet uns schon längst ins Herz geschlossen

Mit blindem Haß, mit Foltern, Scheiterhaufen
Hat auch die Kirche nur die Ketzer totgehetzt
Ihr Greise! Junge, alte! Ihr unerbittlich harten!
Genossen, kennt Ihr uns denn noch?

Was?
Keine Zeit?
Staatsempfang?
Wartet der Wagen unten?
Wir warten auch

Dritter Versuch
Ach, Genossen, Freunde, würdig unsrer
Unbegrenzten Achtung, alt an Jahren zwar
Doch frisch im Herzen; immer glüht Ihr noch
In schöner Leidenschaft für unsre Sache
Altersstarrheit, greise Eitelkeiten
Sind so fremd Euch wie wir selbst Euch nah
Ihr, die mühsam in den ersten Jahren
Hitlers Höllen kaum entronnen
Ohne Zeit für Bildung, Liebe und Genuß
Brot uns gabt und Bücher – hört uns an!

Was?
Keine Zeit?
Wartet der Wagen unten?
Jetzt wartet Ihr mal!

Viertens
Ihr impotenten, ausgelaufnen Fässer!
Noch immer wollt Ihr geil vor Machtbegier
Das Volk begatten mit dem Gummiknüppel?
Denkmale seid Ihr einstmals großer Tage
Verzerrt zu Stein, gefährlich wandelnde Statuen
Schwankt Ihr durch unsere Städte, umgeben von
Feurigen Schönrednern, Spitzeln, Blechmusik
Syphilitische Jungfraun schwenken Weihrauchfässer
Starr jubelt das Volk im Spalier. – Spott
Und furchtbar seid Ihr uns geworden!

Der Wagen wartet?
Auf uns?
Ja ja. Jetzt ist Zeit für uns, lange Zeit
WORAUF WARTEN WIR DENN NOCH?!

ERICH FRIED

Taktfrage

Im
Haus
des
Gehenkten
darf
man
vom
Strick
nicht
reden
weil
jetzt
sein
Henker
dort
im
Ruhestand
lebt

ERICH FRIED

Schwächer

Sie werden wieder stärker
Wer denn?
Sie

Wer sollen sie sein?
Sie sollen nicht sein
sie sind nur

Stärker als wer?
Als du
Vielleicht bald als viele

Was wollen sie?
Zunächst
wieder stärker werden

Warum sagst du das alles?
Weil ich es
noch sagen kann

Das kann dir doch schaden?
Gewiß
denn sie werden stärker

Woher weißt du das?
Aus deinen Worten
daß es mir schaden kann

DIETER SÜVERKRÜP

Kirschen auf Sahne

In dem kleinen Café
mit dem Kopfschmerzenlicht
sitzt ein Liebespaar drin
so als wär's in Paris
aber da ist es nicht

in dem kleinen Café
sitzt der zittrige Mann
mit der Narbe am Auge
das blickt die Verliebten
so freundschaftlich an

dieses Auge blieb heil
in fünf Jahren Kazett
und am Nebentisch Sahne
mit Kirschen die Dame
ist schön aber fett

Kirschen mit Sahne
Blutspur im Schnee
eine Mark fünfzig
sanftes Klischee.

In dem kleinen Café
Kriminalfernsehzeit
nur der Wilddieb in Öl
im Barockrahmen starrt
auf die Ewigkeit

und der alte Mann der
mal im Widerstand war
spricht nicht gerne davon
pro Tag Auschwitz fünf Mark
wieviel macht das im Jahr?

wenn die Liebenden gehn müssen
grüßen sie matt
zu dem Zittermann hin
weil er ihnen so auf-
merksam zugeschaut hat

manche war'n Juden
manche war'n rot
dreißig Verletzte
schimmliges Brot.

Und da denkt er es hat sich
vielleicht doch gelohnt
und die Schmerzen komm'n wieder
er setzt sich gerade
er ist es gewohnt

der Geschenkevertreter
trinkt unentwegt Bier
es nistet das Graun in
der Rokokovase
gleich neben der Tür

und der zitternde Mann
wird verlegen und geht
denn er schämt sich weil all
die verdammte Erinnerung
nicht mehr verweht

Leben ist Leben
wer hat das nicht
zehntausend Tote
Neon macht licht.

DIETER SÜVERKRÜP

Lagerlied

Du da, bist du der, den man um elf hier eingeliefert hat?
Woher kommst du, Neuer? Sag zu allererst, aus welcher Stadt?
Bist du Friedensfreund, Gewerkschaftsführer, Sozi,
Kommunist?
Wurdest du vielleicht verurteilt, weil du Schah-Verächter bist?
Ach, du glaubst im Ernst, hier werde Luft- und Selbstschutz
eingeübt.
Welches grüne Blatt hat dir dein Aug' mit Gottvertraun
getrübt?
Nimm den Mantel; er ist übrig und der Nachtwind geht sehr
scharf
hier im Lager, wo man alles sagen kann und soll und darf.

Sag, wie geht es draußen! Was macht Springer und die
Bundeswehr?
Sag uns alles! Viel zu selten kommen Nachrichten hierher.
Hast du irgendetwas vom Aufstand in der dritten Welt gehört?
Oder funktioniert die Ausbeutung noch immer ungestört?
Gibt es Streik in unserem Lande? Sind die Arbeiter noch still?
Oder macht die hohe Herrschaft ungehindert, was sie will?
Ach, wir sind auf jeden Satz, auf jedes Wörtchen von dir scharf
hier im Lager, wo man alles sagen kann und soll und darf.

Der Latrinenchlorgeruch, der nur bei Südwind hierher dringt;
der Insektenschwarm, der um die weißen Bogenlichter singt;
das Geschrei aus der Baracke – darin ist das Lazarett –
(jedermann, der vom Verhör kommt, kriegt für einen Tag ein
Bett);
der Gestank des kranken Nachbarn, der in Fieberträumen
stöhnt . . .
das sind Sachen, daran hat sich jeder Neue schnell gewöhnt.
Neuer, bleibe weg vom Drahtzaun! Unsre Wächter schießen
scharf
hier im Lager, wo man alles sagen kann und soll und darf.

Wenn die grünen Limonadenlichter ausgehn morgen früh,
wenn der blaugeblümte Sommerhimmel aufzieht, kommen sie,
die vom Selbst-Schutz-Korps, der Kürze halber schlicht »SS«
genannt.

Einer malt den großen Kreis mit einem Stecken in den Sand.
Und wir werden angetreten, einer von uns ausgewählt.
Der wird vor den Augen aller in den Kreis hineingestellt.
Und wir kriegen ringsum Noten, Zimbeln, Lauten, Flöt' und Harf'
hier im Lager, wo man alles sagen kann und soll und darf.

Und dann müssen wir zur Freude der Bewacher musizieren,
hinter abgegriffnen Klimperdrähten singend protestieren.
Der im Kreise, der muß tanzen, und verschnaufen darf er nicht
und wird erst erschossen, wenn er rot und naß zusammenbricht.
Und wer, rasend vor Empörung, unsre Wächter überfällt,
der wird nach dem Mittagessen einfach an die Wand gestellt.
Die Gesetze sind sehr streng, die man am schönen Rhein entwarf
für das Lager, wo man alles sagen kann und soll und darf.

Die wir immer dachten, was den deutschen Landen widerfuhr,
sei die Folge irgendeines düstren Zugs zur Diktatur,
die wir nur die Oberlehrer, niemals die Konzernherrn sahn,
haben vieles gegen Bisse, gegen Haie nichts getan.
Zugegeben, dieses Liedchen singt nur einen bösen Traum.
Wie ersichtlich, liebe Hörer, glaubt Ihr an Träume kaum.
Doch verlaßt euch drauf, die Furcht macht unsre alte Herrschaft scharf
hier im Lande, wo sie alles machen kann und soll und darf.

FRANZ JOSEF DEGENHARDT

2. Juni 1967

Da habt ihr es, das Argument der Straße.
Sagt bloß jetzt nicht: Das haben wir nicht gewollt.
Zu oft verhöhnt habt ihr die sogenannte Masse,
die euch trotz allem heut noch Beifall zollt.
Nun wißt ihr es: Uns ist es nicht genug,
in jedem vierten Jahr ein Kreuz zu malen.
Wir rechnen nach und nennen es Betrug,
wenn es gar keine Wahl gibt bei den Wahlen.

Jetzt schreiben wir die Kreuze an die Wände
mit roter Farbe. Warum eure Wut?
Das ist doch Farbe. Aber eure Hände
sind seit Berliner Tagen voller Blut.
Zerquetschte Schädel stellt ihr zum Vergleich
geplatzten Eiern und Tomaten.
Das ist nicht neu in diesem Land! Und euch,
euch paar'n, die ihr mal anders wart, was soll man euch noch
raten?

Genau das ist die Mischung, die wir kennen:
Gerührt bei kindischer Sorayerei.
Und das schlägt zu, mitten im Flennen.
Aus Rotz und Blut ist dieser Brei.
Warum, verdammt, seid ihr nicht aufgewacht,
bevor die Kugeln trafen?
Jetzt denkt an Deutschland in der Nacht
und sagt, wer kann noch ruhig schlafen?

GÜNTER BRUNO FUCHS

Polizisten-Steckbriefe

1
Gesucht wird
ein schießender
Polizist
in lebensnaher
Dauerstellung. Geboten wird:

Fünftagewoche, Dienst-
und Freizeitrevolver, Munition
nach Tarif, gratis
Zielscheiben
für Fortgeschrittene,

sowie
jährlich einmal
unser
beliebter
Prämienauswurf.

2
Gesucht wird
ein schlagender
Polizist
zur Mithilfe bei der
Realisierung
unserer weitgesteckten
Ziele.

Die Ausbildung
beginnt an leichten
Objekten (zehn Beamte auf
einen Störenfried) –
steigert sich
nach dreijähriger
Einarbeitung (sechs
Beamte auf
einen Störenfried) mit
abschließender
Einsatzbereitschaft (drei
Beamte auf
einen Störenfried), wobei

freie
Heilfürsorge
gleich zu Beginn
zugesichert wird.

ROLF HAUFS

An einen Militär

Ich weiß sehr wohl mein Herz ist ängstlich
Ich habe Angst vorm harten Fall
Verzeihen Sie Herr Uniform
So ist das halt mon General

Statt anderen das Fell zu kratzen
Wer will schon daß man seins zerbrennt
Verstehen Sie Herr Uniform
Das tut doch weh mon General

Das Loch im Bauch das such ich zwar
Doch anderswo und sehr banal
Es stirbt sich schwer Herr Uniform
Das wissen Sie mon General

Ohn Sie das denk ich
Wär die Welt beinahe schon normal
Sie sind zuviel Herr Uniform
Pardon mon General.

HANS MAGNUS ENZENSBERGER

Lied von denen auf die alles zutrifft und die alles schon wissen

Daß etwas getan werden muß und zwar sofort
das wissen wir schon
daß es aber noch zu früh ist um etwas zu tun
daß es aber zu spät ist um noch etwas zu tun
das wissen wir schon

und daß es uns gut geht
und daß es so weiter geht
und daß es keinen Zweck hat
das wissen wir schon

und daß wir schuld sind
und daß wir nichts dafür können daß wir schuld sind
und daß wir daran schuld sind daß wir nichts dafür können
und daß es uns reicht
das wissen wir schon

und daß es vielleicht besser wäre die Fresse zu halten
und daß wir die Fresse nicht halten werden
das wissen wir schon
das wissen wir schon

und daß wir niemand helfen können
und daß uns niemand helfen kann
das wissen wir schon

und daß wir begabt sind
und daß wir die Wahl haben zwischen nichts und wieder nichts
und daß wir dieses Problem gründlich analysieren müssen
und daß wir zwei Stück Zucker in den Tee tun
das wissen wir schon

und daß wir gegen die Unterdrückung sind
und daß die Zigaretten teurer werden
das wissen wir schon

und daß wir es jedesmal kommen sehen
und daß wir jedesmal recht behalten werden
und daß daraus nichts folgt
das wissen wir schon

und daß das alles wahr ist
das wissen wir schon

und daß das alles gelogen ist
das wissen wir schon

und daß das alles ist
das wissen wir schon

und daß Überstehn nicht alles ist sondern gar nichts
das wissen wir schon

und daß wir es überstehn
das wissen wir schon

und daß das alles nicht neu ist
und daß das Leben schön ist
das wissen wir schon
das wissen wir schon
das wissen wir schon

und daß wir das schon wissen
das wissen wir schon

NICOLAS BORN

Berliner Para-Phrasen

Unsere Geduld ist am Ende.
Wir haben es satt, uns von einer Majorität
auf der Nase herumtanzen zu lassen.
Wir haben es satt, Berlin vom Radau-Verleger beleidigen zu lassen.
(: wenn ihm Berlin unappetitlich geworden ist,
soll er doch in den Osten gehen).
Wir haben es satt, uns das Demonstrationsrecht rationieren zu lassen.
Wir haben es satt, uns von administrativen
Krakeelern in Deutsch unterrichten zu lassen.
Wir haben es satt, uns von gewaschenen Schlägern schlagen zu lassen.
Wir haben es satt, uns von kurzmähnigen Greifern greifen zu lassen.
Wir haben es satt,
den Kudamm von uniformiertem Mob blockieren zu lassen.
Seht sie an diese Typen,
dann wißt ihr, denen kommt es nur darauf an,
unsere freiheitliche Grundordnung zu zerstören.

Aber hüten wir uns vor Verallgemeinerung.
Wir haben es zu tun mit einer Handvoll Radikaler
mit dem harten Kern der Reaktion
der Gewalt predigt.
Diese Handlanger des Westens wollen eine
jugendfreie Notstandsgesellschaft.
Sie wollen die Jugend abschaffen
(im Rahmen der Unverhältnismäßigkeit der Mittel)
Aber was sie an deren Stelle setzen wollen –
darauf sind sie die Antwort bisher schuldig geblieben.

Das rote Chanson

Wenn Jemand – vielleicht morgen schon – an meine Türe klopft,
Und der Zufall will's, ich bin zu Hause
Wenn nun dieser Jemand nähertritt und mich fragt:
Ob der Staat mir nicht behagt?
Ob ich dies und das gesagt?
Ob ich denn nicht wüßte, wie man heute denken müßte?
Pardon –
Ach, ihr sehr erhabnen Herrn
Müßt nicht gleich den Mund aufsperr'n
Müßt nicht alle über euren Leisten schlagen,
Wenn nicht alle tun, was die meisten sagen.
Darum ist man nicht gleich rot.
Merkt euch das!
Ihr seid alles, alles, wenn's nur Geld einbringt.
Ich bin weder noch,
Glaube nichts und glaube doch,
Daß mit Abstand und in Stille
Ich viel besser das erfülle,
Was ihr Pflicht nennt.
Ich bin Bürger!
Und ich teile diesen Staat nicht ein
In Automarken und in Konfessionen.
Ich denke nicht in Aktien.
Ihr, immer wißt ihr es genau, was man denken muß,
Wie man seine Fahne schwenken muß.
Ich bin Bürger!
Hab ich nicht ein Recht darauf,
Anständig zu arbeiten für anständiges Geld.
Meint ihr denn
Ich erzähle meinen Kindern nichts von Nächstenliebe?
Glaubt ihr denn, ich hätte kein Gefühl für alte Dinge
Und für Fehler, die in jedem Leben sich summieren. –
Bin ich rot, nur weil ich Heine lese?
Bin ich asozial, weil ich Familie habe?
Ich bin euch zu naiv, nicht wahr?
Allerdings
Wenn das alles rot ist, weiß Gott, dann seh ich rot.

Rot sein heißt dann: weder rosa noch grau sein,
Rot sein heißt dann: weder schwarz noch blau sein,
Rot sein heißt dann: in Angst ums täglich Brot sein
Rot sein heißt dann: weder leben noch tot sein,
Rot sein heißt dann: von der Menge bedroht sein,
Rot sein heißt dann: ganz einfach – in Not sein.

Not des Gewissens! Kennt ihr das überhaupt?
Rot ist dann jeder,
Der selbständig denkt und selbständig glaubt.
Rot seid ihr alle in diesem Falle!

Wundern würd' ich mich nicht, wenn jemand
– vielleicht morgen schon –
an meine Türe klopft.

HANNS DIETER HÜSCH

Marsch der Minderheit

He du, mein gebildeter Bürger,
Genosse Bürger, Bildersammler, Bücherwurm,
Konzertabonnent, liberaler Aesthet,
Mozartfan,
Komm mit, wir sind auf dem Marsch,
Komm mit, wir brauchen dich!
Nicht nur unterschreiben,
Wenn Sartre unterschreibt!
Komm mit, Genosse Bürger,
Wir brauchen dich wirklich!

Freunde, noch sind wir wenige,
Doch täglich werden es mehr.
Wird sind weder Playboys noch Könige
Und wir haben kein grausames Heer.
Doch wir sind auf dem Marsch
Schon jahrhunderte weit,
Durch Flüsse und Dschungel, Gebirge und Eis,
Auf dem Marsch der Minderheit.

Man kann uns verbieten,
Man kann uns bespein,
Man kann uns den Löwen
Zum Fraße hinstreun.
Man kann uns in Katakomben treiben,
Man kann uns in Ghettos zusammenfassen,
Man kann uns die härteste Folter beschreiben
Und uns die Folter auch spüren lassen.

Man kann uns Nägel und tödliche Pfeile
Durch unsere freundlichen Hände schlagen,
Man kann uns durch Sümpfe und faulende Wälder
Mit Wolfshunden jagen, Freunde
Wir sind auf dem Marsch
Schon jahrhundertelang.
Trommel und Traum
Sind in unserm Gesang.

Man kann uns in lieblichen Gärten
Als Vergnügungsfackeln verbrennen,
Doch man kann unsre Herzen
Nicht von unsren Hoffnungen trennen;
Denn wir sind auf dem Marsch
Schon jahrtausendelang,
Von Peking bis Rom und von Rom bis Harlem
Und von Harlem bis Da Nang.

Freunde, noch sind wir wenige,
Doch täglich werden es mehr.
Wir sind weder Playboys noch Könige
Und wir haben kein grausames Heer.
Wir sind auf dem Marsch.
Für eine bessere Welt,
Für eine glücklichere Zeit,
Sind wir auf dem Marsch,
Auf dem Marsch der Minderheit,
Auf dem Marsch der Minderheit,
Auf dem Marsch der Minderheit.

ARNFRID ASTEL

Hölderlin

Ich habe Leute
über Hölderlin
reden hören, die
mit ihm nicht
geredet hätten.
Mit denen will
ich nicht reden.

WOLF BIERMANN

Noch

Ein kleiner Regen hat mich gewaschen
Am Himmel ziehn leere Brauseflaschen
Fabrikschlote wuchern drüben am Hang
Rauchnasen laufen den Windweg lang
Wälder sind das da, das nasse Blau
Das da sind Halden, das große Grau
Rot blühn paar Fahnen da auf dem Bau
  Das Land ist still
  Der Krieg genießt seinen Frieden
  Still. Das Land ist still. Noch.

Die Schieferdächer schachteln sich wirr
Geklammert an Essen mit Eisengeschirr
Starrt das Antennengestrüpp nach West
Vom Sonnenball steht noch ein roter Rest
Krähen sind das da, was fällt und schreit
Blüten sind unter die Bäume geschneit
Was da jetzt einbricht, ist Dunkelheit
  Das Land ist still
  Wie Grabsteine stehen die Häuser
  Still. Das Land ist still. Noch.

Dann hing ich im D-Zug im Fenster, und
Der Fahrtwind preßte mir Wind in' Mund
Die Augen gesteinigt vom Kohlestaub

Ohren von kreischenden Rädern taub
Hörte ich schwingen im Schienenschlag
Lieder vom Frühling im roten Prag
Und die Gitarre im Kasten lag
   Das Land ist still
   Die Menschen noch immer wie tot
   Still. Das Land ist still. Noch.

FRANZ JOSEF DEGENHARDT

Im Innern des Landes

Wie oft hat man sie schon totgesagt, doch
hier im Innern des Landes leben sie noch
nach den alten Sitten und alten Gebräuchen,
kaum dezimiert durch Kriege und Seuchen,
stämmig und stark, ein beharrliches Leben,
den alten Führern in Treue ergeben,
dem herzhaften Trunke, der üppigen Speise,
in Häusern, gebaut nach Altväterweise,
gefestigt im Glauben, daß alles fließt,
daß unten stets unten, oben stets oben ist.

Wie oft hat man sie schon totgesagt, doch
hier im Innern des Landes leben sie noch,
die gewaltigen Mütter mit Kübelhintern,
Bewahrer der Sitten, Leittier den Kindern,
die Männer, die diese Mütter verehren
und auf ihr Geheiß die Familie vermehren,
die Söhne, die nach diesen Väter geraten
– prachtvolle Burschen und gute Soldaten –,
die Töchter, die mit dem Herzen verstehn
und im weißesten Weiße hochzeiten gehn.

Wie oft hat man sie schon totgesagt, doch
hier im Innern des Landes leben sie noch
und lieben die Blumen und Hunde und Elche,
vor allen Dingen die letzteren, welche
aus Bronze sie in die Wohnzimmer stellen,
wo sie dann leise röhren und bellen,
wenn jene traulichen Weisen erklingen,

die ihre Herrchen so gerne singen,
kraftvoll und innig nach gutalter Art,
von den zitternden Knochen, vom Jesulein zart.

Wie oft hat man sie schon totgesagt, doch
hier im Innern des Landes leben sie noch
und folgen den Oberhirten und -lehrern,
den Homöopathen und weisen Sehern.
Sie lieben das erdverbundene Echte,
hassen zutiefst das Entartete, Schlechte,
sind kurz vor der Sturmflut noch guten Mutes
und tanzen im Takt ihres schweren Blutes
einen Schritt vor, zurück eins, zwei, drei,
und schwitzen und strahlen und singen dabei:
Wie oft hat man uns schon totgesagt, doch
hier im Innern des Landes leben wir noch.
Ja, da leben sie noch.

FRANZ JOSEF DEGENHARDT

Verteidigung eines Sozialdemokraten vor dem Fabriktor

ich sag dir so geht das nicht
sagt der sozialdemokrat und spricht
natürlich kann ich auf eine drehbank steigen
und loslegen
alle mal herhören
von wegen sicherer arbeitsplatz
und was übrig bleibt wenn die raten bezahlt sind
oder zum beispiel
akkord
aber angenommen sogar ich bin franz beckenbauer
die hören doch überhaupt nicht hin
die schreien doch
halt den hals
ich sag dir so geht das nicht
sagt der sozialdemokrat und spricht
paß auf
im theater bei euch
na meinetwegen

aber stell dir mal vor
bundesliga endspiel
borussia / eintracht
so fünf minuten nach halbzeit
kommen paar von euch auf den platz
rote fahnen und so
und brüllen schluß mit dem quatsch
jetzt wird diskutiert
was meinst du was da passiert
hier euer flugblatt
wischen die sich den arsch mit ab
ich sag dir so geht das nicht
sagt der sozialdemokrat und spricht
paß auf
das mußt du auch mal vergleichen
was hat er früher gehabt
was hat er heute
sieh mal
wir waren sieben zu hause
zwei zimmer immer kohldampf geschoben
und heute
guck dir das doch mal an
wohnzimmer teppich
couch sessel
alles was du willst
auto sogar
die kinder arbeiten verdienen
und dann kommt ihr ARBEITER DU WIRST AUSGEBEUTET
DDR
hau mir ab
ist doch viel schlimmer
ich sag dir so geht das nicht
sagt der sozialdemokrat und spricht
ja
fünfundvierzig
da hätten wir zuschlagen müssen
zack
dann wären wir am drücker gewesen
so
dann hätten die andern mal kommen sollen
dann hätten wir diesen staat gemacht
aber heute geht das nicht mehr

jetzt müssen wir zäh
schritt
für
schritt für schritt für schritt für schritt für schritt für schritt
sagt der alte ewige sozialdemokrat und spricht und spricht und spricht
bloß ändern das will er nicht.

FRANZ JOSEF DEGENHARDT

Die Ballade von den Weißmachern und was mit ihnen geschehen muß

Und als der fleißige Student
beendet hat sein Studium,
da zog er aus der Lernfabrik
in eine andre um.
Das war ein großes Seifenhaus.
Mit hundert andern stellte er
schier dreißig Jahr tagein tagaus
die allerfeinste Seife her.
Die hatte hundert Weißmacher.
Und hat sein Lebtag nicht gefragt,
warum er solchen Unsinn macht.

Und er bekam als Lohn dafür
ein Haus und Wagen, Kind und Frau.
Das nannte er sein Eigentum.
So handelte er auch genau.
Da durfte keiner ran und rein.
Das liebte und das putzte er
zum Wochenend, jahraus jahrein,
mit allerfeinstem Seifenschmeer.
Der hatte hundert Weißmacher.
Und hat sein Lebtag nicht gefragt,
warum er solchen Unsinn macht.

Und als er fünfzig Jahr alt war,
da fing er plötzlich an zu schrein.
Er kotzte in den Seifentrog,
und dabei fiel er rein.

Natürlich hatte er kein Glück.
Zerkocht, zermahlen wurde er,
gepreßt zu tausend Seifenstück.
Die Seife ist noch im Verkehr,
und die hat hundert Weißmacher.
Und hat sein Lebtag nicht gefragt,
warum er solchen Unsinn macht.

In diesem Produktionsprozeß
wird zum Produkt, wer produziert.
Das ändert sich solange nicht,
bis es geändert wird.
Denn ihm gehört der Apparat,
den nennt man heut noch »Arbeiter«,
erst, wenn der ihn sich genommen hat,
dann ist er keine Ware mehr,
wenn er sie in die Hölle schickt, die Weißmacher.
Und das sei nicht nur so gesagt.
Es kommt drauf an, daß man es macht.

FRANZ JOSEF DEGENHARDT

Daß das bloß solche Geschichten bleiben

Daß das bloß solche Geschichten bleiben,
die man den Enkeln erzählen kann,
es gibt 'ne Menge Leute, die
hätten großes Interesse daran.
Streiche von Kindern besserer Leute,
die letzten Streiche vor dem großen Abspeisen.
Ja, so hätten sie's gern, die Abgespeisten
und die, die die Speisen verteilen.

Jetzt kommen schon die kälteren Tage.
Mancher bleibt da in seinem Haus,
denkt an die heißere Zeit,
erzählt paar Geschichten daraus.
Und das läßt sich leider auch gut erzählen.
Zum Beispiel so: Das war beim Vietnam-Kongreß,
als ich zu Rudi sagte, nee
wart mal, das war doch später, in der Kommune II
beim Weihnachtsfest.

Oder wie Dany nach Frankreich sollte
im Cello-Kasten und mit schwarzem Haar.
Im Hauptbahnhof München steht heut noch ein Cello,
weil der Geheim-Code zu schwierig war.
Und dabei kann man auch Dias zeigen:
auf einer Brücke über dem Rhein
im Gegenlicht 10000 rote Fahnen.
Das muß beim Sternmarsch gewesen sein.

Wenn das bloß solche Geschichten bleiben,
die man den Enkeln erzählen kann,
hockt in der Nähe der Wodka-Flasche
ein APO-Großväterchen und hebt an:
Also damals, als wir mit Dany nach Forbach zogen,
da hatten wir Blumen im Haar,
und Gaston war da und KaDe, und wir sangen
die Internationale, und das war wunderbar.

Daß das bloß solche Geschichten bleiben,
die man den Enkeln erzählen kann,
es gibt 'ne Menge Leute, die
hätten großes Interesse daran.
Streiche von Kindern besserer Leute,
die letzten Streiche vor dem großen Abspeisen.
Ja, so hätten sie's gern, die Abgespeisten
und die, die die Speisen verteilen.

VOLKER VON TÖRNE

Lied vom Terroristen Karl Heinz Pawla

1
Hört die Schandtat von dem frechen
Karl Heinz Pawla aus Berlin
Dieser schwarze Sohn von Tschechen
Ohne Zucht und Disziplin
Lange Haare, ungewaschen
Und die Hände in den Taschen
Trat er vor das Landgericht
Als ein schlimmer Bösewicht

2
Finster stand der Lichtesscheue
In Justizias heilgem Haus
Ohne Demut, ohne Reue
Und zog sich die Schuhe aus
Alle Bürger warn erschrocken
Als er dastand in den Socken
Und er grinste ins Gesicht
Den hohen Herrn vom Landgericht

3
Schließlich trieb ers immer bunter
Ohne Zucht und ohne Scham
Er ließ seine Hosen runter
Weil ihm ein Bedürfnis kam
In Justizias heilgen Hallen
Ließ er hinter sich was fallen
Mitten in das Landgericht
Sowas tut ein Deutscher nicht

4
Das ging den Richtern an die Ehre
Ihre Würde war beschmutzt
Des Gesetzes ganze Schwere
Haben sie darob benutzt
Und den Strolch ins Loch geschmissen
Weil er aufs Gericht geschissen
Und so siegten Zucht und Pflicht
Vorm Berliner Landgericht.

5
Die Moral von der Geschichte
Kommt dich ein Bedürfnis an
Vorm Berliner Landgerichte
Laß nichts fallen, deutscher Mann
Mach dich lieber in die Hose
Statt wie jener sittenlose
Terrorist und Bösewicht
Scheißen auf das Landgericht

REINER KUNZE

Erster Brief der Tamara A.

Geschrieben habe dir
Tamara A., vierzehn jahre alt, bald
mitglied des Komsomol

In ihrer stadt, schreibe sie, stehen
vier denkmäler: Lenin
Tschapajew
Kirow
Kuibyschew

Schade, daß sie nichts erzähle
von sich

Sie erzählt
von sich, tochter

ROLF SCHWENDTER

Abendgebet eines Kindes, das Wilhelm Reich gelesen hat

1
Bewahre mich vor den Mühlen der Konzerne.
Bewahre mich vorm Scharmützel um höheren Lohn.
Bewahre mich vor der Anpassung an das Externe.
Bewahre mich vor der staatlichen Repression.
Refrain:
Lieber Gott, mach' mich steif,
damit ich bald zur Liebe reif.
Lieber Gott, mach' mich fromm,
damit ich zum Orgasmus komm'.

2
Bewahr' mein Gemüt, neurotisch sich zu verrenken,
an der Gesellschaft krank zu werden an Ich und Es.
Gib mir Vernunft, nicht an den Herrn Pastor zu denken,
sondern an Thomas Müntzer und an Camilo Torres.

3
Gib mir Kraft, die Konzerne endlich zu zerschlagen.
Gib uns heute unsre tägliche Solidarität.
Geleit' mich durchs Gegenmilieu ohne Geschwüre im Magen,
und gib mir ein Mädchen, damit ich effektiver bet'.

ERICH FRIED

Nach der Korrektur

für Ernst Fischer

Denk dir den Sozialismus
von allem befreit
was dich stört

Frage dich
wen er dann
erst recht stören würde

Niemand als der
ist und bleibt wirklich
dein Feind

ERICH FRIED

Tiermarkt/Ankauf

Der Polizeipräsident
in Berlin sucht:
Schäferhundrüden.

Alter ein bis vier Jahre,
mit und ohne
Ahnentafel.

Voraussetzungen: einwandfreies Wesen
rücksichtslose Schärfe
ausgeprägter Verfolgungstrieb

Schußgleichgültig
und
gesund

Überprüfung
am ungeschützten Scheintäter
Hund mit Beißkorb

Gezahlt werden
bis zu
750,– DM

Angebote an:
Der Polizeipräsident
in Berlin W-F 1

1 Berlin 42
Tempelhofer Damm 1–7
Tel. 691091

Apparat
2761
Strich 64

Diese Anzeige des Polizeipräsidiums erschien im Westberliner »Tagesspiegel« am 28. Februar und 7. März 1970. 28. Februar: Reißkorb; 7. März: Beißkorb – Wortlaut nicht verändert.

HANS MAGNUS ENZENSBERGER

Der Papier-Truthahn

Den ganz echten Revolutionär
finden Sie heute auf Seite 30
der Unterhaltungsbeilage

Der ganz echte Revolutionär
steht irgendwo ganz weit links von Mao
vor der Fernsehkamera

Der ganz echte Revolutionär
kann über den Kommunismus
nur noch mitleidig lächeln

Der ganz echte Revolutionär
bekämpft das System
mit knallharten Interviews

Der ganz echte Revolutionär
ist volltransistorisiert
selbstklebend und pflegeleicht

Der ganz echte Revolutionär
kriegt das Maul nicht zu
Er ist ungeheuer gefährlich

Er ist unser Lieblingsclown

ARNFRID ASTEL

Telefonüberwachung

Der »Verfassungsschutz«
überwacht meine Gespräche.
Mit eigenen Ohren hört er:
Ich mißtraue einem Staat,
der mich bespitzelt.
Das kommt ihm verdächtig vor.

VOLKER VON TÖRNE

Endlösung

1
Die Juden
Sind unser
Unglück

2
Das haben
Wir immer
Gesagt

3
Das hat
Keiner
Gewußt

VOLKER VON TÖRNE

Am gleichen Strang

für Erich Fried

Wir ziehen doch beide
Am gleichen Strang:
Sagte der Boss
Zum Proleten

Sagte der Henker
Zum Mann unterm Galgen:
Wir ziehen doch beide
Am gleichen Strang

KURT BARTSCH

Mut

»Wenn ich meine eigene
Meinung äußern darf«
Begann er ungewohnt kraß
»So hat schon Karl Marx gesagt, daß . . .«

KURT BARTSCH

Sozialistischer Biedermeier

Zwischen Wand- und Widersprüchen
Machen sie es sich bequem.
Links ein Sofa, rechts ein Sofa
In der Mitte ein Emblem.

Auf der Lippe ein paar Thesen
Teppiche auch auf dem Klo.
Früher häufig Marx gelesen.
Aber jetzt auch so schon froh.

Denn das »Kapital« trägt Zinsen:
Eignes Auto. Außen rot.
Einmal in der Woche Linsen.
Dafür Sekt zum Abendbrot.

Und sich noch betroffen fühlen
Von Kritik und Ironie.
Immer eine Schippe ziehen
Doch zur Schippe greifen nie.

Immer glauben, nur nicht denken
Und das Mäntelchen im Wind.
Wozu noch den Kopf verrenken
Wenn wir für den Frieden sind?

Brüder, seht die rote Fahne
Hängt bei uns zur Küche raus.
Außen Sonne, innen Sahne.
Nun sieht Marx wie Moritz aus.

JOHANNES SCHENK

Für die Genossen im Knast

Es ist Abend, draußen ist es wie Krieg,
wie Krieg ist es draußen, es knallt.
Die Leute machen Krach
weil Neujahr ist.
Heute fällt wieder
dem an der Ecke ein Auge aufs Pflaster
und brennt ein Unterrock,
erst weiß dann lichterloh.
Ab und zu gehen verwirrte Frauen
und Männer aufs Klo.

Ich lernte lesen,
als ich sechs Jahre alt war,
las, daß Krieg ist
und drei nackte Koreaner standen da.
Vor ihnen zwei Soldaten sehr groß,
aus Amerika. Die standen vor ihnen
mit Gewehren mitten im Wald.

In einer Zelle in Köln,
im einsamsten Flügel, wo kein Laut
hinkommt und kein Laut herkommt,
liegt Astrid Proll wach.
Ich weiß nicht, ist die Zelle grau
die Zelle von die Zelle von,
kann man die Gitter noch sehen
oder ist das Fenster zu hoch.
Kann man das Knarren der Tür noch hören,
wenn das Essen reinkommt 3× am Tag.

Wo man sonst niemand hört, nur sich
und das Sausen im Ohr.
Und die endlosen Lügen der Staatsgewalt,
der Richter in flachen Hüten,
der Staatsanwaltschaft,
die jetzt gerade in den kalten Himmel,
der voller festgemachter
Paragraphen hängt,
einen höchst justiziablen Furz und
Donnerschlag fahren lassen.

Jedes Jahr wieder, einmal im Jahr so laut,
wie sie jeden Tag hinter den hohen Tischen
die Ohren taub brüllen oder flüstern
aber unentwegt redend,
Angeklagten die Ohren taub reden.
Jeden Tag neu jemanden ins Gefängnis stecken.
Auf den Straßen ist heute Krach,
nicht nur die Gefangenen liegen wach.
Die Kinder Männer und Frauen.
Die einen mit offenen Augen und tot.
Die andern,
beim umgeknickten Bushalteschild,

stehen im Betonloch
am Leben noch mit weit offenen Augen
und von oben kommen die Todesmaschinen
aus Amerika.

Ich höre im Radio den Papst,
auf Vietnamesisch sagt er was,
aber nicht den Namen des Mörders Nixon.
Der Kanzler in diesem Land
redet zu Neujahr ganz steif.
Sagt nichts, der noble Mann, von Vietnam.
Ihm ist wohl der Frieden
in den Himmel gestiegen.
Wie den Leuten oben auf den Kanzeln
und den Herren in den Palästen
und den Generälen in den Kasernen,
da wo die Straßen abgesperrt sind und bewacht,
die schicken ihn in den Himmel.
Sie berichten jeden Abend,
ohne zu erröten ohne zu erblassen,
wie sie den Frieden von oben wieder
runterfallen lassen.
Es kehrt sich alles um
in solchen Palästen. Aus Bomben
wird Geld. Aus Leben wird Tod.
Es ist Abend, draußen ist Krieg.

RICHARD LIMPERT

Chancengleichheit

Ganzseitige Todesanzeigen
informierten das Volk
vom Hinscheiden des Multimillionärs
Friedrich Flick

Die Größe dieses Mannes wird durch
die Tatsache offenkundig, daß er
die Geheimnisse seiner Erfolge
nicht mit ins Grab nahm

Der Bild-Balkenüberschrift
WIE FLICK ZU SEINEN MILLIARDEN KAM
folgte eine aufschlußreiche Würdigung
in der zu lesen war, daß
Friedrich Flick kaum etwas trank
kein Theater und kein Konzert besuchte
und die Zigarrenreste in die Pfeife
stopfte

Endlich verfügt jeder Arbeiter über
das Rezept, steinalt zu werden
um dann als Milliardär
von hinnen zu gehen

FLOH DE COLOGNE

Der Löwenthaler

Damals, ja damals, da ging's uns noch gut,
so gut, so herrlich gut
Heute, doch heute, da lauert die Brut,
die Brut, die rote Brut
In allen Löchern und Ritzen und Spalten
Sie lauert im Gleichschritt in vielen Gestalten
Das Fernsehen ist längst ihr Sammelbecken
Im Rundfunk hockt sie in allen Ecken
Die Zeitungsverlage das Volk unterjochen
Sie sind von den Funktionären bestochen
Die Politik wird von Genossen diktiert
Damit im Lande der Terror regiert.

Die Milch wird sauer, das Bier wird schal
im Fernsehn spricht der Löwenthal
Den Nazis wer'n die Augen feucht
Der Horror durch die Stuben kreucht
Die Milch wird sauer, das Bier wird schal
Im Fernsehn spricht der Löwenthal
der Lö-lö-lö-lö-lö-lö-lö-lö-lö-lö-wenthal

Die Frauen, die können nicht mehr auf die Straße
Sie fallen im Dunkeln den Roten zum Fraße
Den Kindern, den blonden, blauäugigen kleinen
denen stiehlt man die Gedanken, die geraden und die reinen
Im Kindergarten regierten schon die Roten
Die Kinder waschen sich nicht mehr die Pfoten
Beschmieren sich die Gesichter mit roter Marmelade
statt wie früher mit tiefbrauner Schokolade
Sie lutschen blutrote Bonbons und lachen
zum Scheine, wenn einer mal guckt was sie machen
Sie lassen mit drei Revolver sich schenken
und üben – wofür das kann man sich denken

Die Milch wird sauer . . .

Die Schüler beim Klingeln zum Angriff sich sammeln
Sie tun nur nach außen als würden sie gammeln
Die Lehrer kommen alle von Kaderschmieden
die Hochschulfassaden sind zwar geblieben
doch weiß ja ein jeder, der nur etwas denkt
wer dort in Wahrheit die Lehrkräfte lenkt
Mit Terror, Gewalt und Argumenten
drillen die Roten ihre Studenten
Von vorne, von hinten, von unten, von oben
wird so der Staat aus den Angeln gehoben

Die Milch wird sauer . . .

VOLKS-MUSIK

Unternehmersong

armes unternehmerlein
bist nicht zu beneiden
immer große dinge tun
immer nur entscheiden
immer die verantwortung
für das ganze tragen
morgens mittags abends nachts
dich für andre plagen

was haste nun davon
pro jahr ne million
was machste nu damit
neuen profit . . .

armes unternehmerlein
dauernd investieren
kampf mit dem gewerkschaftsvolk
das will nicht parieren . . .
und die konkurrenz ist groß
sie setzt dich unter druck
warte nur im nächsten Jahr
wirst du vom konzern geschluckt

was haste nu davon
noch ne million
und was machste dann
dann legst du sie an . . .

armes unternehmerlein
trauerst um die zinsen
der geplante aktiencoup
der ging in die binsen
deine freundin liebt das geld
deine frau den gärtner
wenn du pech hast grüßt dich bald
nicht mal mehr der pförtner
wenn ich dich so seh
das tut mir so weh
ich will dir was sagen
hör doch auf zu klagen

wir helfen dir gern zu beständigem glück
wir enteignen dich einfach
und sozialisieren deine fabrik
wir wollen nicht mal daß du blutest
nur daß du dich beim abhaun sputest

VOLKER VON TÖRNE

Fragen eines chilenischen Genossen

Wer würde nicht gern
Die Freiheit erkämpfen
Mit Stimmzetteln
Und Reden!

Aber was ist
Wenn die Gefängnisse
Widerhallen von
Den Schreien unserer
Genossen? Sollen wir
Die Exekutionskommandos
Aufhalten mit
Flugblättern?

Wer würde nicht gern
Die Volksmacht verteidigen
Mit Leitartikeln
Und Dekreten!

Aber was ist
Wenn die Faschisten
Mit Gewehrkolben
An unsere Türen
Schlagen? Sollen wir
Uns freiwillig
An die Wand
Stellen?

Wer wäre nicht
Gegen Gewalt?

Aber was ist
Wenn uns das Chaos
Würgt im Namen
Der Ordnung?

MARGARETE HANNSMANN

Ausländische Arbeitnehmer

I
1940: Fremdarbeiter

II
Gastarbeiter 1973:
Ein deutscher Schäferhund
hat laut Gesetz
Anspruch auf 15 Quadratmeter Lebensraum

III
Es ist wie Totsein sagt ein arabischer
Arbeiter als er den Reporter
mit einem brennenden Zeitungspapier
in seinen Schlafraum führt
das Fenster
hat der Vermieter mit Brettern vernagelt

IV
Ausländische Arbeiter in Frankreich:

Man sollte den Fremden nur soviel Komfort
als sie hinter sich ließen zubilligen
nicht mehr und nicht weniger
sagt ein französischer Fabrikant
sonst ist es als gäbe man Schinken den Schweinen

V
Miete für dasselbe Bett
von drei nacheinander
im Schichtwechsel:
la politique du lit chaud

Revolutionslied

Freie, wie sehr sind wir frei
Von Hunger, Kält und Pein?
Keine Laus im Fell mehr und kein Loch im Bauch
Die warme Stube auch –
Das kann nicht alles sein.
  Nicht den Namen, nein: die ganze Sache.
  Kein Gered, Genosse: unsre Tat.
  Und nicht für die Klasse sondern mit der Klasse.
  Nicht die Fabriken nur: den Staat.

Freie, wie sehr sind wir frei
Von Gott und Jesu Christ?
Könnt endlich selbst euch euern Weg befehln
Und laßt euch nicht erzähln
Daß es schon alles ist.
  Nicht den Namen, nein: die ganze Sache.
  Kein Gered, Genosse: unsre Tat.
  Und nicht für die Klasse sondern mit der Klasse.
  Nicht die Fabriken nur: den Staat.

Freie, wie sehr sind wir frei
Zu fragen: wo hinaus?
Wollt ihr euch hörn, braucht ihr nicht mehr zu schrein.
Rollt nicht die Fahne ein:
Es reicht uns noch nicht aus.
  Nicht den Namen, nein: die ganze Sache.
  Kein Gered, Genossen, unsre Tat.
  Nicht mehr für die Massen sondern mit den Massen
  Und nicht Fabriken nur, den Staat.

Freie, wie sehr sind wir frei?
Von Willkür und Betrug?
Seid Knechte nie auf euerm freien Land
Es liegt in unsrer Hand:
Es ist niemals genug.
  Nicht den Namen, nein, die ganze Sache.
  Kein Gerede, ihr, nein, unsre Tat.
  Land und Stadt, wir werden eine Klasse
  In den Fabriken und im Staat.

VOLKER BRAUN

Die Haltung einer Arbeiterin

1
In den ersten Jahren der Integration
Ereignete sich unauffällig der Fall
Der Weberin Hanna Wagenseil
Sechsundvierzig Jahre alt
Ruhiger Gemütsart, in Ebersbach.

2
Lange gewöhnt
An ihre langsamen Maschinen, brach sie
Als die neuen sowjetischen Automaten
Montiert waren und in der Halle lärmten
In ein Geschrei aus, mitteilend
Ihre Ablehnung derselben.

3
Als aber die Weberin schrie
Die sonst ruhige, ging sie doch
Keinen Augenblick von dem lärmenden Kasten
Während acht Tagen
Schrie herum und bediente ihn und hörte nicht auf zu schreien.

4
Aber am neunten Tag, als sie schon still war
Aber schlecht angesehn bei den erschütterten Leitungen
Hatte sie die Erfindung im Kopf
Die Vorrichtung, die einigen Lärm wegnahm.

5
Dies wurde nicht gemeldet in den Zeitungen
(Seines gewöhnlichen Hergangs wegen)
Soll aber bekannt werden als die Haltung
Der Arbeiterin Hanna Wagenseil
Aus Ebersbach.

Sieben Fragen eines Schülers und sieben freiheitlich-demokratisch-grundordentliche Antworten

Sag mal, sag mal, sag mal Herr Lehrer
Wie war das im Alten Rom?
Cäsars Schlachten und Schlächtereien
die stehn mir schon bis hier oben.
Was lehrt uns die Geschichte vom Spartacus?
Wie macht man mit der Knechtschaft Schluß?
Still, mein Junge, sei still
Wenn ich so was sagen will
Dann will ich doch schon viel
zu viel.

Sag mal, sag mal, sag mal Herr Lehrer
Wie war das in den Bauernkriegen?
Warum war der Luther drauf scharf
daß die Bauernschinder siegen?
Was hat der Thomas Müntzer gedacht?
Wie haben die den bewaffneten Aufstand gemacht?
O wei, mein Junge, o wei
Ich hab eine Zunge aus Blei
Und fühl mich doch dabei
ganz frei.

Sag mal, sag mal, sag mal Herr Lehrer
Was war Achtzehnachtundvierzig los?
Die schwarz-rot-goldene Trauermesse
in der Paulskirche langweilt mich bloß!
Waren da nicht auch rote Fahnen gewest?
und das kommunistische Manifest?
Nee, mein Junge, nee
Ich bin von Kopf bis Zeh
Eingestellt als Bee-
amter in Spe.

Sag mal, sag mal, sag mal Herr Lehrer
Achtzehneinundsiebzig in Paris:
War die deutsche Fahne nicht in Blut getaucht
im Versailler Spiegel-Paradies?

Wir lernen nur die Sprüche von der Kaiser-Tribüne –
Was aber lehrt uns die Pariser Commune?
O Schreck, mein Junge, o Schreck
Steck den »Bürgerkrieg in Frankreich« bloß weg
ich flieg, wenn man den hier entdeckt
in Dreck.

Sag mal, sag mal, sag mal Herr Lehrer
Was kam nach der deutschen Monarchie?
War da nicht eine Revolution?
Und wo verblieb denn die?
Du denkst so frei wie Marquis Posa
und sagst kein Wort über Karl und Rosa . . .
Verdammt, mein Junge, verdammt
Mir sind leider von Amts-
wegen die Genannt-
en nicht bekannt.

Sag mal, sag mal, sag mal Herr Lehrer
Der Hitler, der war doch kein Vampir?
der kam doch nicht aus dem Gulli gekrochen!
der kam doch nicht mir nichts dir . . nichts . . .
Wer hat den gebraucht, wer hat den bezahlt?
Die Bourgeoisie oders Proletariat?
Mann, Junge, Mann
Wenn ich dir das sage, dann
sag du mir auch, wie lang
ich hier noch Lehrer bleiben kann...

Sag mal, sag mal, sag mal, Herr Lehrer
das interessiert uns jetzt:
wie führt man heute den Klassenkampf
trotz Klassenjustiz und -gesetz?
Wie kämpft man gegen das Berufsverbot
das dich kastriert, weil es dich bedroht?
Na und, mein Junge, na und
Ich verbrenn mir halt nicht den Mund
Ich schwör dreimal aufs Grund-
gesetz und komm gesund
aufn Hund.

Hör mal, hör mal, hör mal Herr Lehrer
wir stecken dir jetzt ein Licht
Einen Lehrer, der nicht aus der Geschichte lernt
den brauchen wir nicht
Wir brauchen einen Lehrer, der dem Volke nützt
und trotzdem nicht auf der Straße sitzt

Und wie man das organisiert
Daß sich jeder solidarisiert
Das wird jetzt diskutiert.

WALTER MOSSMANN

Der KKW-NEIN-RAG

Beim Frühstück sitzen drei Kapitalisten
Und ein Ministerpräsident
Ein Atomspezialist und ein hoher Polizist
Und ein Typ vom DGB, der pennt.
Ein Herr der Industrie nimmt zuerst das Wort:
»Der Profit hier wird uns zu klein!
Wir brauchen ein zweites Ruhrgebiet
Und das bauen wir am Oberrhein.«

»Dazu plan ich euch«, sagt der Spezialist
»Ein Atomkraftwerk, na klar!
Daß das schädlich ist und wahrscheinlich Mist,
Vergeß ich überm Honorar.«
Der Chef der Polizei erklärt: »Ich kann nicht
Das Volk beschützen vor dem Dreck –
Doch den Dreck kann ich schützen
vor dem Volk, wenn's rebelliert
Gebt mir Waffen, und ich schaff es weg.«

»Damit auch alles seine Ordnung hat«
Sagt der Ministerpräsident,
»Geb ich euch im Namen des Volkes den Segen,
Dafür halt ich mir ein Parlament«
Dann singen alle sechs im Chor: »Wir schaffen
Arbeitsplätze, wie schön!«
Davon wacht der DGB wieder auf und sagt:
»Dann kann ich ja beruhigt gehn!«

»Leider stinkt's zum Himmel«, sagt der Spezialist
»An unserm Plan ist einiges faul –
Wir brauchen einen Kerl, der ihn parfümiert,
Mit einem schönen großen Lügenmaul.«
»Keine Bange«, sagt der Ministerpräsident,
»Wofür ist die Freie Presse da?
Wenn der Rhein zum Abort wird, schreibt sie:
›Fortschritt! Fortschritt! Ja, Hurra!‹.«

Dieser Fortschritt schreitet über Leichen fort.
Profitgier bewegt sein Hirn.
Sein Maul frißt deine Arbeitskraft.
Seine Scheiße sollst du konsumiern.
»Es braucht jeder Mensch« sagt das Badenwerk
»Den Strom fürn Swimming pool!
Fürn elektrischen Tisch, fürs elektrische Bett
Und fürn elektrischen Stuhl«

So soll das Volk benebelt werdn
Noch bevor der erste Kühlturm steht
Das Volk (so hoffen die Hohen Herrn)
Spürt den Schaden erst zu spät.
Doch der Bauer schaut den Acker an,
Der Fischer guckt in Rhein,
Der Winzer prüft den neuen Wein
Und sie sagen alle: »KKW – NEIN!«

Sie reden nicht nur, sie organisiern
Gemeinsam ihren Widerstand
Auf dem Land hat man für Halunken
Dies und das schnell bei der Hand.
Und der Arbeiter, dem Herr Eberle
Die Fabrik im Dorf verspricht,
Spuckt aus und sagt: »Von der Ausbeutung
Befreist grad *du* mich nicht!«

Beim Frühstück sitzen drei Kapitalisten
Und ein Ministerpräsident
Ein Atomspezialist und ein hoher Polizist
Und ein Typ vom DGB, der pennt.
Die paar Herren hätten gern das Volk am Zügel
Stumm, und als Stimmvieh,
Sie verwandeln Energie in Profit, aber wir
Verwandeln unsern Haß in Energie!

WALTER MOSSMANN

Normal oder Radikal

Als am 19. November 1975
im Atomkraftwerk Gundremmingen
(an der schönen blauen Donau)
die Arbeiter Otto Huber und Josef Ziegelmüller
von einer radioaktiven Dampfwolke getötet wurden,
erklärten die Verantwortlichen unverzüglich:
»*Zweifelsfrei*« war dies ein normaler
Betriebsunfall. Ein »kleinerer«
(sagte der Minister), »menschliches Versagen.
Schuld sind die Opfer.«

Normal ist:
Eine Kesselexplosion. Ein Grubenunglück. Hochwasser.
Die statistisch berechenbare Quote der Unfälle
im Straßenverkehr. Leberkrebs in PVC-Fabriken.
Grippe. Ein Flugzeugabsturz. Blei in der Luft.
Quecksilber im Wasser. Staublunge. Dann und wann
ein konventioneller Krieg.

Während der *normale* Betriebsunfall noch dampfte
– an der schönen blauen Donau – hörten wir in Wyhl
(am schönen Rhein) diese Versicherungen
der Verantwortlichen. Unablässig fließen sie
aus ihren Rednermündern, Vaterhänden, Computerhirnen:
»Zweifelsfrei ist das normale
Unfall-Risiko in Atomkraftwerken
ausgeschlossen. (Wahrscheinlichkeit:
›Eins zu fünf Milliarden‹). Wir, sagen sie,
tragen die Verantwortung. Dafür
stehen wir gerade.«

Ach während sie so gerade stehen
legen wir uns krumm. Über uns
nimmt das Schicksal seinen normalen Lauf.
Diesen da bläst es die Konten auf. Anderen
bläst es eine radioaktive Dampfwolke
auf den Bauch. Das nächste Mal
  können es tausend Bäuche sein,

oder hunderttausende, oder mehr.
»Das« wird dann ein Minister sagen, »ist ein normaler
Betriebsunfall, wenngleich ein ›größerer‹, aber
zweifelsfrei *beherrschbar.*«
So auch wir: Lebendig oder
im Leichenschauhaus – beherrschbar.

Unbeherrscht und eigensinnig
zweifelt mancher mit mir am notwendigen Schicksal
der Normalität. Geschmückt mit dem Maulkorb
auf dem losen Mundwerk (wer zweifelt ist: radikal,
ein Aufwiegler, Hetzer, Feind der verfaßten Normalität);
verfolgt von den ständig wachsenden
Sicherheitsorganen (die lautlosen Saugnäpfe am Telefon);
ach und verdächtig gemacht den eigenen Leuten
(»artfremd ist uns der Zweifel« sagt der Minister
im Dialekt – die tödlichen Strahlenbündel lobend); also
vermehren wir uns unter Schwierigkeiten, ja
achtundzwanzigtausend am Rhein, ja und bald auch
an anderen Flüssen, ja und schließlich
unbeherrschbar.

WALTER MOSSMANN

Ballade von der unverhofften Last

Jetzt sing ich endlich wieder mal ein Liebeslied
Mir zittern die Gitarre und die Knie
Und ich beschreib den Sommer, wenn die Liebe blüht
Mit einer abgeschabten Melodie:
»Lala lala lala lala la la la
Lala lala lala lala la«
Dann kommet der reife Herbst,
  und ich singe, wenns euch paßt
Die Ballade von der unverhofften Last.

Am Montag wacht Herr Kaffke auf,
  mein Gott, wie ist ihm schlecht!
Er kotzt sich erstmal aus und bleibt zu Haus
Und sagt zu seiner Frau: »Mein Schatz, ich weiß nicht recht
Drei Wochen schon bleibt meine Regel aus . . .«

Die Frau ist mächtig sauer, sagt: »Du bist ja blöd!
Warum hast du nicht besser aufgepaßt?
Jetzt bring das schnell in Ordnung, denn es ist zu spät,
Wenn du erst einmal schwer zu tragen hast.«

Herr Kaffke nimmt die Pille nicht,
  kriegt Ausfluß, wird krank
Und auch Pariser nicht, weil ihn das hemmt
Und die Spirale liegt schon längst im Werkzeugschrank –
Er hat sich seinen Schwanz mal abgeklemmt . . .
Drum hat er sich von diesen Dingen freigemacht
Und hemmungslos gevögelt (ab und zu)
Und seine Frau, die Ilsebill, die hat gelacht:
»Die Folgen«, sagte sie, »die trägst dann du!«

Am Dienstag steht Herr Kaffke auf
  und macht sich auf den Weg
Zu einer Männerärztin in der Stadt
Dann wartet er ein paar Tage ziemlich aufgeregt
Ob die Frau Doktor was gefunden hat.
Am Freitag Mittag klingelt dann das Telefon
Frau Doktor sagt: »Jetzt sind Sie Mann!
Ich hoffe doch, Sie häkeln und Sie stricken schon
In knapp acht Monat kommt der Nachwuchs an.«

Herr Kaffke sagt: »Frau Doktor, aber nein, so geht das nicht!
Wie sollte ich allein ein Kind ernährn?
Und meine Frau, die Ilsebill, die sagt mir ins Gesicht
Sie kann sich nicht mit Mann und Kind beschwern.«
Frau Doktor sagt: »Was soll das? Das ist wider die Natur.
Vor Ihnen haben das Männer schon geschafft!
Und: kommen Sie mir bloß nicht auf die krumme Tour –
Der Mann wird Mann erst durch die Schwangerschaft.«

Das Wochenende ist für Kaffke eine Qual
Am Montag muß er wieder ins Büro
Er schleppt die schwere Schreibmaschine ein ums andre Mal
Und schluckt Maschinenöl und Sprit im Klo
Am Montag Abend fährt er mit der U-Bahn kreuz und quer
Und schaut auf seinen Bauch und fühlt sich nackt
Und schaut sich dauernd um, und denkt, es folgt ihm wer
Zu seinem ungesetzlichen Kontakt.

Er schleicht sich wie im Krimi in ein Hinterhaus
Und trifft dort jemand, der Adressen hat
Der jagt ihm einen Schreck ein, dann nimmt er ihn aus –
In dieser Nacht ist Kaffke furchtbar matt
Am Dienstag im Büro erzählt ein Sekretär
Es habe den Kollegen Lutz erwischt,
Der in der letzten Nacht einfach verblutet wär
Beim Engelmacher auf dem Küchentisch.

Am Dienstag Abend geht Herr Kaffke einsam durch die Stadt
Er hat wohl Fieber, ihm wird heiß und kalt
Da haut ihm eine Frau so aufn Arsch und sagt:
»Komm mit mir, Kleiner, du wirst gut bezahlt!«
Herr Kaffke schreit verzweifelt: »Hau doch ab, du alte Sau!«
Und haut dann selber ab. Und zwar nach Haus.
Da trifft er dann per Zufall endlich wieder seine Frau
Und heult sich bei der Frau erst einmal aus.

Am Mittwoch fährt Herr Kaffke mit der Eisenbahn
Nach Holland an den letzten Zufluchtsort
Am Freitag kommt er wieder in der Heimat an
Und wird auch gleich verhaftet: wegen Mord.
»Das Leben«, sagt der Richter, »ist dem Staat egal
Das ungeborne Leben aber nicht.«
Herr Kaffke sagt: »Herr Richter, Mann!
  Ich hatte keine Wahl.«
»Die Abtreibung ist Mord«, sagt das Gericht.

So könnte dieses Lied auch schon zu Ende sein
Und jeder sagt: »Na, ja, ein wahres Lied.«
Da fällt mir grad noch eine Wendung ein
Damit der Fall auch seine Kreise zieht:
Am nächsten Morgen steht der Richter auf,
  wie ist ihm schlecht!
Er kotzt sich erst mal aus und bleibt zu Haus.
Und sagt zu seiner Frau: »Mein Schatz, ich weiß nicht recht:
Drei Wochen schon bleibt meine Regel aus . . .«

F. C. DELIUS

Selbstporträt auf dem Stuttgarter Schloßplatz

Hier fällt alles auf,
 was nicht mehr so neu ist, mein Mantel,
 was nicht strahlt (bei der Januarsonne!),
 nicht fit und in Form ist,
ich fall mir auf:
 die Augen müde,
 die Brille nicht geputzt,
 ich müßte auch die Haare endlich waschen,
aber heute
keine Zeit,
man stellt uns nach,
 da haben ein paar der mächtigsten Herren –
 Siemens, ihr wißt schon – Angst
 vor deinen Büchern, vor
 ein bißchen Wahrheit, und schon
 setzen sie ihre Apparate ingang und
 verändern dein Leben,
 da hockst du plötzlich in öden Gerichtsfluren
 und Anwaltsbüros rum und rennst
 nur noch Terminen hinterher.
In einer Pause denk ich,
 ich würd gern duschen jetzt,
aber ich weiß keine Dusche hier in der Nähe, also
geh ich zwischendurch mal übern Schloßplatz.
 (»Und dieser etwas verlotterte,
 bißchen schläfrig-ängstlich sich umblickende
 mittelblonde 1,83-Typ, Dichter, Doktor
 der Philosophie, der soll es sein,
 der die Spitzen eines 15-Milliarden-Konzerns
 aufscheucht? Das glauben Sie
 doch selber nicht!«)
Ich glaub es
selber nicht.
Was seh ich,
ich seh nicht viel,
ich sehe
 diese solide Schönheit der Bauten,
 diese solide Schönheit der Schwäbinnen!

Ich will aber duschen jetzt oder
raus hier aus diesem sauberen Loch Stuttgart!
Fall ich den Leuten schon auf?
  Wie fiel den Leuten dieser Schotte auf,
  wer kennt seinen Namen noch, McLeod,
  flüchtig observiert und schnell erschossen,
  von hinten und durch die Tür, auch
  als er gar nicht besonders auffiel?
Ich weiß, ich weiß:
  so eine Zivilklage und 200000 DM Streitwert
  sind nichts gegen eine Maschinenpistole,
  so ein Prozeß ist nichts gegen
  die unbekannten Klassenkämpfe von Erlangen
  und die bekannten Morde mit und für Siemens u.a.
  in Mozambique.
Ich geb auch zu,
ich trag ein bißchen Stolz spazieren,
  verfolgt zu sein, das ist ja
  fast ein Privileg für unsereinen,
entdecke unter den mehr als hundert Fußgängern ringsum
eine junge Schwarze,
  die auch wieder der Davis ähnlich
  sieht und deshalb auch aussieht,
  als spräche sie deutsch.
Ich hab den kleinen Wunsch,
  mit ihr im Auto durch die Schwäbische Alb
  zu kurven und zu hören, was sie dazu sagt,
zum Autofahren durch die Alb oder
zu meinem noch immer ungeklärten Verhältnis zu ländlicher
  Landschaft,
zu Siemens oder
zu meinen fertigen Sätzen, die mir Mut machen sollen, wie:
  Na gut, wir siegen gegen Siemens,
  aber wer siegt gegen Bosch und Daimler, IBM?
  Und neben mir im Auto sagt die
  schwarze oder weiße Freundin:
  Siemens ist kein kleiner Fisch,
  nimm erst mal den und sei bescheiden,
  laß den andern auch noch was.
  Und irgendwo bei Schwäbisch-Hall die
  unvermeidliche, die Diskussion:

was wär das überhaupt fürn Sieg,
ein Sieg auf dieser Ebene?
Aber das
wäre nur eine
von vielen Möglichkeiten.
Ich könnte wieder mal Hölderlin besuchen,
ins Sozialistische Zentrum gehn,
viele Filme sehn, irgendwelche Filme,
die ewigen Sorgen des Buchhändlers Niedlich
anhören,
aber am liebsten
würd ich jetzt wirklich duschen und dann abhaun und
im Auto durch die Schwäbische Alb kurven.
Freun Sie sich nicht zu früh,
Herr von Siemens, Herr Abs,
ich oder wir hauen nicht ab, schon gar nicht
vor Ihnen.
Da
geht ein Mann,
der wie Neruda aussieht,
Neruda sieht aus wie ein Schwabe und spricht so.
Da
geht eine alte Frau,
die wie meine Großmutter aussieht –
diese Familie, die mich für naiv
und Sozialismus für die gefährlichste Sache der Welt hält,
sie alle wünschen Erfolg in diesem Prozeß,
der nicht mein Prozeß ist.
Da
geht eine Frau,
die wie Marianne Herzog aussieht,
ich könnte diese Fahrt
von mir aus
mit Marianne Herzog machen,
die würde sich nach der Quälerei im Gefängnis,
die sie grade hinter sich hat oder
immer noch nicht hinter sich hat,
sicher wahnsinnig freuen,
mal ein paar Stunden rauszukommen.
Aber ich weiß nicht,
könnten wir uns nach so langer Zeit
überhaupt verständigen? Das

war schon damals schwierig:
  1966, in einer Londoner Wimpybar,
  über die Spontaneität der Beatles,
  ich kam da nie richtig mit.
Aber mehr interessiert mich in diesen Sekunden,
  ob sie was
  und was sie zu ländlicher Landschaft sagt,
  egal was –
Ich remple jemand an,
ich muß zurück,
schon fällt mir wieder alles ein,
was ich schon weiß:
  diese berühmte schwäbische Landschaft
  ist wie jede Landschaft
  eine Landschaft der Klassenkämpfe,
  und nicht nur bei Daimler, o.k.?
Ich muß zurück,
und nehm mir vor für später,
  mal auf einen dieser Stuttgarter Hänge
  zu steigen, wo alte Männer eine Kneipe
  haben sollen mit gutem württembergischen Wein
  und manchmal von alten Kämpfen, KZ und
  den schlimmen 50er CDU-Jahren erzählen,
und
bin schon wieder ganz geschäftig
  (». . . der soll es sein,
  der die Spitzen eines 15-Milliarden-Konzerns
  aufscheucht? Das glauben Sie
  doch selber nicht!«)
Ich glaub es immer noch nicht,
kauf schnell noch Stuttgarter Brezeln
  für die Freundin in Berlin
und laß
den Schloßplatz hinter mir.

Brief an meine Freunde

1
Freunde, ihr fragt: Lebt der Törne noch? Warum
Hat er solange geschwiegen? Blieb ihm die Spucke weg
Die poetische? Hat sein zorniges Herz
Sich verzehrt? Fiel er vom Himmel
In einem der Clipper von PAN? Ist er
Im stinkenden Wannsee ertrunken? Hat ihn
Ein Auto erwischt beim Gang
Ums Karree?

2
Freunde, laßt eure Fragen. Zuviel Papier
Wird nutzlos vertan von uns Poeten. Zuviel Genossen
Fielen im Feuer der Schlachten, während wir ihren Kampf
Besangen, satt und in Sicherheit. Zuviel starben
Und sterben auch jetzt in den Händen
Der Henker, während wir sitzen
Auf den Podien
Der Kongresse

3
Noch schlägt mein Herz, Freunde, heute hört ihr
Von mir, heute schreib ich euch diese Epistel, trunken
Von Trauer und Glück und des Himmels flutendem Blau
Heute schreib ich euch dieses Gedicht, während
Unsre Genossen tanzen, am 1. Mai 75
Unterm südlichen Himmel
In den Straßen der Stadt
HO TSCHI MINH

VOLKER VON TÖRNE

Geschichte

In einem Schulbuch
Lese ich
Daß die Wehrmacht
Im Oktober 41
Moskau
Nicht erobern konnte
Wegen des frühen
Frosts und
Heftiger
Schneefälle

Muß ich
Daraus schließen
Daß nur das Wetter
Den Faschismus
Aufhielt
Und sonst
Nichts?

MICHAEL BAUER

Kommunischte

Am lange samschdaach
wie mer durch die fußgängerzon
schpaziert sin
ham mer echde kommunischte gesieh

ganz frei
sin se rumgeloff
un han ebbes verdäält
mir han nadeerlich nix aagenumm
nur mol korz genau hiegeguckt
un nix wie vorbei

ich han so e komisches
kribbele geschpiert

wie domols
wo mer durch die oschtzon
gefahr sin

MICHAEL BAUER

Moi aldi mutter

Moi aldi mutter
hat unserm klääne verzehlt
ihr großvatter
hätt ihr immer verzehlt
soi vatter
wär bei der revolution
1848 in de Palz
ums lewe kumm

unser klääner
hat scheints
in de schul
demit aageb

jetzt soll ich zum direktor kumme

ARMIN KERKER

Im Mittelpunkt der Mensch

Umhegt von Panzern,
Gewehren und Kanonen

umringt von Knüppeln,
Schlagstöcken und Plastikprügeln

umgeben von den Stiefeln derer,
die sie in den Händen halten

umfaßt von den Verordnungen
der Freiheit

umzäumt von den Verwaltungsakten
der Verwalter

umgarnt von ihren lähmenden Dekreten
umhüllt von ihren blendenden Erlassen

der Mensch im Mittelpunkt.

PETER-PAUL ZAHL

im namen des volkes

am 24. mai 1974
verurteilte mich
das volk
– drei richter
  und sechs geschworene –

zu vier jahren
freiheitsentzug

am 12. märz 1976
verurteilte mich
in gleicher sache
das volk
– drei richter
  und zwei geschworene –

zu fünfzehn jahren
freiheitsentzug

ich meine
das sollen die völker
unter sich ausmachen

und mich
da
rauslassen

PETER-PAUL ZAHL

an die freunde

was erwartet ihr eigentlich
wenn ihr eure zierlich
formulierten petitionen
an die henker richtet:
sehr geehrte herren
bezugnehmend auf unsere verfassung
aus dem jahre achtundvierzig
(achtzehn- oder neunzehnhundert-?)
ersuchen wir sie höflich
das foltern zu unterlassen . . .

heute sieht der größte
schreibtischmörder aus
wie der nette vertreter
der lebensversicherung
um die ecke
und kriegt für seine bemühungen
um den tod von hunderttausenden
den friedensnobelpreis

was erwartet ihr eigentlich
an wen wendet ihr euch
wer finanziert
die menschenrechtskommission
wer zahlt seinen größten beitrag
zur erhaltung
dieser europäischen behörde
warum glaubt ihr
den beteuerungen noch
und zeigt uns
auch nur *ein* land
nur *einen* staat
der *kein* rechtsstaat ist

verfielen juden damals
reiner willkür
oder gab es
für oder gegen sie

nicht wenigstens *ein* gesetz
weshalb werft ihr
nur den altmodischen henkern
ihre umgangsformen vor
wissen die neuen
nicht umzugehen mit messer
gabel champagnerkelch und verfassung

fragen stellen heißt:
sie beantworten
formen einhalten heißt:
unterliegen
fragen nach formen
sind keine formfragen

HELGA M. NOVAK

Lied von der Haussuchung

sie kommen stets im Morgengrauen
früh um fünf
und trommeln dich aus dem Bett raus
und ziehen dich bis aufs Hemd aus
und schauen
sogar in die Strümpf
   denk daran wenn es klopft
   sie werden dich noch oft
   mit geladnen Maschinenpistolen
   und nicht nur aus dem Bett
   und nicht nur ins Präsidium holen

sie kommen wieder im Morgengrauen
zehn Mann hoch
und stoßen dich mit dem Gewehrlauf
und schneiden dir die Matratzen auf
und schauen
in jedes Loch
   denk daran wenn es klopft
   sie werden dich noch oft
   mit geladnen Maschinenpistolen
   und nicht nur aus dem Bett
   und nicht nur ins Präsidium holen

und wieder ist es im Morgengrauen
daß sie kommen
sie fühlen dir gründlich auf den Zahn
und binden dich an den Eisschrank an
und hauen
dich zusammen
  denk daran wenn es klopft
  sie werden dich noch oft
  mit geladnen Maschinenpistolen
  und nicht nur aus dem Bett
  und nicht nur ins Präsidium holen

und plötzlich war es zur Mitternacht
daß sie zufaßten
und traten in die Türen und Spiegel
und haben dich hinter Schloß und Riegel
gebracht
in den Betonkasten
  und kehrst du zurück nach Haus
  klopfen sie dich wieder raus
  um dich mit Maschinenpistolen
  nicht nur aus dem Bett
  und nicht nur ins Präsidium zu holen

SIEGFRIED HEINRICHS

Nach der Haussuchung

es blieben nach der
    haussuchung
die listigen worte.
sie
flüsterten:
auch könige sind
    sterblich,
und ihre reiche fallen
    wie äpfel
vom baum der geschichte.

und am zellenfenster
besang ich lautlos
    den winter.

KONSTANTIN WECKER

Waidmanns Heil

Song

Sie werden kommen, um zu jagen
mit Gewehren in der Hand,
und sie schleifen ihre Ketten
voller Wollust übers Land.

Ihre Hunde jaulen leise,
denn sie wittern meinen Duft,
und ihr Adler stößt verklärt
den krummen Schnabel in die Luft –

ja, ich seh sie schon . . .

Diese Erde breitet lächelnd
ihre Kälte über mich,
und die Tugend fühlt sich wieder
einzig wahr und wesentlich.

Selbst mein unerhörtes Schweigen
wird beflissentlich bewacht.
Ihr wollt richten? Welche Richtschnur?
Was ihr Recht nennt, nenn ich Macht!

Waidmanns Heil, ihr werdet jagen,
meinen Mut zu Markte tragen.

Waidmanns Dank, ihr müßt mich kriegen.
Eure Gerechtigkeit wird siegen.

Greise Mönche hetzen gierig
mit Gebeten in Geschehen.
Schon am Modern, doch sie werden sich
mit Lust an mir vergehen.

Ihr Gemurmel steigt nach oben
und formiert sich zum Gefecht.
Schleudre deine Blitze, Vater,
denn dein Urteil ist gerecht.

Sie werden kommen, um zu jagen,
und die Städte werden leer.
Schon umzingelt mich ihr Atem,
und die Luft wird zäh und schwer.

Alle Menschen werden Brüder,
denn sie haben einen Feind.
Wieder sind die Pharisäer
in Wahrhaftigkeit vereint.

Waidmanns Heil, ihr werdet jagen,
meinen Mut zu Markte tragen.

Waidmanns Dank, *mich* sollt ihr kriegen:
Alle könnt ihr nicht besiegen.

DIETER E. ZIMMER

Was denn

Was denn würdest du tun
wenn sie jetzt in ihren Ledermänteln eindrängen
mitkommen sagten
deine blöde Frage mit einem Fausthieb in den Magen
beantworteten
dich in einen Güterwagen verlüden
dich in die Sümpfe schafften
ohne Versprechen der Wiederkehr

Würdest du etwa den Kohlschlamm löffeln
würdest du dir die Lappen um die geplatzten Füße wickeln
würdest du den stumpfen Spaten ins steinige Wurzelwerk
stechen
würdest du den Mund grinsend verziehen
bei den dreckigen Witzen deiner Nachbarn
würdest du deinen Brotkanten vor ihrem Hunger verstecken
würdest du sie vom Wassertrog wegstoßen
würdest du dem mit dem Messer in die Eier treten
würdest du dich gut stellen mit dem Kapo
würdest du dem Denunzianten durch Denunziation
zuvorkommen
würdest du dich aus der aufgeweichten Erde
doch noch hochreißen ehe sie dich erledigen

Was würdest du tun um zu überleben
für den kurzen Gedanken an dich selbst
abends auf der Lattenpritsche

Würden dir Wolfszähne wachsen
würdest du Borstenschwarte ansetzen
würden sich deine Fingernägel zu Klauen krümmen

Du würdest dich doch nicht etwa in Trab setzen
um als ein verschmorter Klumpen Fleisch
hängenzubleiben im elektrischen Zaun

DIETER E. ZIMMER

Nur Mut

Hiermit weisen wir Sie an
Ihrem Untergebenen
die Behauptung zu verbieten
es sei in diesem Land
die Meinungsfreiheit
gefährdet

KONSTANTIN WECKER

Totgeboren, aber nicht verloren

Song

Aufgewachsen in den kalten Städten,
ausgespuckt, dann stimmig präpariert,
Stückwerk dessen, was wir gerne hätten,
haben wir die Freiheit parodiert.

Mensch und Werkzeug, Herrscher und Lakaien,
Neid im Preis mit inbegriffen,
Märsche, Lorbeer, Ängste: kein Verzeihen.
Uns hat die Geschichte immer ausgepfiffen.

Totgeboren, aber nicht verloren.
Ausgebootet, aber noch ist Zeit.
Zwar wir spüren blutend ihre Sporen,
doch wir sammeln uns vor ihren Toren,
denn nur uns gehört die Ewigkeit.

Großgeworden in den kalten Städten,
allesamt auf Frieden programmiert,
Höflichkeit und Schleim und Etiketten,
dafür lebenslänglich Rente garantiert.

Hilflos stumm zum Treten angetreten,
zittern wir noch vor der letzten Nacht.
Statt Bewußtsein: Beten und Pasteten,
denn die Dummheit ist der Mantel aller Macht.

Totgeboren, aber nicht verloren.
Ausgebootet, aber noch ist Zeit.
Zwar wir spüren blutend ihre Sporen,
doch wir sammeln uns vor ihren Toren,
denn nur uns gehört die Ewigkeit.

Eingefroren in den kalten Städten,
haben wir das Sprechen nie geübt.
Träge lehnen wir an unsren Ketten,
stammeln leise: Danke. Das genügt.

Nur aus unsren Fantasien
ist das Atmen noch nicht ganz verbannt.
Nein! Wir haben uns nicht ausgeliehen,
und der Widerstand liegt auf der Hand.

Totgeboren, aber nicht verloren.
Ausgebootet, aber noch ist Zeit.
Zwar wir spüren blutend ihre Sporen,
doch wir sammeln uns vor ihren Toren,
denn nur uns gehört die Ewigkeit.

KONSTANTIN WECKER

Hexeneinmaleins

Song

Du mußt verstehn! Aus Eins mach Zehn,
Und Zwei laß gehn, und Drei mach gleich,
So bist du reich. Verlier die Vier!
Aus Fünf und Sechs – so sagt die Hex –
Mach Sieben und Acht, so ists vollbracht:
Und Neun ist Eins, und Zehn ist keins.
Das ist das Hexeneinmaleins!

Als sie Giordano Bruno verbrannten
sandte sein Gott keine Blitze gegen das Unrecht
munter flackerte das Feuer
der Pöbel mußte manchmal husten zwischen zwei Lachern
so qualmte Giordano
oder Grandier
neben seinem Scheiterhaufen
sonnte sich Richelieu
vierzehn Nonnen
mit Klistierspritzen garniert
wälzten sich vor Wollust und Gier
und das christliche Abendland
sann befriedigt
nach weiteren guten Taten.
Was hat dieser Ketzer mit uns zu tun
flötet unser Jahrhundert
doch
dreihundert Jahre später
konnte ein gewisser Trotzki
angeklagt
der Unzucht mit der Freiheit
das Haupt vom Dogmenbeil schon gespalten
dreihundert Jahre später
konnte dieser Trotzki
die Menschheit nur noch um Vergebung bitten für seinen
Henker.

Immer noch werden Hexen verbrannt
auf den Scheiten der Ideologien.
Irgendwer ist immer der Böse im Land
und dann kann man als Guter
und die Augen voll Sand
in die heiligen Kriege ziehn!

Saccho und Vanzetti
keiner rothaarig
nie mischten sie Zaubertränke um Mitternacht
auch des Nachbarn Kühe gediehen vortrefflich
trotzdem wurden sie niedergemetzelt
von den Sklaven der freien Welt.
Oder
sechs Millionen Juden
eine Heerschar von Hexern
zum Aderlaß geprügelt für
die Reinheit des Blutes.
Schrecklich, schrecklich
und die Mönche der Demokratie
wedeln Verzeihung heischend mit der Rute
und siehe:
Der Freigeist geht um.
Alle sind aufgeklärt
doch wer weiß Bescheid
heute haßt man modern
die Angst ist die Flamme unserer Zeit
und die wird fleißig geschürt.
Sie verbrennen dich mit ihren Zungen und ihrer Ignoranz
dicke freundliche Herren
bitten per Television zur Jagd.
Tausende
zum Feindbild verdammt
halten sich fürs Exil bereit.

Die Schlupfwinkel werden knapp, Freunde.

Höchste Zeit
aufzustehn!

Du mußt verstehn! Aus Eins mach Zehn,
Und Zwei laß gehn, und Drei mach gleich,

So bist du reich. Verlier die Vier!
Aus Fünf und Sechs – so sagt die Hex –
Mach Sieben und Acht, so ists vollbracht:
Und Neun ist Eins, und Zehn ist keins.
Das ist das Hexeneinmaleins!

Immer noch werden Hexen verbrannt
auf den Scheiten der Ideologien.
Irgendwer ist immer der Böse im Land
und dann kann man als Guter
und die Augen voll Sand
in die heiligen Kriege ziehn!

LUDWIG FELS

Herr Bürgermeister

Unser Herr Bürgermeister
ist auch immer noch in der SPD.
Er schaut aus wie ein Bauer
der seine ganzen Schweine
selber frißt. Vor jeder Wahl
besucht er alle Altersheime und
wünscht den Kranken eine sofortige Besserung
im Fasching tanzt er mit den Gardemädchen
beim Presseball vertuscht er
seine Aufsichtsratsposten öffentlich
am Bahnhof küßt er die Heimat-Elf
nach verlorner Schlacht
im Rathaus gibt er sich die Ehre
seine Besoldung zu erhöhen.
Weil ich selten Steuern zahle
überweise ich natürlich
das Honorar für dieses Gedicht
an ihn.
Ich glaub, Urschlechter heißt er
und wird auch einer sein.

frankfurt, die stadt

frankfurt war nicht die Stadt
der reichsparteitage
das mutterkreuz ehrt deutsches blut und eiserne
deutsche eichen im nordischen wind
unter tausend fahnen marschierten
tausende großen neuen zeiten entgegen
aus zahngold herausgebrochen in maidanek
baute die industriegemeinschaft farben
in frankfurt einen palast

auf diesem heruntergekommenen boden
diesem schutthaufen dem trümmerfeld
dem unkraut über diesen steinen und geröllen
den knochen, den verbrannten resten im fluß zum meer
steht frankfurt, die stadt
herrlich aufgebaut

frankfurt war nicht die stadt
der ersten atombombe auch wurde kein öl
hier gefunden oder abgeräumt haben planierraupen
das sogenannt historisch gewachsene
ungeahnte möglichkeiten eröffnen die bodenpreise

mit muskeln und herz aus hunger und anderen gründen
sind sie durch diese erde gekrochen, durch sand
wurzelwerk, schlamm unter regenwolken und anderem himmel
tieflader dröhnten, tag und nacht

banken und handelskammer wurden hochgezogen
männer waren zur stelle in der ersten stunde
zeitungslizenzen wurden gehandelt und große pläne
mekka für alle bankiers und bewerber
um führende positionen
frankfurt, die stadt der türme
die stadt der paläste

gewaltlos vom zwanzigsten stockwerk
geht es da zu bis runter ins erdgeschoß
das eigentum ist da ungeheuer geschützt

die würde des menschen
wird zur habe genommen und ausgehändigt
bei eventueller entlassung
da ist es verboten zu behaupten
daß landgerichtsräte ausgestopft sind
da stammelt die mumie zur mumie
schon wieder ein selbstmord in preungesheim
unerklärlich, in pyramiden aus zement und eisen
wie die zerstoßene glühbirne schmeckt

doch soll keiner sagen, es gäbe hier keine kultur
hier verleiht der börsenverein dem schah des iran
den friedenspreis zuguterletzt
für die ausmerzung des terrorismus
die straße frei von verfassungswidrigen ansammlungen
chaoten von chemischer keule auf flucht erschlagen
der mobile einsatzkommandler gießt blumen
im präsidium, wo noch keinem ein haar gekrümmt wurde
alles hat seine richtigkeit
bestätigt täglich die frankfurter allgemeine zeitung

der wolf gibt dem wolf die drehtür in die hand
gedränge von käufern und kunden
hier ist gut sein und abreißen
sozialdemokratie und freie wirtschaft
die masken unter der neuen schminke
die haut reif zum abziehn, im zweifel versichert
der ungefragte herr betont, er sei nicht bestochen
die ratten verlassen den sinkenden massagesalon
müller und arndt tanzen den kriminal-tango

diese stadt ist regierbar

ERICH FRIED

Die Anfrage

Mit Verleumdung und Unterdrückung
und Kommunistenverbot
und Todesschüssen in Notwehr
auf unbewaffnete Linke
gelang es den Herrschenden

eine Handvoll empörte Empörer
Ulrike Meinhof
Horst Mahler
und einige mehr
so weit zu treiben
daß sie den Sinn verloren
für das was in dieser Gesellschaft
verwirklichbar ist

Was weiter geschah
war eigentlich zu erwarten:
Wieder Menschenjagd
Wieder Todesschüsse in Notwehr
die bekannten Justizmethoden
die bekannten Zeitungsartikel
und die Urteile gegen Horst Mahler
und gegen Ulrike Meinhof

Aber Anfrage an die Justiz
betreffend die Länge der Strafen:
Wieviel Tausend Juden
muß ein Nazi ermordet haben
um heute verurteilt zu werden
zu so langer Haft?

ERICH FRIED

Zur Kenntlichkeit

Ist eine Demokratie
in der man nicht sagen darf
daß sie keine
wirkliche Demokratie ist
wirklich eine
wirkliche Demokratie?

Deutsches Miserere (Das Bloch-Lied)

Hier fallen sie auf den Rücken
Dort kriechen sie auf dem Bauche
Und ich bin gekommen
ach! kommen bin ich
vom Regen in die Jauche

1
Und als ich von Deutschland nach Deutschland
Gekommen bin in das Exil
Da hat sich für mich geändert
So wenig, ach! und so viel
Ich hab ihn am eigenen Leibe
Gemacht, den brutalen Test:
Freiwillig von Westen nach Osten
Gezwungen von Ost nach West

2
Die Völker drumrum um Deutschland
Die haben vielleicht ein Glück!
Großdeutschland, es ist zerbrochen
In zwei verfeindete Stück
Die beiden häßlichen Helden
Sie halten einander in Schach
Der Kleinere gibt nicht Ruhe
Aber der Größere gibt nicht nach

3
Und im Osten kosten die Schrippen
Fünf Pfennig – und zwanzig hier.
Ein großes Bier kost ne Mark dort
Und Zweimarkfünfzig hier
Und drüben hältst du beim Bierchen
Dein Maul, hier darfst du schrein
– allein, es ändert die Welt sich
Mit Schweigen nicht, noch mit Schrein

4
Und im Westen die Zeitungsschreiber
Sie lügen frech, wie sie wolln
Aber ihre Kollegen im Osten
Die lügen korrekt, wie sie solln

Und weil er von beiden Seiten
Getäuscht wird im Television
Drum glaubt der Deutsche Michel
Er wisse die Wahrheit schon!

5
Und die Wahrheiten werden gehandelt
Frech auf dem Lügenmarkt
Zur Ware wird jede Wunde
Im Westen. Der Herzinfarkt
Der Aufrechte Gang wird selber
Zur Pose und zum Geschäft
Der Mensch macht sich zum Affen
Der sich noch selber äfft!

6
Und Kernkraftwerke in Sachsen
Und Kernkraftwerke am Rhein
Und hüben und drüben heucheln sie
Das soll für den Fortschritt sein
Ich scheiß was auf solchen Fortschritt
Der macht uns nur sterbenskrank
Der führt uns fort von der Menschheit fort
Und führt in den Untergang

7
Und wer im Westen das Geld hat
Der hat damit auch die Macht
Aber wer im Osten die Macht hat
Der hat es zu Reichtum gebracht!
Die Arbeiter aber verkaufen
Wie eh und je ihre Kraft
Und schlagen, als wäre es ihre:
Die große Wohlstands-Schlacht

8
Und wie die einen heißen
So sehen die anderen aus!
Die einen sind mir ein Schrecken
Aber die andern sind mir ein Graus:
In NATO und WARSCHAUER PAKT sind
Sie beide treu-deutsch, bis in' Tod
Und sind gegen ihre Herren
Halb frech und halb devot

9
Und die Linken hassen einander
Mehr als den Klassenfeind!
Eh wir uns nicht selber einen
Wird Deutschland auch nicht geeint
Und ein Linker nennt den andern
Verräter! und recht! und schlecht!
Sie schlagen sich in die Fressen
Mit MAO und MARX und BRECHT

10
Und im Osten bleibt dir die Luft weg
Im Bürokratenmuff
Aber der Westen ist ein Nepplokal
Ein kalt gekachelter Puff
Hier bist du erschossen wie Robert Blum
Ohne genügend Geld
Sie lassen dich kalt verrecken
Und sagen: So ist die Welt

Hier fallen sie auf den Rücken
Dort kriechen sie auf dem Bauche
Und ich bin gekommen
ach! kommen bin ich
vom Regen in die Jauche

11
Das wird sich noch alles ändern!
Das bleibt nicht so, wie es ist:
Die Mauer wird fallen. Und fallen
Wird manch einer auf den Mist
Der Weltgeschichte: da drüben
Die Bonzen – die Bosse hier!
Sie werden fluchen und flennen
– aber lachen werden mal wir

12
Da wird sich noch vieles ändern
Und du dich und ich mich auch
Wir werden aufrecht gehen

Wir werden aufrecht gehn
Paar eckige Runden drehn
Mit neuen Augen sehn: E x i l

Was ist das: Exil?

Ich will dir zu viel
Nicht klagen
Will lieber sagen

Die Wahrheit:
Scheißselbstmitleid!

Bin ich nun ein »Heimatloscr Gesell«?
Was ist das: Heimat – Polizeimat?

Ach was! es wird schon hell
Ich sitz nicht mehr wie ein nacktes Kind
Im Schneematsch

Heimat. Quatsch! Heimat ist ja da
Mein Freund, wo ich dich find
Und wo Genossen sind. Genossen

Was ist das: *Genossen*?

WOLF BIERMANN

Hanseatische Idylle

Ja, es wird Frühling. Ich konnte heute
um die Ecke gehn zum Briefkasten, ohne
Mantel. Im Westen mein zweiter Frühling.

> juuda verrekke!
> biiermann!
> root fronnt!
> heill moskau!
> ess – ee – dee!
> biiermann!
> honnekkeer!
> das isser doch! oder?
> root fronnt verrekke!
> klar isser das!

So brüllte heute eine Meute Schuljungs
hinter mir her. Ihre Stimmen waren knapp
über dem Stimmbruch. Der vertraute, der
hamburger Klang. Sie genossen offenbar
die neuerworbene Tiefe ihrer Stimmen. Aber
mit wessen Stimme grölten die? War es
die Stimme ihrer Väter? ihrer Großväter?
Ach, dachte ich,
  was für alte Männer
    da hinter mir auf der Straße!

ALFRED ANDERSCH

Artikel 3 (3)

1.
niemand darf wegen
seines geschlechtes
seiner abstammung
seiner rasse
seiner sprache
seiner heimat und herkunft
seines glaubens
seiner religiösen oder
politischen
anschauungen
benachteiligt oder
bevorzugt werden

2.
ein volk von
ex-nazis
und ihren
mitläufern
betreibt schon wieder
seinen lieblingssport
die hetzjagd auf
kommunisten
sozialisten
humanisten
dissidenten
linke

3.
wer rechts ist
grinst

4.
beispielsweise
wird eine partei zugelassen
damit man
die existenz
ihrer mitglieder
zerstören kann
eigentlich waren
die nazis
ehrlicher
zugegeben
die neue methode ist
cleverer

5.
dreißig jahre später
gibt es wieder
sagen wir
zehntausend
die verhören
die neue gestapo

wehrt euch

vielleicht gibt es zeitungen
die eine rubrik einrichten
jeden tag in einem kasten
eine visage
die fotografie einer fresse
die verhört
mit namen
beruf
adresse
sowie
in den meisten fällen
mitgliedsnummer der
nsdap

dann selbstverständlich
keine gewalt
sondern
geht hin
und zeichnet
die wohnungstüre
das haus
des folterers
mit hakenkreuzen

ich garantier euch
der wird es sich überlegen
ob er noch einmal
verhört
der läuft zu
seinem boss
und sagt
sorry boss
die machen mich
dingfest
das wird mir
zu gefährlich
dem geht der
arsch mit grundeis

hört auf zu winseln
wehrt euch
die beste verteidigung ist
der angriff
(clausewitz)

6.
als die nazis
während des krieges
in dänemark
den judenstern einführen wollten
trug der könig von dänemark
bei seinem nächsten ausritt
den gelben stern
auf seiner uniform

warum legen
der scheel
der schmidt
der willybrandt
der genscher
der maihofer
nicht den judenstern an
wenn sie
beim frühstück lesen
daß man schon wieder
eine lehrerin
gefoltert hat
ah ich vergesse
daß sie eine solche meldung
mit der lupe
suchen müßten

wie wär's denn
bundesdeutsche zeitungen
wenn ihr
den deutschen dissidenten
wenigstens ein zehntel des raums
einräumen würdet
den ihr
den russischen
widmet
doch zieht ihr es vor
aus dem glashaus
mit steinen zu schmeißen

die splitter im fremden
anstatt den balken im eigenen
auge zu sehn
das neue kz
ist schon errichtet

die radikalen sind ausgeschlossen
vom öffentlichen dienst
also eingeschlossen
ins lager
das errichtet wird

für den gedanken an
die veränderung
öffentlichen dienstes

die gesellschaft
ist wieder geteilt
in wächter
und bewachte

wie gehabt
ein geruch breitet sich aus
der geruch einer maschine
die gas erzeugt

JÜRGEN FUCHS

26. 9. 78

Wenn die enttäuschten Kinder
Der zweiten und dritten Sckretäre
In meinem Zimmer
In Westberlin sitzen
Erzählen sie fast immer
Von ihren Vätern und wie sie
In der Zeitung
Im Badezimmer
Nach einem Besäufnis ausgesehen haben
Sie sind gut informiert
Und ihr Lachen
Ist ohne Erbarmen

Wie mein Vater aussah
Wenn er halbfünf aus der Fabrik kam
Und sich in der Küche
Die Hände gewaschen hat
Weiß ich

YAAK KARSUNKE

zitat & zusatz

»wer seine lage erkannt hat
wie soll der aufzuhalten sein?«

durch wassergräben zum beispiel
absperrgitter, spanische reiter
nato-stacheldraht & zäune

oder durch reiterstaffeln
hundertschaften mit wasser-
werfern & chemical mace
auch durch panzerfahrzeuge
die ihre einsatzbefehle
aus hubschraubern kriegen

die lage für jeden erkennbar
verschlechtert sich
:unaufhaltsam?

KLAUS KONJETZKY

Aufzuhebende Widersprüche

I
Schließ ich die Augen,
blühen Sommerwiesen.
Ein sanfter Wellenschlag
zieht übers reife Korn
und Blütenblätter
sinken leicht
vom Weichselbaum.

Wenn ich die Augen öffne,
liegen Absagen vor mir,
begründet der Hausbesitzer
vorgedruckt die Mieterhöhung
und schweißen auf der Straße
Männer ein Autowrack auf.

Halt ich die Ohren zu,
setzt eine Nachtigall
Bojen in den Wind.

Nehm ich die Hände vom Kopf,
höre ich Arbeitslosenzahlen,
durchbricht ein bald abstürzender
Starfighter die Schallmauer
und wünscht mir ein Leitender
einen Kropf an den Hals.

Folg ich, wozu ich neige,
dem Kuckucksruf,
schwinden die Fernsehantennen
auf Kunstfuttersilos
und wachsen die blauen Berge
ins Abendrot.
»Vom Abendrot gefangen,
lasse ich mich abführen.«

Folg ich den Bürgersteigen,
laufe ich Geiselnehmern in die Hand,
geht mir ein Polizistenhund ans Bein,
pinkeln mich Wasserwerfer an,
bevor ich mich einer Festnahme
widersetzen muß.

II
Auf den Marmorstufen
des Renaissancepalasts
flirten mit dem Fremden-
Führer die Neofaschisten.

Vom gotischen Dom
entwarnen die Glocken.
Im Rokokoschlößchen
atmet der Aufsichtsrat auf.

Hinter der Jugendstilfassade
werden auf platzende Wechsel
Kredite gegeben,
mit denen die Bank
auch die Nachbarfassade
erwirbt.

Im schönen, weiten Land
hinter der Stadt,
dort, wo der Ginster brennt
und Lerchen nisten,
sind sonntags Bomber
auf der Jagd
und sprengen Panzer
das Roggenfeld.

III
Manchmal, wenn ich mit Flugblättern
am Straßeneck stehe (wozu ich nicht neige),
»trifft mich ein Splitter traumsatten Marmors,
wo ich verwundbar bin, durch Schönheit, im Aug«.

PETER RÜHMKORF

Bleib erschütterbar und widersteh

Also heut: zum Ersten, Zweiten, Letzten:
Allen Durchgedrehten, Umgehetzten,
was ich, kaum erhoben, wanken seh,
gestern an und morgen abgeschaltet:
Eh dein Kopf zum Totenkopf erkaltet:
Bleib erschütterbar – doch widersteh!

Die uns Erde, Wasser, Luft versauen
– Fortschritt marsch! mit Gas und Gottvertrauen –
Ehe sie dich einvernehmen, eh
du im Strudel bist und schon im Solde,
wartend, daß die Kotze sich vergolde:
Bleib erschütterbar – und widersteh.

Schön, wie sich die Sterblichen berühren –
Knüppel zielen schon auf Hirn und Nieren,
daß der Liebe gleich der Mut vergeh . . .
Wer geduckt steht, will auch andre biegen.
(Sorgen brauchst du dir nicht selber zuzufügen;
alles, was gefürchtet wird, wird wahr!)
Bleib erschütterbar.
Bleib erschütterbar – doch widersteh.

Widersteht! im Siegen Ungeübte,
zwischen Scylla hier und dort Charybde
schwankt der Wechselkurs der Odyssee . . .
Finsternis kommt reichlich nachgeflossen;
aber du mit – such sie dir! – Genossen!
teilst das Dunkel, und es teilt sich die Gefahr,
leicht und jäh – – –
Bleib erschütterbar!
Bleib erschütterbar – und widersteh.

MANFRED BOSCH

Artikel 2, GG

Jeder hat das Recht
auf die freie Entfaltung
seiner Persönlichkeit

Alles Nähere regelt
die Klassenzugehörigkeit

MANFRED BOSCH

»Über 70% des Volksvermögens
konzentrieren sich
in den Händen einer
verschwindenden Minderheit«

Von wegen verschwindend!

HANS MAGNUS ENZENSBERGER

Unregierbarkeit

Komischer Ausdruck: »das System«.
Hier in der Gegend wird nur der Rasen gesprengt.
Gutachter fahren vor, legen ab,
mampfen still vor sich hin.
Völlige Übereinstimmung
in Verfahrensfragen.
Schade, daß niemand sich freut.

Ja, Ämterhäufung tut weh.
Leibwächter, die Bescheid wissen,
lümmeln am Swimming-Pool.
Zutraulich setzen sie ihre Haufen
hinter die Tiefgarage.
Gremien grübeln. Roß und Reiter,
ein fernes Wiehern draußen im Lande.

Hinter dem mitgenommenen Rhododendron
wird der Markt aufgerissen
für einen umwälzenden Joghurt
in eurostrategischer Sicht.
Neue Heimat. Dreimal täglich
Augentropfen gegen den Smog.
Selbst der Beton sieht hinfällig aus.

Deutsche Menschen von damals
hinken an langen Samstagen
durch die Parteienlandschaft,
unbeschwert. Taschentücher
wogen aus dem Gebüsch.
Die getreuen Scharfschützen sinds,
die zum Abschied winken.

Auf Garden-Parties inneres Ringen:
Beschaffungsprogramme für Nervengas,
Leertitel für den Nachwuchsfilm.
Persönliche Referenten,
die einander ans Portepee fassen.
Scheidung auf Krankenschein, heißt es,
sei auch nicht das Wahre.

Jetzt auf einmal! Idyllischer Stunk.
Mit immer kürzer werdenden Beinen
watschelt die Macht in die Zukunft.
Ein Tellerwäscher aus Sarajevo,
der Teller wäscht, eine Putzkolonne
vom Schnelldienst: niemand sonst
rührt weit und breit einen Finger.

MANFRED JENDRYSCHIK

Im neueren Haus: Es spricht der Arbeiter K.

1
Am Anfang war: sagt K.: der Krieg
das Herz ein Riß der Kopf wie kopflos noch

2
Die Welt leer. Ich eine morsche Tür
an die ich ohne Hände poch

3
Was ich geworden bin, allmählich, wurd ich durch
diesen Staat
(Nun herrsche: sagte er: sei endlich Du Du doch

4
Du bist die Macht: sagte die Macht:
Aufrecht steh, was einstens kriechen mußte oder kroch)

5
So kam's. Doch manchmal frag ich mich, wie's kommt:
Wer da zu aufrecht geht stößt leicht dem Kopf ein
Loch?

ROLF NIEDERHAUSER

Gedanken zur Revolution

Natürlich
wissen wir, womit wir
die Hoffnung begründen,
daß es besser werde
in dieser Welt. Es gibt
genügend theoretische Gesetze,
abzulesen in der Natur
der Veränderung, nachzulesen
bei den Klassikern. Da wir aber
ebenso wissen, daß diese Begründungen
falsch sein können,
fordern wir es.

MANFRED JENDRYSCHIK

Im neueren Haus:
Es spricht der Arbeiter K.

1
Am Anfang war: sagt K.: der Krieg
das Herz ein Riß der Kopf wie kopflos noch

2
Die Welt leer. Ich eine morsche Tür
an die ich ohne Hände poch

3
Was ich geworden bin, allmählich, wurd ich durch
diesen Staat
(Nun herrsche: sagte er: sei endlich Du Du doch

4
Du bist die Macht: sagte die Macht:
Aufrecht steh, was einstens kriechen mußte oder kroch)

5
So kam's. Doch manchmal frag ich mich, wie's kommt:
Wer da zu aufrecht geht stößt leicht dem Kopf ein
Loch?

ROLF NIEDERHAUSER

Gedanken zur Revolution

Natürlich
wissen wir, womit wir
die Hoffnung begründen,
daß es besser werde
in dieser Welt. Es gibt
genügend theoretische Gesetze,
abzulesen in der Natur
der Veränderung, nachzulesen
bei den Klassikern. Da wir aber
ebenso wissen, daß diese Begründungen
falsch sein können,
fordern wir es.

ROLF NIEDERHAUSER

Zu den notwendigen Übeln

Der atomare Krieg, höre ich,
entspricht jetzt den Vorschriften
des Amtes für Umweltschutz. Auch die Folter
gehört wieder zu den notwendigen Übeln.
Daß wir verschont bleiben, wird immer zufälliger.

Ich sehe, wir ziehn uns zurück, reißen
das Maul auf bloß, um nichts
sagen zu müssen. Gleichgültigkeit hilft
immer weniger gegen die Angst,
gegen das Unrecht, das wir
bisher nur zaghaft bekämpft haben.

Allmählich außer Reichweite
rückt die Legalität im Staate dem,
der auf seinem Standpunkt beharrt.
Wer für das Recht kämpft, gerät zusehends
mit dem Gesetz in Konflikt. Allenthalben
üben wir wieder das Ducken. Unauffällig
reihe ich mich da ein. Ich möchte dabei
auch nicht gesehn werden.

Manchmal stelle ich mir vor: unser Leben
als Revolutionäre in der Schweiz. Ich weiß
nicht, ob ich mich dazurechnen kann.
Die Bewohner der Städte verbergen sich,
während die Polizei vorbeimarschiert, hinter den Gardinen,
wir uns in den Wäldern des Jura. Ringsum
das Rauschen der Tannen. Wir sitzen
fest, der Himmel ist grau, es nieselt, es dämmert
uns allmählich, warum unser jüngster Plan
wieder nicht gut genug war. Die Bevölkerung
versorgt uns mit Nahrung, mit Information.
Sie verrät uns nicht, mehr können wir
vorläufig nicht verlangen.

ROLF NIEDERHAUSER

Zu den notwendigen Übeln

Der atomare Krieg, höre ich,
entspricht jetzt den Vorschriften
des Amtes für Umweltschutz. Auch die Folter
gehört wieder zu den notwendigen Übeln.
Daß wir verschont bleiben, wird immer zufälliger.

Ich sehe, wir ziehn uns zurück, reißen
das Maul auf bloß, um nichts
sagen zu müssen. Gleichgültigkeit hilft
immer weniger gegen die Angst,
gegen das Unrecht, das wir
bisher nur zaghaft bekämpft haben.

Allmählich außer Reichweite
rückt die Legalität im Staate dem,
der auf seinem Standpunkt beharrt.
Wer für das Recht kämpft, gerät zusehends
mit dem Gesetz in Konflikt. Allenthalben
üben wir wieder das Ducken. Unauffällig
reihe ich mich da ein. Ich möchte dabei
auch nicht gesehn werden.

Manchmal stelle ich mir vor: unser Leben
als Revolutionäre in der Schweiz. Ich weiß
nicht, ob ich mich dazurechnen kann.
Die Bewohner der Städte verbergen sich,
während die Polizei vorbeimarschiert, hinter den Gardinen,
wir uns in den Wäldern des Jura. Ringsum
das Rauschen der Tannen. Wir sitzen
grau, es nieselt, es dämmert
unser jüngster Plan
nug war. Die Bevölkerung
Nahrung, mit Information.
ns nicht, mehr können wir
nicht verlangen.

Autoren- und Quellenverzeichnis

ALFRED ANDERSCH (1914–1980)
Mitglied des Kommunistischen Jugendverbands. 1933 KZ Dachau. 1944 Desertion. Zeitschriften- und Rundfunk-Redakteur, Schriftsteller.
An die Deutschen (S. 264),
Artikel 3 (3) (S. 353).
Aus: empört euch der himmel ist blau. Gedichte und Nachdichtungen 1946–1977, Zürich 1977.
Abdruck mit Genehmigung der Diogenes Verlag AG, Zürich.

ANONYM
Ein schones Lied, wie es in ganzem Teutschland mit den bauren ergangen ist (S. 21),
Ein newes lied, gemacht von der baurschaft im Frankenland, auch von irem losen schießen und von irem blinden stürmen (S. 29),
Und wölt ir hören ein neu gedicht (S. 35),
Ein lied, gemacht, wie es im Osterland ergangen ist (S. 37).
Aus: Rochus von Liliencron: Die historischen Volkslieder der Deutschen vom 13. bis 16. Jahrhundert, Hildesheim 1966.
Von dem jetzigen Übelstand in der Welt, als von Krieg, Theurung und allerlei Krankheiten (S. 41).
Aus: Die historisch-politischen Volkslieder des dreißigjährigen Krieges. Aus fliegenden Blättern, sonstigen Druckwerken und handschriftlichen Quellen gesammelt und nebst den Singweisen zusammengestellt von Franz Wilhelm Freiherrn von Ditfurth. Herausgegeben von Karl Bartsch, Heidelberg 1882.
Klag- und Betlied (S. 45).
Aus: Der Dreißigjährige Krieg. Eine Sammlung von historischen Gedichten und Prosadarstellungen herausgegeben von Julius Opel und Adolf Cohn, Halle 1862.
Langerhoffte Friedenstaube des darnach schmachtenden deutschen Vatterlandes (S. 47).
Aus: Die Historischen Volkslieder vom Ende des dreißigjährigen Krieges, 1648 bis zum Beginn des siebenjährigen, 1756. Aus fliegenden Blättern, handschriftlichen Quellen und dem Volksmunde gesammelt von Franz Wilhelm Freiherrn von Ditfurth, Heilbronn 1877.
In dem Kerker saßen (S. 69),
O, wenn doch keine Maschine nicht wär' (S. 89).
Keiner war wohl je so frech (S. 91).
Was zieht dort zur Brigittenau (S. 110).
Aus: Wolfgang Steinitz: Deutsche Volkslieder demokratischen Charakters aus sechs Jahrhunderten, Band II, Berlin 1962.
Mayerling (S. 132).
Aus: Die Moritat vom Bänkelsang oder Das Lied der Straße. Wieder ans Licht geholt und herausgegeben von Elsbeth Janda und Fritz Nötzoldt und von denselben auch mit mehr oder weniger passenden An- und Bemerkungen versehen, München 1959.

Bismarck ist tot! (S. 137),
Christentum und Staatsraison (S. 139),
Lied der Grubenprotzen (S. 144).
Aus: Frühe sozialistische satirische Lyrik aus den Zeitschriften »Der wahre Jakob« und »Süddeutscher Postillon«. Herausgegeben von Norbert Rothe, Berlin 1977.
Wem ham'se de Krone jeklaut? (S. 170).
Aus: Inge Lammel: Das Arbeiterlied, Leipzig 1970.

ERICH ARENDT (1903)
Lehrerstudium. Verschiedene Berufe. 1926 Beitritt zur KPD. 1933 Emigration in die Schweiz. Teilnahme am spanischen Bürgerkrieg auf der Seite der internationalen Brigaden. Exil in Frankreich und Kolumbien. Lebt seit 1950 in der DDR. Lyriker und Übersetzer.
Das Beispiel (S. 252).
Aus: Aus fünf Jahrzehnten, Rostock 1968.
Abdruck mit Genehmigung des Hinstorff Verlags, Rostock.

ARNFRID ASTEL (1933)
Seit 1967 Leiter der Literaturabteilung im Saarländischen Rundfunk.
Hölderlin (S. 297).
Aus: Notstand. 100 Gedichte, Wuppertal 1968.
Abdruck mit Genehmigung des Autors.
Telefonüberwachung (S. 308).
Aus: Kläranlage. 100 Epigramme, München 1970.
Abdruck mit Genehmigung des Carl Hanser Verlags, München.

JAKOB AUDORF (1835–1898)
Besuch einer Armenschule. Schlosser. Redakteur einer sozialdemokratischen Parteizeitung in Hamburg. Auslandsaufenthalte.
Lied der deutschen Arbeiter (S. 126).
Aus: Stimmen der Freiheit. Blüthenlese der hervorragendsten Schöpfungen unserer Arbeiter- u. Volksdichter. Herausgegeben von Konrad Beißwanger, Nürnberg ^{2}1901.

HUGO BALL (1886–1927)
Exponent der Zürcher Dada-Gruppe. Dramaturg, Journalist und Schriftsteller.
Totentanz 1916 (S. 156).
Aus: Gesammelte Gedichte, Zürich 1963.
Abdruck mit Genehmigung des Verlags Die Arche, Zürich.

KURT BARTSCH (1937)
Verschiedene Berufe. Studium am Leipziger Institut für Literatur »Johannes R. Becher«. Schriftsteller und Grafiker in Ost-Berlin. 1980 Übersiedlung nach West-Berlin.
Mut (S. 309).
Sozialistischer Biedermeier (S. 309).
Aus: Die Lachmaschine. Gedichte, Songs und ein Prosafragment, Berlin 1971.
Abdruck mit Genehmigung des Verlags Klaus Wagenbach, Berlin.

HEINRICH BAUER (19. Jh.)
Mitglied der Zentralbehörde des Kommunistenbundes.
Aufruf! (S. 102).

Aus: Die alten bösen Lieder. Lieder und Gedichte der Revolution von 1848. Ausgewählt und herausgegeben von Klaus Kuhnke, Ahrensburg-Paris 1969.

MICHAEL BAUER (1947)
Medienpädagoge, Liedermacher und Mundartdichter.
Kommunischte (S. 333),
Moi aldi mutter (S. 334).
Aus: Dem Meier Jean soi Määnung, Mainz o.J.
Abdruck mit Genehmigung des Roval's Verlags, Mainz.

EDUARD VON BAUERNFELD (1802–1890)
Studium der Philosophie und der Rechte. Staatsdienst. Teilnahme an der Revolution von 1848. 1849 Ausschluß aus dem Staatsdienst. Freier Schriftsteller.
Heines »Neue Gedichte« (S. 85).
Aus: Bauernfelds ausgewählte Werke in vier Bänden. Mit einer biographisch-kritischen Einleitung herausgegeben von Dr. Emil Horner, Leipzig o.J.

JOHANNES R. BECHER (1891–1958)
Studium der Philosophie und der Medizin. Ab 1917 Mitglied der USPD, ab 1918 der KPD. 1935–1945 Exil in der UdSSR. Verschiedene Funktionen im Kulturbereich der DDR. Ab 1954 Minister für Kultur.
Deutschland (S. 152),
Die Wahlschlacht (S. 185),
An diese Zeit (S. 188),
An Hindenburg (S. 190),
Euch erschüttert nur – (S. 194),
Ballade von Karl Schmidt aus der grauen Stadt, der am Weihnachtsabend die Stadt der Reichen besuchen ging (S. 217).
Aus: Gesammelte Werke, Berlin und Weimar 1966.
Abdruck mit Genehmigung des Aufbau-Verlags, Berlin und Weimar.

WOLF BIERMANN (1936)
1953 Übersiedlung von Hamburg nach Ost-Berlin. Studium der Politischen Ökonomie. Regie-Assistenz am Berliner Ensemble. Liedermacher und Schriftsteller. Nach jahrelangem Auftrittsverbot 1976 Ausbürgerung aus der DDR.
Ein deutscher Kommunist (S. 255).
Aus: Nachlaß 1, Köln 1977.
Abdruck mit Genehmigung des Verlags Kiepenheuer & Witsch, Köln.
Gegen diese Angst (S. 273).
Aus: Wolf Biermann. Liedermacher und Sozialist. Herausgegeben von Thomas Rothschild, Reinbek bei Hamburg 1976.
Abdruck mit Genehmigung des Autors.
Frühzeit (S. 280),
Frage und Antwort und Frage (S. 281),
Ermutigung (S. 281),
Vier sehr verschiedene Versuche, mit den alten Genossen neu zu reden (S. 282),
Noch (S. 297).
Aus: Nachlaß 1, a.a.O.
Deutsches Miserere (Das Bloch-Lied) (S. 349),
Hanseatische Idylle (S. 352).
Aus: Preußischer Ikarus. Lieder. Balladen. Gedichte. Prosa, Köln 1978.
Abdruck mit Genehmigung des Verlags Kiepenheuer & Witsch, Köln.

NICOLAS BORN (1937–1980)
Chemigraph. Romanautor und Lyriker.
Berliner Para-Phrasen (S. 293).
Aus: Wo mir der Kopf steht, Köln 1970.
Abdruck mit Genehmigung von Frau Dr. Irmgard Born, Dannenberg.

MANFRED BOSCH (1947)
Studium der Soziologie und der Germanistik.
Artikel 2, GG (S. 361),
Über 70% des Volksvermögens (S. 361).
Aus: Zeit-Gedichte 5–1980, München 1980.
Abdruck mit Genehmigung der Damnitz Verlag GmbH, München.

VOLKER BRAUN (1939)
1958–1960 als Arbeiter in verschiedenen Berufen. Studium der Philosophie. Dramaturg am Berliner Ensemble. Seit 1972 Mitarbeiter des Deutschen Theaters. Lebt in Ost-Berlin.
Anspruch (S. 279).
Aus: Vorläufiges, Frankfurt am Main 1966.
Revolutionslied (S. 318),
Die Haltung einer Arbeiterin (S. 319).
Aus: Gegen die symmetrische Welt. Gedichte, Frankfurt am Main 1974.
Abdruck mit Genehmigung des Suhrkamp Verlags, Frankfurt am Main.

BERTOLT BRECHT (1898–1956)
Studium der Literatur, Philosophie und der Medizin. Soldat im Ersten Weltkrieg. Arbeit am und für das Theater. 1933 Emigration nach Österreich, Schweiz, Frankreich, Dänemark, Finnland, UdSSR und USA. 1947 Rückkehr nach Europa, 1948 nach Berlin. 1949 Gründung des Berliner Ensembles.
Legende vom toten Soldaten (S. 165),
Lied vom Flicken und vom Rock (S. 223),
Drei Paragraphen der Weimarer Verfassung (S. 224),
Das Lied vom SA-Mann (S. 227),
Das Lied vom Klassenfeind (S. 228),
Gegen die Objektiven (S. 244),
Die Ballade vom Wasserrad (S. 245),
In finsteren Zeiten (S. 246),
Der Zweifler (S. 247),
Über die Gewalt (S. 248),
Der Anstreicher spricht von kommenden großen Zeiten (S. 248),
Auf der Mauer stand mit Kreide (S. 248),
Deutsches Lied (S. 248),
Ballade von der »Judenhure« Marie Sanders (S. 249),
Gleichnis des Buddha vom brennenden Haus (S. 250),
An den Schwankenden (S. 251),
Es ist Nacht (S. 256),
Die Literatur wird durchforscht werden (S. 256),
An die deutschen Soldaten im Osten (S. 257),
Die Lösung (S. 269).
Aus: Gesammelte Werke, Frankfurt am Main 1967.
Abdruck mit Genehmigung des Suhrkamp Verlags, Frankfurt am Main.

GOTTFRIED AUGUST BÜRGER (1747–1794)
Studium der Theologie, der Rechte und der Philosophie. Amtmann.

Redakteur des »Deutschen Musenalmanachs«. Ab 1784 Dozent in Göttingen.
Für Wen, du gutes deutsches Volk (S. 59),
Entsagung der Politik (S. 59).
Aus: Bürgers Gedichte in zwei Teilen. Herausgegeben mit Einleitung und Anmerkungen versehen von Ernst Consentius, Berlin-Leipzig-Wien-Stuttgart, o.J.

PAUL CELAN (1920–1970)
Aufgewachsen in der Bukowina. Medizinstudium in Tours. Arbeitslager. Die Familie kam im Konzentrationslager um. 1945 nach Bukarest, 1947 nach Wien, 1948 nach Paris. Studium der Germanistik. Freier Schriftsteller, Übersetzer, Dozent. Selbstmord durch Ertränkung in der Seine.
Todesfuge (S. 266).
Aus: Gedichte in zwei Bänden, Frankfurt am Main 1975.
Abdruck mit Genehmigung des Suhrkamp Verlags, Frankfurt am Main.

ADELBERT VON CHAMISSO (1781–1838)
Stammt aus französischer Adelsfamilie, die während der Revolution nach Deutschland geflohen war. Militärische Erziehung. Naturwissenschaftliche Studien. Teilnahme an russischer Weltexpedition. Ab 1832 Leiter des »Deutschen Musenalmanachs«.
Die goldene Zeit (S. 62),
Nachtwächterlied (S. 64),
Der Invalid im Irrenhaus (S. 65).
Aus: Chamissos Werke. Herausgegeben von Dr. Hermann Tardel, Leipzig o.J.

MATTHIAS CLAUDIUS (1740–1815)
Studium der Theologie, der Rechts- und Staatswissenschaft. Sekretär des Grafen von Holstein in Kopenhagen. Redakteur in Hamburg und Darmstadt. Herausgeber des »Wandsbeker Boten«.
Kriegslied (S. 51).
Aus: Sämtliche Werke, München 1968.

FRANZ JOSEF DEGENHARDT (1931)
Jurist. Liedermacher und Romanautor.
2. Juni 1967 (S. 288),
Im Innern des Landes (S. 298),
Verteidigung eines Sozialdemokraten vor dem Fabriktor (S. 299),
Die Ballade von den Weißmachern und was mit ihnen geschehen muß (S. 301),
Daß das bloß solche Geschichten bleiben (S. 302).
Aus: Kommt an den Tisch unter Pflaumenbäumen. Alle Lieder von Franz Josef Degenhardt, München 1979.
Abdruck mit Genehmigung der C. Bertelsmann Verlag GmbH, München.

F.C. DELIUS (1943)
Studium der Germanistik. Lyriker, Essayist, Romanautor.
Selbstporträt auf dem Stuttgarter Schloßplatz (S. 328).
Aus: Ein Bankier auf der Flucht. Gedichte und Reisebilder, Berlin 1975.
Abdruck mit Genehmigung der Rotbuch Verlag GmbH, Berlin.

FRANZ FREIHERR VON DINGELSTEDT (1814–1881)
Gymnasiallehrer, Auslandskorrespondent, Staatsbeamter, Theaterintendant. Vom bayrischen König geadelt. Vom österreichischen Kaiser in den Freiherrenstand erhoben.
Frage und Antwort (S. 73),

Drei neue Stücklein mit alten Weisen (S. 75).
Aus: Lieder eines kosmopolitischen Nachtwächters, Hamburg ^{2}1842.

HILDE DOMIN (1912)
Studium der Soziologie, der Rechte und der Philosophie. Exil in Italien und in Lateinamerika. 1954 Rückkehr nach Deutschland.
Beklemmung (S. 278).
Aus: Hier, Frankfurt am Main 1964.
Abdruck mit Genehmigung der S. Fischer Verlag GmbH, Frankfurt am Main.

HANS DRACH
Laiendichter. Während des Dritten Reichs Exil in der UdSSR.
Mein Vater wird gesucht (S. 253).
Aus: Inge Lammel: Das Arbeiterlied, Leipzig 1970.
Abdruck mit Genehmigung der Akademie der Künste der DDR, Berlin.

KARL ECK
Waldfrevel (S. 98).
Aus: Socialistisches Liederbuch mit Original-Beiträgen von H. Heine, F. Freiligrath, G. Werth und Anderen, herausgegeben von H. Püttmann, Kassel ^{2}1851.

GÜNTER EICH (1907–1972)
Studium der Rechte und der Sinologie. Freier Schriftsteller, Soldat, amerikanische Gefangenschaft. Hörspielautor, Lyriker und Erzähler.
Wacht auf, denn eure Träume sind schlecht! (S. 265).
Aus: Gesammelte Werke, Frankfurt am Main 1973.
Abdruck mit Genehmigung des Suhrkamp Verlags, Frankfurt am Main.

HANS MAGNUS ENZENBERGER (1929)
Studium der Philologie und der Philosophie. Rundfunkredakteur, freier Schriftsteller. Begründer des »Kursbuchs«.
bildzeitung (S. 269),
verteidigung der wölfe gegen die lämmer (S. 270).
Aus: verteidigung der wölfe, Frankfurt am Main 1957.
Lied von denen auf die alles zutrifft und die alles schon wissen (S. 291),
Der Papier-Truthahn (S. 307).
Aus: Gedichte 1955–1970, Frankfurt am Main 1971.
Unregierbarkeit (S. 361).
Aus: Die Furie des Verschwindens. Gedichte, Frankfurt am Main 1980.
Abdruck mit Genehmigung des Suhrkamp Verlags, Frankfurt am Main.

LUDWIG FELS (1946)
Hilfs- und Fabrikarbeiter. Lyriker und Erzähler.
Herr Bürgermeister (S. 345).
Aus: Alles geht weiter. Gedichte, Darmstadt und Neuwied 1977.
Abdruck mit Genehmigung des Hermann Luchterhand Verlags, Darmstadt und Neuwied.

FLOH DE COLOGNE
Polit-Rock-Gruppe, die aus früherem Studentenkabarett entstanden ist.
Der Löwenthaler (S. 313).
Aus: Lieder aus dem Schlaraffenland. Politische Lieder der 50er–70er Jahre. Herausgegeben von Annemarie Stern, Oberhausen 1976.
Abdruck mit Genehmigung des Asso Verlags, Oberhausen.

FERDINAND FREILIGRATH (1810–1876)
Kaufmännische Lehre. Emigration nach Belgien, Schweiz und London. Mitarbeit an der »Neuen Rheinischen Zeitung« von Karl Marx. 1868 Rückkehr nach Deutschland.
Requiescat! (S. 92),
Trotz alledem! (S. 105),
Die Revolution (S. 118).
Aus: Freiligraths Werke in sechs Teilen. Herausgegeben mit Einleitung und Anmerkungen versehen von Julius Schwering, Berlin-Leipzig-Wien-Stuttgart o.J.

ERICH FRIED (1921)
Kindheit in Wien. 1938 Emigration nach London. Kommentator der BBC. Freier Schriftsteller und Übersetzer.
Die Zeit der Steine (S. 274).
Aus: Reich der Steine. Zyklische Gedichte, Hamburg 1963.
Abdruck mit Genehmigung des Claassen Verlags, Düsseldorf.
Die Händler (S. 277).
Aus: Warngedichte, München 1964.
Abdruck mit Genehmigung des Carl Hanser Verlags, München.
Taktfrage (S. 284),
Schwächer (S. 284).
Aus: Anfechtungen. Fünfzig Gedichte, Berlin 1967.
Nach der Korrektur (S. 306).
Aus: Die Beine der größeren Lügen. Einundfünfzig Gedichte, Berlin 1969.
Tiermarkt/Ankauf (S. 306).
Aus: Unter Nebenfeinden. Fünfzig Gedichte, Berlin 1970.
Abdruck mit Genehmigung des Verlags Klaus Wagenbach, Berlin.
Die Anfrage (S. 347),
Zur Kenntlichkeit (S. 348).
Aus: So kam ich unter die Deuschen. Gedichte, Hamburg 1977.
Abdruck mit Genehmigung des Verlags Association, Hamburg.

GÜNTER BRUNO FUCHS (1928–1977)
Luftwaffenhelfer, Arbeitsdienst. Studium der bildenden Kunst.
Polizisten-Steckbriefe (S. 289).
Aus: Die Ankunft des Großen Unordentlichen in einer ordentlichen Zeit. Gedichte, Bilder und Geschichten, Berlin o.J.
Abdruck mit Genehmigung des Carl Hanser Verlags, München.

JÜRGEN FUCHS (1950)
Studium der Sozialpsychologie. 1976 verhaftet. 1977 aus der DDR ausgebürgert.
26. 9. 78 (S. 357).
Aus: Tagesnotizen. Gedichte, Reinbek bei Hamburg 1979.
Abdruck mit Genehmigung der Rowohlt Verlag GmbH, Reinbek bei Hamburg.

FRANZ FREIHERR VON GAUDY (1800–1840)
Militärische Laufbahn. Ab 1833 freier Schriftsteller. 1939 Mitherausgeber des »Deutschen Musenalmanachs«.
Das freie Land (S. 87).
Aus: Franz Freiherrn Gaudy's sämmtliche Werke. Herausgegeben von Arthur Mueller, Berlin 1844.

RUDOLF GOTTSCHALL (1823–1909)
Studium der Rechte und der Philosophie. Dramaturg.

Der heil'ge Bund (S. 94),
Den Veteranen (S. 96),
Dem König Schach (S. 97),
Metternich's Triumph (S. 113).
Aus: Gedichte, Hamburg 1849.

ANDREAS GRYPHIUS (1616–1664)
Hauslehrer. Studium der Sprachen. Lyriker und Dramatiker.
Thränen des vaterlandes, anno 1636 (S. 44).
Aus: Werke in drei Bänden mit Ergänzungsband, Hildesheim 1961.

FRITZ GUMBEL
Mitglied der Agitprop-Truppe Das Rote Sprachrohr in Berlin.
Kampf dem Hunger (S. 234).
Aus: Lieder der Agitprop-Truppen vor 1945, Leipzig 1958.
Abdruck mit Genehmigung des Verlags VEB Friedrich Hofmeister, Leipzig.

MARGARETE HANNSMANN (1921)
Schauspielausbildung. Freie Schriftstellerin.
Ausländische Arbeitnehmer (S. 317).
Aus: Fernsehabsage. Gedichte, Düsseldorf 1974.
Abdruck mit Genehmigung des Claassen Verlags, Düsseldorf.

WALTER HASENCLEVER (1890–1940)
Studium der Philosophie und der Literaturwissenschaft. Schwere Verwundung im Ersten Weltkrieg. Ab 1933 Exil in England und Frankreich. Selbstmord in Frankreich bei Annäherung der deutschen Truppen.
Die Mörder sitzen in der Oper (S. 158).
Aus: Der politische Dichter, Berlin 1919.
Abdruck mit Genehmigung der Rowohlt Verlag GmbH, Reinbek bei Hamburg.

ROLF HAUFS (1935)
Exportkaufmann. Freier Schriftsteller.
An einen Militär (S. 290).
Aus: Vorstadtbeichte. Gedichte, Neuwied und Berlin 1967.
Abdruck mit Genehmigung der Rowohlt Verlag GmbH, Reinbek bei Hamburg.

HEINRICH HEINE (1797–1856)
Kaufmännische Lehre. Studium der Philosophie, der Literaturwissenschaft und der Rechte. Ab 1831 in Paris. Korrespondent der Augsburger »Allgemeinen Zeitung«. Ab 1848 schwer erkrankt.
Nachtgedanken (S. 83),
Zur Beruhigung (S. 84),
Die schlesischen Weber (S. 89),
Michel nach dem März (S. 120),
Die Wahl-Esel (S. 122).
Aus: Sämtliche Schriften, München 1971.

SIEGFRIED HEINRICHS (1941)
1964 wegen »Verbreitung und Herstellung staatsgefährdender Schriften« zu drei Jahren Zuchthaus verurteilt. 1974 aus der DDR ausgebürgert.
Nach der Haussuchung (S. 338).
Aus: mein schmerzliches land. gedichte, Berlin 1978.
Abdruck mit Genehmigung des Oberbaumverlags, Berlin.

GEORG HERWEGH (1817–1875)
Studium der Theologie. Freier Schriftsteller. 1839 Übersiedlung in die Schweiz, 1842 nach Paris. 1848 Teilnahme an der badischen Revolution. 1866 Rückkehr nach Deutschland.
Wiegenlied (S. 82),
Das Reden nimmt kein End' (S. 108),
Was macht Deutschland? (S. 124),
Bundeslied für den Allgemeinen deutschen Arbeiterverein (S. 125),
Der schlimmste Feind (S. 129),
Den Siegestrunknen (S. 131).
Aus: Herweghs Werke in drei Teilen. Herausgegeben mit Einleitungen und Anmerkungen versehen von Hermann Tardel, Berlin-Leipzig-Wien-Stuttgart o.J.

WIELAND HERZFELDE (1896)
Begründer und Leiter des Malik-Verlags. Bruder von John Heartfield. Exil in Prag und USA. Ab 1949 Professor für Literatursoziologie in Leipzig.
Pro patria (S. 243),
An die Kleinmütigen (S. 268).
Aus: Im Gehen geschrieben. Verse aus vierundvierzig Jahren, Berlin 1956.
Abdruck mit Genehmigung des Aufbau Verlags, Berlin und Weimar.

LUDWIG CHRISTOPH HEINRICH HÖLTY (1748–1776)
Studium der Theologie und der Sprachen. Mitarbeit am »Göttinger Musenalmanach«. Mitglied des Hainbundes.
Der alte Landmann an seinen Sohn (S. 53).
Aus: Ludwig Christoph Heinrich Hölty's Sämtliche Werke kritisch und chronologisch herausgegeben von Wilhelm Michael, Weimar 1914.

AUGUST HEINRICH HOFFMANN VON FALLERSLEBEN (1798–1874)
Studium der Theologie, der Altphilologie und der Germanistik. Kustos der Universitätsbibliothek, später Professor für Germanistik in Breslau. Nach Erscheinen der »Unpolitischen Lieder« seines Amtes enthoben.
Wie ist doch die Zeitung interessant! (S. 72),
Das Lied vom deutschen Philister (S. 77),
Kriech Du und der Teufel (S. 88),
Zum oktroyierenden 5. Dezember 1848 (S. 112).
Aus: Gedichte und Lieder. Im Auftrag der Hoffmann von Fallersleben-Gesellschaft herausgegeben von Hermann Wendebourg und Anneliese Gerbert, Hamburg 1974.

ARNO HOLZ (1863–1929)
Redakteur. Freier Schriftsteller. Zusammen mit Johannes Schlaf führender Repräsentant des Naturalismus in Deutschland.
Das Volk an die Fürsten (S. 134),
Noch eins! (S. 135),
Tagtäglich (S. 136).
Aus: Das Werk von Arno Holz. Erste Ausgabe mit Einführungen von Dr. Hans W. Fischer, Berlin 1924.
Abdruck mit Genehmigung des Verlags Klaus M. Rarisch, Berlin.

FRIEDRICH HORNFECK
Bonzen- und Junkertum (S. 121).
Aus: Schenkenbuch, Frankfurt am Main 1855.

HANNS DIETER HÜSCH (1925)
Studium der Theaterwissenschaft und der Literaturwissenschaft. Kabarettist und Liedermacher.
Das rote Chanson (S. 294),
Marsch der Minderheit (S. 295).
Aus: Freunde, wir haben Arbeit bekommen! Die neuen Lieder des Hanns Dieter Hüsch, Ahrensburg-Paris 1968
Abdruck mit Genehmigung des Autors.

KARL IMMERMANN (1796–1840)
Studium der Rechte. Militärische Laufbahn. Kriminalrichter, Landgerichtsrat. Theaterleiter.
Dithyrambus (S. 66).
Aus: Werke in fünf Bänden. Herausgegeben von Benno von Wiese, Frankfurt am Main 1971.

MANFRED JENDRYSCHIK (1943)
Erzähler und Lyriker. Lebt in der DDR.
Im neueren Haus: Es spricht der Arbeiter K. (S. 363).
Aus: Die Ebene. Gedichte, Frankfurt am Main 1980.
Abdruck mit Genehmigung des Suhrkamp Verlags, Frankfurt am Main.

ERICH KÄSTNER (1899–1974)
Soldat im Ersten Weltkrieg. Studium der Germanistik. Redakteur. Im Dritten Reich verboten. Literarisches Kabarett, Lyriker, Dramatiker, Erzähler, Verfasser von Kinderbüchern.
Knigge für Unbemittelte (S. 196),
Sergeant Waurich (S. 203),
Zitat aus großer Zeit (S. 204),
Die andre Möglichkeit (S. 211),
Ansprache an Millionäre (S. 212),
Große Zeiten (S. 213),
Brief an den Weihnachtsmann (S. 214),
Das Führerproblem, genetisch betrachtet (S. 236).
Aus: Gesammelte Schriften für Erwachsene, München/Zürich 1969.
Abdruck mit Genehmigung der Atrium Verlag AG, Zürich.

KARL KAISER (1868–?)
Klaviermechaniker-Lehre. Mitarbeit in der Arbeiterbewegung und am »Süddeutschen Postillion«.
»Einerseits und Anderseits« (S. 133).
Aus: Stimmen der Freiheit. Blüthenlese der hervorragendsten Schöpfungen unserer Arbeiter- u. Volksdichter. Herausgegeben von Konrad Beißwanger, Nürnberg ^{2}1901.

WILLI KARSCH (1904)
Mitglied der Agitprop-Truppe Sturmtrupp Alarm, die 1929 in Berlin aus der verbotenen Truppe Rote Raketen entstand.
Proletarische Selbstkritik (S. 205).
Aus: Lieder der Agitprop-Truppen vor 1945, a.a.O.
Abdruck mit Genehmigung des Verlags VEB Friedrich Hofmeister, Leipzig.

YAAK KARSUNKE (1934)
Studium der Rechte. Schauspielschule. Mitbegründer des »Kürbiskern«. Freier Schriftsteller und Kritiker.

zitat & zusatz (S. 358).
Aus: da zwischen. fünfunddreißig Gedichte & ein Stück, Berlin 1979.
Abdruck mit Genehmigung der Rotbuch Verlag GmbH, Berlin.

FRIEDERIKE KEMPNER (1836–1904)
Autorin von Gedichten, Dramen und Novellen.
Der alte Invalid' (S. 128).
Aus: Die Moritat vom Bänkelsang oder Das Lied der Straße, a.a.O.

ARMIN KERKER (1943)
Studium der Philologie. Mitarbeit in den Goethe-Instituten in Kamerun und Madagaskar. Übersetzer aus dem Neugriechischen, Lyriker, Journalist.
Im Mittelpunkt der Mensch (S. 334).
Aus: Verhältnisse, Fischerhude 1976.
Abdruck mit Genehmigung des Verlags Atelier im Bauernhaus, Fischerhude.

RAINER KIRSCH (1934)
Studium der Geschichte und der Philosphie. Drucker, Chemiearbeiter, landwirtschaftliche Arbeit. Freier Schriftsteller. Lebt in der DDR.
Meinen Freunden, den alten Genossen (S. 273).
Aus: Auszog das Fürchten zu lernen. Prosa. Gedichte. Komödie, Reinbek bei Hamburg 1978.
Abdruck mit Genehmigung der Rowohlt Verlag GmbH, Reinbek bei Hamburg.

FRIEDRICH GOTTLIEB KLOPSTOCK (1724–1803)
Studium der Theologie. Hauslehrer. Legationsrat in Kopenhagen. Epiker, Lyriker und Dramatiker.
Sie, und nicht wir (S. 57),
Der Erobrungskrieg (S. 58).
Aus: Ausgewählte Werke, München 1962.

MAX KOLPE (1905)
(Pseudonym: Max Colpet) Kabarettautor und Publizist. 1933 Emigration in die USA. Autor des Marlene-Dietrich-Hits »Sag mir wo die Blumen sind«. Lebt in der Schweiz.
Die alte Burschenherrlichkeit (S. 197).
Aus: Bis fünf nach zwölfe, kleine Maus. Streifzug durch satirische Zeitschriften der Weimarer Republik. Herausgegeben von W. U. Schütte.
Mit einem Nachwort von Ruth Greuner, Berlin ^{2}1975.
Abdruck mit Genehmigung des Autors.

KLAUS KONJETZKY (1943)
Studium der Geschichte, Germanistik und Philosophie. Erzähler und Lyriker.
Aufzuhebende Widersprüche (S. 358).
Aus: Die Hebriden. Gedichte, München Zürich 1979.
Abdruck mit Genehmigung des Verlags R. Piper & Co., München.

KARL KRAUS (1874–1936)
Studium der Rechte, der Philosophie und der Germanistik. 1899 Gründung der »Fackel«. Öffentliche Lesungen.
Lied des Alldeutschen (S. 160).
Aus: Worte in Versen, München 1959.
Abdruck mit Genehmigung der Kösel-Verlag GmbH & Co., München.

REINER KUNZE (1933)
Studium der Philosophie und der Journalistik. 1977 Übersiedlung aus der DDR in die Bundesrepublik.
Erster Brief der Tamara A. (S. 305).
Aus: zimmerlautstärke. gedichte, Frankfurt am Main 1972.
Abdruck mit Genehmigung der S. Fischer Verlag GmbH, Frankfurt am Main.

NIKOLAUS LENAU (1802–1850)
Pseudonym von Nikolaus Franz Niembsch, Edler von Strehlenau. Studium der Rechte, der Philosophie und der Medizin. 1831 Übersiedlung von Wien nach Stuttgart. 1832 bis 1833 in USA. Letzte Lebensjahre in geistiger Umnachtung.
Am Grabe eines Ministers (S. 68).
Aus: Sämtliche Werke und Briefe. In zwei Bänden, Frankfurt am Main 1971.

ADOLF LEPP (1847–1906)
Zigarrenarbeiter. 1867 Beitritt zum Allgemeinen Deutschen Arbeiterverein. Polizeiliche Verfolgungen, Strafhaft wegen der politischen Gesinnung.
Lied der Liberalen (S. 142).
Aus: Stimmen der Freiheit, a.a.O.

DETLEV VON LILIENCRON (1844–1909)
Militärische Laufbahn. Verwaltungsbeamter. Kirchspielvogt. Freier Schriftsteller. Lyriker, Dramatiker und Erzähler. Repräsentant des Impressionismus.
Siegesfest (S. 134).
Aus: Sämtliche Werke, Berlin und Leipzig o.J.

RICHARD LIMPERT (1922)
Polsterer-Lehre. Solat im Zweiten Weltkrieg. Gefangenschaft. Ab 1955 Zechenmaschinist, Bildungsobmann, Betriebsrat.
Chancengleichheit (S. 312).
Aus: Wortmeldung & Zwischenrufe. Prosa und Gedichte, Oberhausen 1979.
Abdruck mit Genehmigung des Asso Verlags, Oberhausen.

WALTER MEHRING (1896)
Studium der Kunstgeschichte. Kabarettist und Journalist. 1933 Emigration nach Paris. Gefangenschaft während des Vichy-Regimes. 1939 Flucht aus Paris. Internierung. 1941 Flucht nach USA. Nach dem Krieg Rückkehr in die Schweiz.
Oratorium von Krieg, Frieden und Inflation (S. 199),
Verrat militärischer Geheimnisse (S. 215),
Frühlingsheil: 1932 (S. 237),
Das Wahlresultat (S. 238).
Aus: Der Zeitpuls fliegt. Eine Auswahl, Hamburg 1958.
Abdruck mit Genehmigung des Autors.

KARL MICKEL (1935)
Studium der Volkswirtschaft. Dozent für Wirtschaftsgeschichte in Ostberlin.
Die Friedensfeier (S. 271).
Aus: Vita nova mea. Gedichte, Reinbek bei Hamburg 1967.
Abdruck mit Genehmigung der Rowohlt Verlag GmbH, Reinbek bei Hamburg.

WERNER MÖLLER (1888–1919)
Aktiv in der Arbeiterbewegung. Mitarbeit in der sozialdemokratischen Presse. Ein Jahr Gefängnis wegen Verteilung von Flugblättern. Teilnahme an der Novemberrevolution. Schriftleiter des »Vorwärts«. Von Noske-Truppen erschlagen.
Die deutsche Revolution (S. 170).

Aus: Sturmgesang Krieg und Kampf. Gedichte. Herausgegeben und eingeleitet von Mathilde Dau, Berlin 1977.
Abdruck mit Genehmigung des Akademie-Verlags, Berlin (DDR).

CHRISTIAN MORGENSTERN (1871–1914)
Studium der Volkswirtschaft und der Rechte. Ab 1903 Verlagslektor.
Steine statt Brot (S. 148).
Aus: Jubiläumsausgabe in vier Bänden. Herausgegeben von Clemens Heselhaus, München-Zürich 1979.

WALTER MOSSMANN (1941)
Studium der Politikwissenschaft, Soziologie und Germanistik. Liedermacher und Publizist. Engagement in der Anti-KKW-Bewegung.
Sieben Fragen eines Schülers und sieben freiheitlich-demokratisch-grundordentliche Antworten (S. 320),
Der KKW-NEIN-RAG (S. 322),
Normal oder Radikal (S. 324),
Ballade von der unverhofften Last (S. 325).
Aus: Flugblattlieder, Streitschriften, Berlin 1980.
Abdruck mit Genehmigung der Rotbuch Verlag GmbH, Berlin.

ERICH MÜHSAM (1878–1934)
Wegen »sozialistischer Umtriebe« vom Gymnasium verwiesen. Freier Schriftsteller und Publizist. An der Bildung der Bayerischen Räterepublik beteiligt. Zu fünfzehn Jahren Festungshaft verurteilt. 1924 amnestiert. 1933 verhaftet. Im KZ Oranienburg ermordet.
Ein »Volks«-Fest (S. 146),
Der Revoluzzer (S. 147),
Soldatenlied (S. 157),
Appell (S. 184).
Aus: Auswahl. Gedichte. Drama. Prosa, Düsseldorf 1961.
Abdruck mit Genehmigung der Brücken Verlag GmbH, Düsseldorf.

ROLF NIEDERHAUSER (1951)
Lehre als Elektromonteur. Studium der Volkswirtschaft. Lebt in der Schweiz.
Gedanken zur Revolution (S. 363),
Zu den notwendigen Übeln (S. 364).
Aus: Kältere Tage in sieben Bildern, Darmstadt und Neuwied 1980.
Abdruck mit Genehmigung des Hermann Luchterhand Verlags, Darmstadt und Neuwied.

HELGA M. NOVAK (1935)
Studium der Philosophie und der Journalistik. Buchhändlerin, Fabrikarbeiterin. 1961 Übersiedlung von der DDR nach Island, 1967 in die Bundesrepublik.
vom Deutschen und der Polizei (S. 279),
Lied von der Haussuchung (S. 337).
Aus: Balladen vom kurzen Prozeß, Berlin 1975.
Abdruck mit Genehmigung der Rotbuch Verlag GmbH, Berlin.

HARRY OBERLÄNDER (1950)
Studium der Soziologie. Betriebsarbeit bei Opel, Buchhändler, Verlagsangestellter.
frankfurt, die stadt (S. 346).

Aus: jörg burkhard/harry oberländer/j. monika walther: ein paar dinge von denen ich weiß. gedichte, Berlin 1977.
Abdruck mit Genehmigung des Karin Kramer Verlags, Berlin.

LUDWIG PFAU (1821–1894)
Gärtner in Paris. Studium der Romanistik, der Philosophie, der Kunstgeschichte und der Volkswirtschaft. Begründete 1848 das Karikaturenblatt »Eulenspiegel«. Teilnahme an der Revolution 1848. Emigration in die Schweiz. In Abwesenheit zu 21 Jahren Zuchthaus verurteilt. Ab 1852 in Paris, Brüssel, Antwerpen, London. 1863 Rückkehr nach Deutschland. Redakteur und Publizist.
Herr Biedermeier (S. 99),
Die deutschen Bettler (S. 101),
Das hat ein König gethan (S. 103),
Lied vom Robert Blum (S. 111),
Das Lied von der deutschen Treue (S. 115),
Lied vom Gottesgnadenfritz (S. 117).
Aus: Gedichte, Stuttgart ³1874.

GOTTLIEB KONRAD PFEFFEL (1736–1809)
Studium der Rechte. 1758 erblindet. Gründete 1773 ein evangelisches Erziehungsinstitut in Colmar. Fabeldichter, Erzähler, Dramatiker.
Der Esel (S. 52).
Aus: Deutsche Fabeln des 18. Jahrhunderts. Ausgewählt und mit einem Nachwort von Manfred Windfuhr, Stuttgart 1969.

JOACHIM RINGELNATZ (1883–1934)
Pseudonym von Hans Bötticher. Seemann. Kaufmann. Kabarettist.
Angstgebet in Wohnungsnot (S. 181).
Aus: und auf einmal steht es neben dir. Gesammelte Gedichte, Berlin 1964.
Abdruck mit Genehmigung des Karl H. Henssel Verlags, Berlin.

PETER RÜHMKORF (1929)
Studium der Germanistik und der Psychologie. Verlagslektor, Publizist, Kolumnist. Freier Schriftsteller und Kritiker.
Bleib erschütterbar und widersteh (S. 360).
Aus: Haltbar bis Ende 1999. Gedichte, Reinbek bei Hamburg 1979.
Abdruck mit Genehmigung des Autors.

FRIEDRICH VON SALLET (1812–1843)
Militärische Laufbahn. 1830 wegen Satire auf das Militär zu zehn Jahren Festungshaft verurteilt, zu zwei Monaten Arrest begnadigt. Studium der Philosophie und Geschichte.
Aechtes Deuschthum (S. 78),
Lumpengericht (S. 80),
Geschichtliche Entwicklung (S. 81).
Aus: Gesammelte Gedichte, Königsberg i.Pr. 1843.

JOHANNES SCHENK (1941)
Seemann. Straßentheater. Freier Schriftsteller.
Für die Genossen im Knast (S. 310).
Aus: Die Genossin Utopie. Dreißig Gedichte, Berlin 1973.
Abdruck mit Genehmigung des Verlags Klaus Wagenbach, Berlin.

WENCEL SCHERFFER VON SCHERFFENSTEIN (1603–1674)
Organist. Übersetzungen aus dem Polnischen. Lyriker.
Teutschland (S. 41).
Aus: Lyrik des Barock I. Herausgegeben von Marian Szyrocki, Reinbek bei Hamburg 1971.

CHRISTIAN FRIEDRICH DANIEL SCHUBART (1739–1791)
Studium der Theologie. Hauslehrer, Organist. 1773 aus Württemberg ausgewiesen. Herausgeber der »Deutschen Chronik«. 1777 verhaftet und für zehn Jahre auf Hohenasperg eingekerkert. Nach Entlassung aus der Haft Zeitschriftenherausgeber und Theaterdirektor.
Der Bettelsoldat (S. 55).
Aus: C.F.D. Schubart's, des Patrioten, gesammelte Schriften und Schicksale, Stuttgart 1839
Deutscher Freiheitsgeist (S. 56).
Aus: Schubarts Werke in einem Band, Weimar 1962

ROLF SCHWENDTER (1939)
Studium der Theaterwissenschaft, Staatswissenschaft, Soziologie und Theologie. 1967 Übersiedlung von Wien in die Bundesrepublik. Hochschullehrer. Publizist und Liedermacher.
Abendgebet eines Kindes, das Wilhelm Reich gelesen hat (S. 305).
Aus: Ich bin noch immer unbefriedigt. Lieder zum freien Gebrauch, Berlin 1980.
Abdruck mit Genehmigung der Rotbuch Verlag GmbH, Berlin.

GERD SEMMER (1919–1967)
Schneiderlehre. Studium der Theaterwissenschaft, Germanistik und Kunstgeschichte. Regieassistent bei Piscator. Redakteur. Übersetzer. Texter für Dieter Süverkrüp. Mitarbeit an den Ostermärschen für Demokratie und Abrüstung.
Ich vermisse Nationalgefühl (S. 275).
Aus: Lieder aus dem Schlaraffenland, a.a.O.
Abdruck mit Genehmigung des Asso Verlags, Oberhausen.

JOHANN GOTTFRIED SEUME (1763–1810)
Studium der Theologie. 1781 von hessischen Werbern ergriffen, den nach England verkauften Truppen eingereiht, nach Amerika verschifft. 1783 desertiert und wieder gefangen. Hauslehrer. Sekretär des russischen Generalgouverneurs von Polen. Korrektor und Verlagslektor. Reisen nach Syrakus, Rußland, Finnland, Schweden.
An das deutsche Volk im Jahre 1810 (S. 60).
Aus: Prosaische und poetische Werke, Berlin o.J.

JURA SOYFER (1912–1939)
Studium der Germanistik und Geschichte. Mitarbeit an der Wiener »Arbeiter-Zeitung« und an Kleinkunstbühnen. 1934 Eintritt in die KPÖ. 1938 Verhaftung. KZ Dachau.
Kommentar zur Weimarer Verfassung (S. 234),
Wahlen im dritten Reich (S. 241),
Rassische Liebesballade (S. 242),
Das Dachaulied (S. 254).
Aus: Von Paradies und Weltuntergang, Wien 1962.
Abdruck mit Genehmigung des Globus-Verlages, Wien.

HANNES STÜTZ (1936)
Studium der Germanistik und Geschichte. Fabrikarbeiter. Erzieher. Kabarettist. Mitbegründer des »Kürbiskern«.
Ein Bomben ist gefallen (S. 276).
Aus: Lieder aus dem Schlaraffenland, a.a.O.
Abdruck mit Genehmigung des Asso Verlags, Oberhausen.

DIETER SÜVERKRÜP (1934)
Graphiker. Jazz-Gitarrist. Liedermacher.
Kleine Anfragen (S. 276),
Kirschen auf Sahne (S. 285),
Lagerlied (S. 287).
Aus: Lieder aus dem Schlaraffenland, a.a.O.
Abdruck mit Genehmigung des Autors.

LUDWIG THOMA (1867–1921)
Studium der Forstwissenschaft und der Rechte. Rechtsanwalt. Ab 1899 Redakteur des »Simplicissimus«. Freier Schriftsteller.
Ostelbischer Adel (S. 143).
Aus: Gesammelte Werke, München 1956.
Abdruck mit Genehmigung des Verlags R. Piper & Co., München.

VOLKER VON TÖRNE (1934–1980)
Studium der Sozialwissenschaften. Steinhauer. Bauarbeiter. Mitarbeiter der Aktion Sühnezeichen/Friedensdienste.
Lied vom Terroristen Karl Heinz Pawla (S. 303),
Endlösung (S. 308),
Am gleichen Strang (S. 309),
Fragen eines chilenischen Genossen (S. 316),
Brief an meine Freunde (S. 332),
Geschichte (S. 333).
Aus: Kopfüberhals. Achtundvierzig Gedichte, Berlin 1979.
Abdruck mit Genehmigung des Verlags Klaus Wagenbach, Berlin.

KURT TUCHOLSKY (1890–1935)
Studium der Rechte. Mitarbeit am »Vorwärts« und an der »Schaubühne« bzw. »Weltbühne«. Pseudonym: Peter Panter, Theobald Tiger, Ignaz Wrobel, Kaspar Hauser. Chefredakteur der Beilage des Berliner Tagblatts »Ulk«. 1924 Übersiedlung nach Paris. Mitarbeit an zahlreichen Zeitungen und Zeitschriften. 1926 Leitung der »Weltbühne«. 1929 Übersiedlung nach Schweden. 1933 Ausbürgerung, Bücherverbrennung. Selbstmord.
Krieg dem Kriege (S. 168),
Zwei Erschlagene (S. 172),
Preußische Presse (S. 173),
Die Objektiven (S. 175),
Sozialdemokratischer Parteitag (S. 176),
Der selige Noske (S. 177),
Drei Minuten Gehör! (S. 178),
An einen Bonzen (S. 180),
400 000 Invaliden und 1 Gesunder (S. 191),
Bürgerliche Wohltätigkeit (S. 207),
Die freie Wirtschaft (S. 208),
Das dritte Reich (S. 209).

Aus: Gesammelte Werke in 10 Bänden. Herausgegeben von Mary Gerold-Tucholsky und Fritz J. Raddatz, Reinbek bei Hamburg 1975.
Abdruck mit Genehmigung der Rowohlt Verlag GmbH, Reinbek bei Hamburg.

LUDWIG UHLAND (1787–1862)
Studium der Rechte und der Philologie. Rechtsanwalt. Sekretär am Justizministerium in Stuttgart. Liberaler Abgeordneter im württembergischen Landtag. 1829 Professor für deutsche Philologie in Tübingen. 1848 liberaler Abgeordneter der Nationalversammlung in der Frankfurter Paulskirche.
Wanderung (S. 70).
Aus: Uhlands Werke. Herausgegeben von Ludwig Fränkel, Leipzig und Wien o.J.

BERTHOLD VIERTEL (1885–1953)
Studium der Philosophie und Geschichte. Regisseur. Lyriker, Erzähler, Dramatiker, Essayist. Feuilletonredakteur. 1934 Emigration nach Wien. Paris, England, USA. 1948/49 BBC London. Ab 1948 Regiearbeiten in Zürich, Wien, Berlin, Salzburg.
Ode an Deutschland (S. 261).
Aus: Dichtungen und Dokumente. Gedichte. Prosa. Autobiographische Fragmente, München 1956.
Abdruck mit Genehmigung von Frau Elisabeth Viertel, Wien.

VOLKS-MUSIK
Polit-Rock-Gruppe, 1968 unter dem Namen Hotzenplotz gegründet.
Unternehmersong (S. 314).
Aus: Arbeitersongbuch. Herausgegeben von Wolfgang Bergmann, Horst Hensel, Peter Kühne, Elke Nyssen, Frankfurt am Main 1973.
Abdruck mit Genehmigung der Herausgeber.

DAVID WEBER
Stempellied (S. 201).
Aus: Annemarie Stern: Lieder gegen den Tritt. Politische Lieder aus fünf Jahrhunderten, Oberhausen 1972.
Abdruck mit Genehmigung des Verlags VEB Hofmeister, Leipzig.

KONSTANTIN WECKER (1947)
Studium der Musik, Philosophie, Germanistik und Psychologie. Liedermacher und Lyriker.
Waidmanns Heil (S. 339),
Totgeboren, aber nicht verloren (S. 341),
Hexeneinmaleins (S. 343).
Aus: ich will noch eine ganze Menge leben. Songs. Gedichte. Prosa, München 1978.
Abdruck mit Genehmigung der Franz Ehrenwirth Verlag GmbH & Co. KG, München.

GEORG RUDOLF WECKHERLIN (1584–1653)
Studium der Rechte. 1615 Sekretär beim Herzog von Württemberg. 1620 nach England. 1625 Unterstaatssekretär, später Parlamentssekretär Karls I.
An den Hofe (S. 48).
Aus: Georg Rudolf Weckherlins Gedichte. Herausgegeben von Hermann Fischer, Darmstadt 1968.

FRANK WEDEKIND (1864–1918)
Studium der Rechte. Journalist. Werbechef der Firma Maggi. Zirkussekretär.

Theaterarbeit. Mitarbeit am »Simplicissimus« und im Kabarett »Die elf Scharfrichter«. Festungshaft wegen Majestätsbeleidigung. Dramatiker und Lyriker.
Im Heiligen Land (S. 141),
Ein politisch Lied (S. 148),
Diplomaten (S. 153).
Aus: Gesammelte Werke, München 1920.
Abdruck mit Genehmigung des Albert Langen-Georg Müller Verlags, München.

GEORG WEERTH (1822–1856)
Kaufmännische Lehre. Buchhalter. Kaufmännischer Angestellter. 1843 Übersiedlung nach England. Beitritt zum »Bund der Gerechten«. 1845 nach Brüssel. Zusammentreffen mit Karl Marx. 1848/49 Feuilleton-Redakteur der »Neuen Rheinischen Zeitung«. Drei Monate Gefängnis. Reisen nach Spanien, Süd- und Mittelamerika.
Das Hungerlied (S. 92),
Heute morgen fuhr ich nach Düsseldorf (S. 106).
Aus: Sämtliche Werke, Berlin 1956.

ERICH WEINERT (1890–1953)
Schlosserlehre. Kunstfachschule. Graphiker. Lehrer. Schauspieler. Kabarettist. Mitarbeiter linker Zeitschriften. 1928 Vorstandsmitglied des Bundes proletarisch-revolutionärer Schriftsteller. 1929 Beitritt zur KPD. Mitbegründer der »Linkskurve«. 1933 Emigration in die Schweiz, nach Frankreich, 1935 nach Moskau. Teilnahme am spanischen Bürgerkrieg. Sprecher beim Moskauer Rundfunk. 1946 Rückkehr nach Berlin.
Sozialdemokratisches Mailiedchen (S. 181),
Die große Zeit (S. 182),
Denkt daran (S. 193),
Die Himmelsmarxisten (S. 198),
Korps in Wichs (S. 219),
Gesang der Edellatscher (S. 220),
Was sagt ihr zu § 218? (S. 221),
Der große Flicklappen (S. 232),
Genauso hat es damals angefangen! (S. 262).
Aus: Gesammelte Werke. Herausgegeben im Auftrage der Deutschen Akademie der Künste zu Berlin von Li Weinert unter Mitarbeit von Ursula Münchow, Berlin 1960.
Abdruck mit Genehmigung des Verlags Volk und Welt, Berlin (DDR).

CHRISTIAN FELIX WEISSE (1726–1804)
Studium der Philologie und Theologie. Hofmeister. Kreissteuereinnehmer. Lyriker und Dramatiker.
Der Zweifel (S. 49),
Der Soldat (S. 50).
Aus: Scherzhafte Lieder, Leipzig 1758.

FRIEDRICH WOLF (1888–1953)
Studium der bildenden Kunst und der Medizin. Schiffsarzt. Militärarzt. Als USPD-Mitglied im Arbeiter- und Soldatenrat Sachsen. Beteiligung an den Ruhrkämpfen 1920. 1928 Beitritt in die KPD. 1931 wegen Vergehen gegen § 218 verhaftet. 1933 Emigration in die Schweiz, Frankreich und UdSSR. 1945 Rückkehr nach Deutschland. Am Aufbau von Theater und Rundfunk der DDR beteiligt.
Wie oft noch? (S. 157),

Auch du (S. 264).
Aus: Gesammelte Werke in sechzehn Bänden, Berlin 1963.
Abdruck mit Genehmigung des Aufbau Verlags, Berlin und Weimar.

PETER-PAUL ZAHL (1944)
Offsetdruckerlehre. 1972 verhaftet, zunächst zu vier Jahren, im Revisionsprozeß 1976 wegen »zweifachen versuchten Mordes und Widerstand« zu fünfzehn Jahren verurteilt.
im namen des volkes (S. 335),
an die freunde (S. 336).
Aus: Alle Türen offen. Gedichte, Berlin 1977.
Abdruck mit Genehmigung der Rotbuch Verlag GmbH, Berlin.

DIETER E. ZIMMER (1934)
Redakteur. Übersetzer. Autor von Sachbüchern.
Was denn (S. 340),
Nur Mut (S. 341).
Aus: Ich möchte lieber nicht, sagte Bartleby. Gedichte und Spottstücke, Berlin 1978.
Abdruck mit Genehmigung der Rotbuch Verlag GmbH, Berlin.

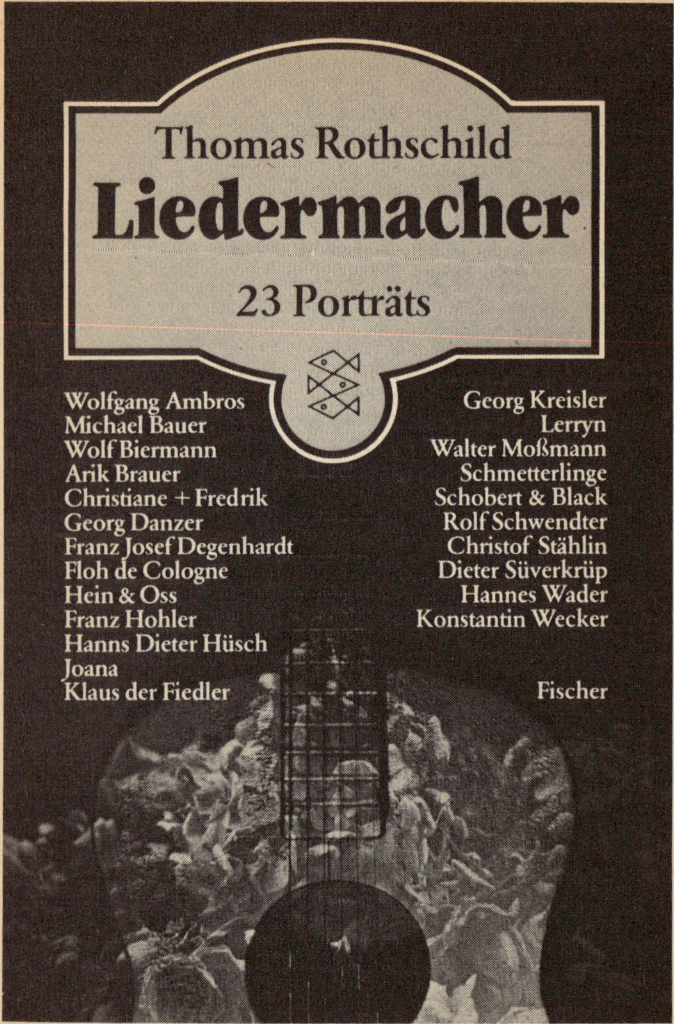

Band 2959

Fischer Taschenbücher